悲運のアンギャン公爵

フランス大革命、
そしてナポレオン独裁のもとで

クロード・パストゥール
伊東冬美 訳

寿郎社

悲運のアンギャン公爵

フランス大革命、そしてナポレオン独裁のもとで

〈掘られ、埋められ、閉じられた墓穴《はかあな》は、忘却と、広く行きわたった充足感と、かつてない栄光とが続いた十年間に人々の意識から薄れてしまった。勝利を告げる祝砲の響きのもとで、また、ローマ教皇がつかさどる皇帝戴冠式や、神聖ローマ帝国皇女との婚儀や、ローマ王の誕生などを照らすイリュミネーションの輝きのもとで墓には草が茂った。深い悲しみに沈むわずかな人だけが城塞の濠の下方や、痛ましい場所にひそかに視線を送りながら森を歩いていた[❖1]……〉

シャトーブリアン[❖2]

❖1＝**痛ましい場所にひそかに視線を送りながら森を歩いていた**…ドイツの町エテンハイムに亡命生活を送っていたアンギャン公爵が、一八〇四年三月十五日、終身執政ナポレオン・ボナパルトの命により逮捕され、二十一日未明、ヴァンセンヌ城塞(国王ルイ七世が一一五〇年ころに建造。パリ市の東にある)で銃殺刑に処されて、城塞の濠に埋められた。これは、フランス政府がアンギャン公爵を執政暗殺計画の首謀者に仕立て上げた冤罪事件であった。ボナパルトは、この年五月、帝位に上り、以後十年間、相次ぐ戦勝、華々しい婚礼、待ち望まれた世継ぎ誕生などにより民心をつかみ、フランスに君臨した。

❖2＝**シャトーブリアン**…フランス・ロマン主義文学の先駆者フランソワ=ルネ・ド・シャトーブリアン(一七六八年生—一八四八年没)。フランス大革命時代に反革命の亡命貴族軍兵士として戦ったのち、イギリスで貧困の亡命生活を送った。帰国後は詩人として名篇を発表する一方、外交官としても活躍。右エピグラフは、シャトーブリアン筆の回顧録『墓の彼方からの回想録』(一八四八年十月二十一日—五〇年二月八日、『プレス』紙に連載)第一巻からの引用である。(F.-R. de Chateaubriand, *Mémoires d'outre-tombe*, Tome I, Pléiade, Gallimard, 1951, p.545.)シャトーブリアンは第一巻、一八三八年のシャンティイ逍遥を回想した箇所で、アンギャン公の非業の死を惜しみながら、公の埋められたヴァンセンヌ城塞の濠を描写し、さらに、多くの資料を挙げながら、公を虐殺した人間たちの犯罪性を厳しく糾弾している。

目次

1. シャンティイ城
ニコル・ガルニエ解説『シャンティイー』
Éditions OUEST-FRANCE, 2011.

2. アンギャン公爵(10歳のころ)
Florence de Baudus et Nicole Garnier, *Le duc d'Enghien,* N°59, Le Musée Condé, 2002.Versailles, musée national du château所蔵©RMN-Gérard Blot

3. アンギャン公爵(革命戦争時代)
Jean-Paul Bertaud, *Le Duc d'Enghien,* Fayard, 2001.© Roger Viollet

4. アンギャン公爵(23歳)
Florence de Baudus et Nicole Garnier, *Le duc d'Enghien,* N°59, Le Musée Condé, 2002.Chantilly, musée Condé 所蔵©RMN

6. ブルボン公爵(父)(38歳)
Ibid.Chantilly, musée Condé 所蔵©Lauros-Giraudon

5. コンデ大公(祖父)(66歳)
Ibid.Chantilly, musée Condé 所蔵©Lauros-Giraudon

8. ルイーズ・ド・ブルボン=コンデ（叔母）
Jean-Paul Bertaud, *Le Duc d'Enghien,*
Fayard, 2001.

7. ブルボン公妃（母）（25歳）
Ibid. Chantilly, musée Condé 所蔵

9. シャルロット公女（アンギャン公爵と秘密婚をしたとされる女性）
Ibid.

悲運のアンギャン公爵

フランス大革命、そしてナポレオン独裁のもとで

序

「私が息絶えずにおりますのは、苦しみが永久《とわ》の眠りをはばんでいるからでございます！」

ヴァンセンヌ城塞の濠でアンギャン公爵が処刑されたと伝え聞いたときにこの悲鳴を上げた女性の名はシャルロット・ド・ロアン＝ロシュフォール[❖1]といった。彼女は惨く殺された公爵の内縁の未亡人であった。（公爵の結婚は前から論議を呼んでいた。結婚については本書で後述する。）名高く、不仕合せなこの男女を思い出として残すために、本書の執筆はなされた。

家族に語り継がれてきた事柄のゆえに、私はこの二人に本当に懐かしさを覚える。私の曾祖父母の兄弟であり、公証人の職務を果たすために爵位を捨てたフィリップ・フーシェ伯爵に、公女シャルロットはヴァル・ムードン[❖2]の館を遺贈した。公証人にして公女の相談相手だったフィリップ・フーシェは、類なき大きな不幸にみまわれたこの公女の友人であり、一度ならず悲痛な胸のうちを打ち明けられるほどの信頼を公女から得ていた人物でもあった。気高い友情と、互いへの尊敬および親切のうちに流れた二十五年の歳月の末に遺贈されたのが件の館である。この遺贈のおかげで、私はシャルロット公女とアンギャン公爵にゆかりのある数多くの記念品、形見、資料を所有している。

幾つかのなじみの品々は、その命をよみがえらせようと心をくだけば、魂に語りかけてくる。飾り箪笥に並べておくと、その品々は身動きしない。けれども、それぞれあるべき場所へもどせば、その品々はノスタルジックな雰囲気を醸し出す。螺鈿細工《らでんざいく》をほどこしたマホガニー製の鏡、クリスタル瑪瑙《めのう》で作られた複数の化粧小瓶、つづれ織り用の絹糸を巻いたボビンつきの裁縫台、何本かの象牙のブラシ、そして、それを見ると、いつも追憶の思いと敬愛の思いへといざなわれる他の多くの品々、これらはすべてすでに亡き人となっている公女シャルロットと、本書著者とのあいだに心優しい親密さにみちた友愛を育んだ。公女はアンギャン公爵を熱情的に愛していたので、私は彼女をとおして公爵を愛するのである。

本書は、結局、「雰囲気」という点から言っても、さらに典拠、家庭内の伝承という点から言ってもほかの伝記と趣を異にする。

心を寄せ合った公爵と公女の過去をよみがえらせようという思いにとらわれた私は、彼らの足跡をたどりたいと考えた。ライン河畔にあるドイツの小さな町エテンハイム、❖3 彼らが三年間仕合せに暮らしたこの町で、私はロアン＝シュトラッツの石畳の道、ロアン枢機卿《すうきけい》❖4の館の使い古された階段、アンギャン公爵の住いだった建物の入口にある小さな石段、と彼らの足跡を追った。フランス人訪問者たちにとっては、市庁舎に入り、

❖1＝**シャルロット・ド・ロアン＝ロシュフォール**…ロアン＝ロシュフォール公爵家の公女シャルロット・ルイーズ＝ドロテー・ド・ロアン＝ロシュフォール（一七六七年生—一八四一年没）。

❖2＝**ヴァル・ムードン**…パリ南西約一〇キロにあるヴァル＝スー＝ムードン。

❖3＝**エテンハイム**…ドイツ・バーデン地方の町。アルザス地方・独仏国境の都市ストラスブールの南三五キロにある。アンギャン公爵とシャルロット公女はここで三年間暮らした。

❖4＝**ロアン枢機卿**…ロアン＝ゲムネー公ルイ・ルネ・エドワール・ド・ロアン（一七三四年生—一八〇三年没）。神聖ローマ帝国ストラスブール大公にしてアルザス方伯。フランスの聖職者で、シャルロットの親族。ブルボン王家国王ルイ十六世（在位一七七四年—九二年）のもとで宮廷司祭長、枢機卿、ストラスブール大司教をつとめた。ロアン家はエテンハイムを属領として所有していた。

ロアン一族の肖像画がかけられた回廊を見出すときほど感動的なときはない。シャルロットの親族一同が回廊にいるのだから。

生前と同じく、死もまた熱く愛し合った二人をひき離した。アンギャン公爵はヴァンセンヌ城塞の教会に眠っており、シャルロットは、パリ中心にありながら人目につかず、適度に人々から忘れられているピクピュスの歴史ある小墓地❖5で永遠の眠りについている。

しかしながら、前世紀の公証人の古い館〔原注　本書著者が先祖から受け継いだヴァル・ムードンの館〕には、中央庭園に刻まれた公女の墓碑銘と、アンギャン公爵並びにシャルロット公女のためにプライベートに設けられた小さな博物館とを見出すことができる。

公爵と公女のお二人のおかげで、私は本書を著わすことができた。

クロード・パストゥール

❖5＝**ピクピュスの歴史ある小墓地**…パリ市内東部のピクピュス街三十五番地に聖心修道女会の修道院がある。この修道院の裏庭に並木道があり、並木道の先にピクピュス墓地がある。

第一章 コンデ家の人々

小公子アンギャンは、王太子たちと同じように、すべての扉が開け放たれた状態の産室で呱々《ここ》の声を上げた[1]……。

というのも、アンギャン小公子ルイ[2]はブルボン王家につらなる人物なのだから。このたいそう貴い身分は、ルイの政治生活と愛情生活の全般に影響をおよぼすこととなる。王家の血をひく貴公子である彼は、アンリ四世[3]の父王の末弟の直系子孫にあたる。王朝分家のルイの家は「類まれな天分、まぶしいほどの都雅、峻厳、遊蕩などが入り混じった家柄」で知られ、この分家は、こうした混淆の家風により、幾世紀にもわたってつねに人目をひいてきた。

さて、出産までに二日も要して、一七七二年八月二日夜八時四十五分に生まれたルイは、とても弱々しく、とても黒ずんだごく小さな赤子だったので、生まれるとすぐに蘇生させなければならなかったようである。人々がルイをさすり、蒸留酒をしみこませたコットンで彼をつつみ、暖炉に新しい薪をくべ、そして、瀕死の赤子を暖炉の前に運ぶ。何たる不運。しかし、火の粉がパチパチはぜ、コットンが燃えるように熱くなったところで、人々は赤子を冷水の盥《たらい》に入れて惨い死からひき離す。

赤子がこうして潜水の洗礼を受けるとすぐに、袖の広い白の祭服を着たシャンティイ城[4]の主任司祭が略式洗礼をほどこすために姿を見せる。生まれた子供はブルボン＝コンデ家の長子に受け継がれるアンギャン公爵という称号とともに、ルイ・アントワーヌ・アンリという名を授かる。（王家の血統の貴公子に特有の儀式に則り、ルイはずっとのちにヴェルサイユ宮殿[5]で洗礼を受ける。）

その夜、公子誕生が相成ったと知らせる祝砲が轟いているときに、気の毒にもバティルド公妃[6]には令息を見つめるいとまもほとんどないまま、産科医バーデンがおくるみに暖かくつつまれた赤子を腕に抱き、産室を出る。バーデンは大股で幾つかの歩廊を通りぬけ、四輪馬車に乗る。馬車は遠くに行かない。馬車は城の真向いにとまる。そこの高台には、公妃バティルドがコンデ家に必ず多くの子をもたらすにちがいないと見越し、二年前に建造された真新しい綺麗な御殿がそびえている。非常に細長く、イタリア風の欄干をいただいたこの御殿は、以後、もっぱらルイの居所となる。ルイは、両親から遠ざけられて、この御殿で成長するのである。❖7

いたって若い父親ブルボン公爵❖8は令息に通り一遍の関心をしめした程度だが、祖父のコンデ大公❖9は、逆に、「この高貴な後裔のうちに自分がよみがえっていると感じて」喜びを爆発させる。炎症性の熱が赤子をお

❖1＝**呱々の声を上げた**…母子の血縁関係について証言者を残すため、王族は出産に大勢の宮廷人を立ち会わせた。

❖2＝**ルイ**…アンギャン公ルイ・アントワーヌ・アンリ・ド・ブルボン＝コンデ（一七七二年生―一八〇四年没）。公爵はブルボン王家傍系の王族コンデ家の長子としてシャンティイ城に生まれた。

❖3＝**アンリ四世**…フランス・ブルボン王家国王アンリ四世（在位一五八九年―一六一〇年）。父はブルボン王家のナヴァール国王（在位一五五五年―六二年）であり、ナヴァール国王の末弟がコンデ大公一世（一五三〇年生―六九年没）。コンデ一門はこのコンデ大公一世を始祖としている。

❖4＝**シャンティイ城**…パリの北三五キロにあるコンデ家の居城。

❖5＝**ヴェルサイユ宮殿**…ブルボン王家国王ルイ十四世（在位一六四三年―一七一五年）がパリ郊外に築造した宮殿。

❖6＝**バティルド公妃**…アンギャン公爵の母ルイーズ・マリー・テレーズ・バティルド・ドルレアン（一七五〇年生―一八二二年没）。ブルボン王家傍系の王族オルレアン家の公女で、一七七〇年、ブルボン公爵に嫁した。

❖7＝**この御殿で成長するのである**…この御殿は「アンギャン城」と呼ばれ、今も残る。

❖8＝**ブルボン公爵**…アンギャン公爵の父ブルボン公ルイ・アンリ・ジョゼフ・ド・ブルボン＝コンデ（一七五六年生―一八三〇年没）。

❖9＝**コンデ大公**…アンギャン公爵の祖父コンデ大公ルイ・ジョゼフ・ド・ブルボン＝コンデ（一七三六年生―一八一八年没）。一七五三年、シャルロット・ゴドフリド・エリザベート・ド・ロアン＝スービーズ（一七三七年生―六〇年没）と華燭の典を挙げたが、六〇年、妃に先立たれた。妃の父はフランス元帥のスービーズ公シャルル・ド・ロアン（一七一五年生―八七年没）。

そったとき、祖父はまた「絶望と言うほかない」悲しみを表に出しもする。幸いにも熱がひくと、コンデ大公はシャンティイで燦たる祝宴を催して歓喜を表わす。この時点から、ルイの人生においては、専制的な祖父が両親に取って代わる。

ルイの両親は奇妙だ。夫であるブルボン公爵ことルイ・アンリ・ジョゼフが令息をもうけたのは十七歳の年である。そのとき、妃のバティルド・ドルレアンは二十二歳だった。公爵は、美人を口説く場合は別として、しかつめらしく、近寄りがたい様子をしていて、年でもないのに倦怠を覚えているようで、まこと「交際嫌いの陰気な人間」である。妃のほうは生気にみち、愛情深く、陽気であるものの、あまりに早い時期からかまってもらえなくなっていることに苦しんでいる。

令息をあげたのち、公妃は、シャンティイ城（ここでは、勲章で飾られた赤子が日に一度正式に妃のところへ運ばれてくる）と、パリのブルボン宮[10]と、それに、父親のオルレアン公爵[11]が羽振りよく暮らしているヴィレル＝コトレ城[12]とを行き来して時を過ごす。豪奢と愉悦とにみちたこうした生活にもかかわらず、彼女は、「この愛しい幼子」がそばにいないことに明け暮れ淋しさを感じている。彼女は幼子を抱きたくてたまらないのだけれど、宮廷作法の定めにより幼子からひき離されたままなのだ。

一七八〇年、公爵夫妻に決定的な離別がやってくる。公妃バティルドの悪戯（意図した、あるいは意図せぬ悪戯）から起こった別離である。軽率な公妃はふざけて一つの格言を書いた。その格言のなかに、彼女は、気位の高い女性（モナコ公妃[13]）に魅了された大殿さま（バティルドの義父コンデ大公）と、踊り子（ミシュロ嬢。同嬢はそのうちブルボン公爵とのあいだに一女をなす）に夢中になった殿さま（バティルドの夫のブルボン公爵）とを登場させた。両殿さまは、格言で揶揄《やゆ》されているとも知らず、格言にあるそれぞれの役を演じることに大いなる楽しみを見出していた……。しかし、それも、「ある無作法者が、格言に登場する自分を自分で演じているのだとコンデ大公に気づかせてしまう日までのことだった……」。腹を立てたコンデはすぐさま令息の妃を城から追い出してしまった。

第一節　ルイの幼少年期

祖父がヨーロッパ中から賓客を招いているあいだ、父が祖父同様の熱意をもって鹿と女性とを追いかけているあいだ、母のない小公子ルイは、彼ひとりのものである御殿で成長する。その御殿は、彼の「家」の召使たちのひどく気ままな支配下にある。小公子を育てる仕事を申しつかった女性たちのあいだに規律を設け

❖10＝**ブルボン宮**…パリ・セーヌ河畔に建つコンデ家の宮殿。

❖11＝**オルレアン公爵**…オルレアン公ルイ＝フィリップ・ドルレアン（一七二五年生―八五年没）。オルレアン王家は、ブルボン王家国王ルイ十四世の弟オルレアン公爵（一六四〇年生―一七〇一年没）がフィリップ一世として分家して生まれた。

❖12＝**ヴィレル＝コトレ城**…パリ北東七〇キロにあるオルレアン公爵家の城。

❖13＝**モナコ公妃**…コンデ大公は、一七六一年よりモナコ公妃カトリーヌ・ブリニョル（一七四二年生―一八一三年没。一七五七年、モナコ公国大公オノレ三世に嫁し、九五年に寡婦となる）を寵愛し、長く生活をともにしたのち、一八〇八年、彼女と再婚する。

る権威ある女性などいなかったし、彼女たちの役割(乳母、子守、おむつ係、小間使)はつねにきちんと定まっていたわけではない。「子守」が小公子を寝つかせる代わりに、小公子の食事を整えることがあり、しかも、子守が別嬪《べっぴん》のため、女たらしが蝶のように次々厨房に舞いこんでくるから、厨房で用意される小公子の食事が「一般にいい加減なもの、不味いものになる」という始末である。小公子の衣裳戸棚の整理をするつもりでいる小間使はベッドの下で満杯になっているおまるを空にするのを拒む……。その結果、小公子の前ですさまじい喧嘩が起こり、小公子は、彼の正式傅育係《ふいくがかり》のネル夫人も抑えきれないような混乱の証人となる。幸いブリュエ博士という名医がそこに控えていて、蒲柳《ほりゅう》の質の小公子の健康に注意深く気を配る。博士は一日に三回入念に小公子を診断し、小公子の生活習慣を心配し、最善をつくして宮殿内の無秩序を緩和する。のちに彼は、小公子が十三歳になるまで馬術の初訓練を先延ばしにするが、これほどに彼は小公子が激しい運動をするのを危惧している。

幼いルイが五歳のとき、コンデの大殿さまと殿さま、この二人の殿さまがつかさどっている相当に放縦な独身一族のなかに優しい面立ちの公女が姿を現わす。コンデ姫ルイーズ[14]である。コンデ大公の姫君であり、ブルボン公爵の妹君であるルイーズ公女は、二十歳を迎えてパンテモン修道院[15]を出て、これよりのちシャンティイ城に暮らすようになる。彼女の善意、信仰心、さらにまた彼女の美貌も宮殿を新しい光で照らし、以後、彼女みずから宮殿を案内して招待客をもてなす。いとけないルイの幼少年期にとって、彼女は、人に益し、かつ愛情細やかでもあるただ一人の女性ということになる。

一七七八年、見目形麗しいルイーズ叔母がシャンティイ城に日を送るようになって一年後、六歳となったルイは男性たちの手にゆだねられる。ルイの傅育係は五十二歳のヴィリュー騎士。師傅《しふ》としてルイの勉強を見たのは歴史家にしてフランス・アカデミー会員のミロ神父である。後者は、恐るべき生徒だったルイに一方ならず手を焼くこととなる。

ルイは、要するに気ままで、騒がしい性分であった。気の毒な神父がルイの「度はずれの注意散漫」について語っている。溌溂として、好奇心が強く、さまざまの魅力的な光景に心ひかれる子供は勉強に向かうのにひどく苦労する。ルイがシャンティイ城に暮らしているところを想像してみよう。厩舎では一〇〇頭の馬が前足で地面を蹴り、田舎風集落の酪農場では人々が絶品の牛乳をかきまぜていて、そして、劇場では役者たちが芝居の稽古をしていて、池では魚がピチピチ飛びはねている。（ルイは釣が大好きなのだ。）こうした光景がくりひろげられているとき、ミロ神父のいかめしい監視下で長い時間勉強部屋に坐っているのは何と悲しいことだろう。

師傅にとって好都合なことにルイは先祖たちの偉大さをよく心得ていて、この子の場合は、先祖のなかでもロクロワの征服者たる大コンデ[16]の姿が一番輝いている。大コンデの胸像がルイの勉強を左右しており、この先祖にふさわしくあろうとして、ルイはつとめて勉強したし、また、軽はずみのせいで勉強に背を向けたときは、大コンデの思い出だけが彼を宿題のところへと連れもどすのである。

❖14＝**コンデ姫ルイーズ**…ルイーズ＝アデライド・ド・ブルボン＝コンデ（一七五七年生―一八二四年没）。コンデ大公の公女であり、アンギャン公の叔母。

❖15＝**パンテモン修道院**…王族や高位貴族の女子を教育するパリの修道院。

❖16＝**大コンデ**…アンギャン公爵の六代前の尊属で、名をアンギャン公ルイ二世・ド・ブルボン＝コンデといった（一六二一年生―一六八六年没）。ドイツ戦線ロクロワの戦勝（一六四三年）をはじめ数多くの武勲を樹て、比類なき名将として名を轟かせたところから、「大コンデ」と称された。

ある日、ルイが神話の授業を受けるのを嫌がった。ミロ神父は思いついて彼に大コンデの胸像をさしめす。「公子さま、あなたはかの偉大なお方のご子孫らしくございません」こう言ったのち、神父はもうルイのことは知らないというふりをする。すると、打ち負かされたルイはたちまちわっと泣き出す。

「ああ！　神父さま、僕がゆめ大コンデの子孫にふさわしい人間にならないなどとおっしゃらないでください！」

神父はルイの機転に満足し、先祖の胸像に向かって「大コンデの子孫らしく」詫びるよう彼に言う。

「大コンデよ」、と小公子は彫像に向かって一所懸命に叫ぶ。「あなたは世界一の偉人でいらっしゃいます！　あなたはまわりの人々に役立つことをなさいました。あなたの子孫は不届き者になりそうです。けいいいいいいいいいいいいれども、終りよきものすべてよしです！」

利発な小公子は、六歳の年より、シャンティイ城に迎えられる高名な訪問者たちの名前や、彼らについて感じたことを日記に書きとめる。ミロ神父はその日記に驚き入る。

神父は記している。「まだまだ幼い表情の公子が、私との会話のなかで何度かおしめしになられたように、大人《おとな》しやかにものを考えることができ、ご自身の考えを述べることができるということを、人々は信じがたく思うだろう。いっそう勤勉に学ばれたならば、公子はより内容豊かな文章を書くようになるだろうが、しかし、私は、公子がまさに矢のように辛辣な毒舌をご自身のものにするとは思わない」

小公子は驚くべき返事をする。彼がいつも句読点を忘れることを、師傅が注意する。「忘れるのは大事なことに多くの注意をはらっているからなのです」。小テーブルでひとり食事をとるよう小公子にしいた師傅が、「何ともはや、お恥ずかしくございませんか」、と彼にたずねる。小公子は返してくる。「おや、神父さま、僕と一緒に食事する栄誉を失ったのはあなたですよ！」

明らかになる小公子の肖像は生き生きとして、元気一杯で、気分屋で、頭がよいという姿であって、魅力と知力とが彼をめぐって張り合っているのだ。彼は何でも感づく。彼は、シャンティイ城の壮麗な広間で当代一の王侯貴顕が交わす会話を注意深く記憶にとどめる。あらゆる会話が、わけてもフランス人のもたらした勝利が彼の興味をひく。

ある日、彼の前で人々が、先ごろアメリカでブイエ氏[17]が樹てた手柄について話していた。ルイは何も言わずにその話に耳をかたむけ、それから走って広間を出てゆき、ややあって、書いたばかりの短箋を手にもどってきて、それをブイエ氏に渡すよう頼むのだった。

「侯爵さま」、とルイはそこに書いている。「人々がただ話として聞いていたあなたのごひょうばんを、あなたは見事な戦いによりたしかなものになさいました。なんと！　家族愛も病気もあなたが戦うのをおとめできないのですって！　僕は、このようにごりっぱなお方のお手本をみならいたく思います！」

❖17＝**ブイエ氏**…ブイエ侯爵アムール・ブイエ（一七三九年生―一八〇〇年没）。七年戦争（一七五六年―六三年）やアメリカ独立戦争（一七七五年―八三年）に従軍。フランス大革命下、反革命亡命貴族軍に参加する。

第二節

父と小公子

母の愛情を奪われたルイは当然のことながら愛情を父親に向ける。彼は、父の武勇を知っていただけに、父を深く愛するだけではたりず、狂おしいまでに父を讃える。ルイの目が開かれ、愛する父の実際の姿——どうしようもなく浮薄で、深みを欠く人間の姿——を見るのは盲目的に愛した長い年月が過ぎ去ったのちになろう。

当時、ジブラルタルはヨーロッパが注視する戦略上の拠点であった。だが、同地の岸壁はイギリス人がしっかりと制圧していた。難攻不落のこの岩壁を攻めるのはフランスの栄光にかかわる問題である。そこで、王家の血筋をひく二貴公子、すなわちブルボン公爵とアルトワ伯爵[18]が遠征軍を率いてゆくと名乗を上げる。

父親のジブラルタル進攻を知ったルイは動転し、父親に手紙を書く。

「ああ！　大好きな父上さま、あなたは一番大きな危険に身をさらそうとしていらっしゃるのでございますね、ジブラルタルにおいでになるのでございますね、僕から去っていらっしゃるのでございますね！　父上さまのおるすは一番大きな不幸でございますし、これまでもめったに父上さまにお会いできないことがすでにたっぷりございましたでしょう！　せめて父上さまとごいっしょに行かせてくださいませ。運悪く父上さまがお命を落されましたら、せめてものなぐさめに、僕は父上さまとごいっしょに死にましょう！　大好きな父上さま、遠征計画をおあきらめになり、死へとつづく道をお歩きにならないでくださいませ。僕は涙なしには遠征について考えることができません！」

しかしながら、ルイの心中ではほどなくコンデ家門の誇りがいっときの弱さに打ち勝ち、彼は急いで二通目の手紙をとどける。

「大好きな父上さま、僕の一通目のお便りはコンデ家の人間のお便りというより女の子のお便りのようでございました。今からコンデ家の人間らしくお便りを書きます。ええ、父上さま、栄光をお手になさってください。しっかりとイギリス人を打ち負かしてください。ジブラルタルをうばってください。ジブラルタルをうばったあと、おもどりください。また僕に会いにいらしてください。[19] それから、ご出発くださいませ。アメリカにおでかけになり、父上さまがコンデ家の人間であることをおしめしくださいませ。僕もいつかコンデ家の人間であることをしめすことができるよう願い、そして、そのときを待ちきれぬ思いでいます。ロクロワの合戦で勝鬨《かちどき》をお上げになったとき、大コンデはアンギャン公爵と名乗っておいででした。この名前が僕に仕合せをもたらしてくれるかもしれません」

誇り高く物憂げなところの見える優雅さの典型だった父、見境なくあらゆる女性を求め、一人の女性を愛することのできない父を、小さなルイはこのように熱愛していたのである。父の側から言えば、ブルボン公爵は面長で、鷲鼻で、気難しい様子をしているが、ルイを見ると、その顔はぱっと明るく輝く。父は

❖18＝**アルトワ伯爵**…アルトワ伯爵シャルル・フィリップ。国王ルイ十六世の末弟。シャルル十世として王位に即く(在位一八二四年—三〇年)。

❖19＝**また僕に会いにいらしてください**…一七八二年九月、フランスはジブラルタル奪還を願うスペインとともに連合艦隊を派遣し、アルトワ伯爵、ブルボン公爵が派遣軍に参加する。だが、イギリス軍の陸からの砲撃にさらされ、連合艦隊は敗北。翌年九月、ヴェルサイユ条約により、ジブラルタルは公式にイギリス領となる。

ルイにわがまま放題をさせ、ルイがチョコレートを食べるがままにし、ヴェルモット酒を飲むがままにしておく。教育者を演じるにはあまりに軽々しく、あまりに甘い父は令息に「辛い思いをさせる」のを好まないのだ……。祖父コンデは、こうした大甘(ある夜、小公子は許しを得ずに外出しなかっただろうか?)に気づくと、猛烈に怒る。小公子に関しては、祖父は口やかましく、厳しい態度をとる。王族である公子はサラブレッドのように育てられなければならないというわけである。

アンギャン公爵はすこぶる厳格な祖父に生涯を通じて絶対的に服従するのだが、その絶対的服従の精神をよく理解するには公爵の子供時代にさかのぼらなければならない。自分用の御殿の高台に初めて立った日より、小公子はシャンティイの城主にかぎりない崇敬を捧げるよう「条件づけられていた」のである。小公子の真の父親は、王冠こそ戴いていないものの、城の君主たる祖父であり、この君主が小公子の教育の細かな点すべてを定め、小公子の問題に決定を下し、小公子を叱り、小公子に褒美を与えるのだ。シャンティイ城にあっては(パリのブルボン宮におけると同様に)、あらゆることが、栄華を誇っていると同時に学識豊かであり、さらに、洞察力のある知性と、高圧的な気性と、確実な魅力とをそなえているこの専制君主の意向次第なのである。

祖父コンデ大公の生きる姿を見ることで、また、大公がシャンティイ城で催す盛大な宴や前代未聞のレセプションに出ることで——年齢に応じて出席が多かったり、少なかったりする——、年端のゆかぬルイは、コンデ大公に対しあの深い敬意と心からの畏怖をいだくようになるのであって、敬意と畏怖があればこそ、後年、ルイは、「悩ましい愛の生活を送る祖父」にあからさまにさからわないのである。

子供のルイになり代わってみよう。幼いアンギャン公爵の誕生の年である一七七二年から同公爵の最初の亡命の年である一七八九年にいたる時期、コンデ大公がシャンティイ城でどのように暮らしていたかを見てみよう。

第三節 全能の祖父

コンデ大公は目の下がたるみ、唇は薄く、命令するのが習いとなっている威風堂々の人物である。背丈は「低く、ずんぐりしている」が、品格ただよう歩き方が背丈の問題を帳消しにしている。彼は天然痘のせいで片目を失っていた。彼の父親[20]も狩りの事故で隻眼になったので、日ごろ冷静なジャンリス夫人[21]もあわてて、コンデ家の人間は父から子まで全員隻眼だ、と書くだろう……。

あまり愉快でないコンデ大公の次のような肖像を描いているのはそのジャンリス夫人である。

「コンデ大公の面差には何か見せかけのものがあり、その面差はきわめて陰険な彼の心柄を表わしていた。大公は才気がたりないというわけではなかった。彼は巧みに文章を書き、くつろいでいるときには楽しい会

❖20＝**彼の父親**…ブルボン公爵ルイ・アンリ・ド・ブルボン＝コンデ(一六九二年生—一七四〇年没)。ルイ十五世(在位一七一五年—七四年。このうち一七一五年—二三年はオルレアン公フィリップ二世による摂政時代)の親政が始まった一七二三年に宰相に就任。

❖21＝**ジャンリス夫人**…ジャンリス伯爵夫人ステファニー(一七四六年生—一八三〇年没)。教育家。七月王政時代の国王ルイ＝フィリップ一世(在位一八三〇年—四八年)の傅育係をつとめる。

話をした。彼はいやに執念深く、憎しみのなかに一種の喜びを見出していた。人が彼の嫌いな人間の話をすると、あるいは、嫌いな人間に会うと、彼が決まって笑みを浮かべるのを私は見たが、こんな人間は彼のほかに見たことがなく、その笑みは嫌なものだった」

ジャンリス夫人の描いた肖像に反し、コンデ大公は名誉と勇気とを重んじる気質を持っている。二十五歳にして寡夫となった大公は再婚をしなかった。彼は大した女性通であって、うら若い美女たちがいつもシャンティイ城に歓び迎えられる。城で大公は言う。「美女は得てして策謀の役に立つし、美女を味方につけておくにはただ一つの方法しかない……」。大公が美女たちを自分のものにしても、それは真に愛しているただ一人の女性と、つまりモナコ公妃と真剣な関係を持ち続ける妨げにはならず、モナコ公妃がシャンティイ城をとり仕切っていたし、大公は晩年にいたって彼女と婚儀を挙げる。

大公の父親であるあの一風変わったルイ・アンリ・ド・ブルボンは、ルイ十五世の治世に大臣をつとめ、国王を利用してロー[22]の金融政策でべらぼうな利益をあげたのちにフルリー枢機卿[23]により追放されたが、コンデ大公は父親から大部分の官職を継いだ。

コンデ大公は、倫理性においてはまあ父親とどっこいどっこいだったが、しかし、莫大な遺産を守るという点では、父親よりはよほど勝れた管財者であることが明らかになる。大公はブルゴーニュ地方の統治を相続したが[24]、その統治に見られる彼の政治的、かつ有益な寛容は誰もが知るところである。彼の小麦倉は貧者に対して常時——飢饉のときにはとくに——開け放たれている。彼の施しものは山なす数量におよび、気前がよい。七年戦争で武名を挙げたのち、彼は余暇を使ってシャンティイ城を飾り、ブルボン宮の建設を企てた。

辺りを払う威厳を持ち、贅を好み、権威を重んずるコンデ大公は、外国の君主たちや、重要人物、さらには彼がつねに好意をもって庇護している芸術家や学者などを華々しく迎え入れることにより、彼なりにフランスの威信をたもつべく尽力するのである。

第四節 シャンティイ城の生活

シャンティイ城にはおびただしい人々が招かれ、王位に上ったヨーロッパの君公がこぞってそこに姿を見せる。コンデ大公の公式の伝記作家であるジャン＝アントワーヌ・シャンベランが書いている。

「コンデ大公は、ご自身の宮殿をヨーロッパの君主たちの宮廷と同様に王家にふさわしい状態にたもってい

❖22＝**ロー**…ジョン・ロー（一六七一年生―一七二九年没）。イギリス人の財政家。摂政時代にフランスの財政再建を目指し、「ローのシステム」（発券銀行設立と、株式募集）を導入した。が、財務総監に起用された一七二〇年、紙幣濫発により経済恐慌を招き、失脚。

❖23＝**フルリー枢機卿**…政治家、聖職者（一六五三年生―一七四三年没）。一七二六年に宰相、枢機卿となった。

❖24＝**ブルゴーニュ地方の統治を相続したが**…ブルゴーニュ地方はフランス中東部の広域行政区。コンデ家は、「大コンデ」の父コンデ公アンリ二世（一五八八年生―一六四六年没）の時代から代々同地方の総督をつとめていた。

らした」

コンデが造り上げた美しいシャンティイ城はレセプションにおあつらえ向きの城であり、レセプションでは豪華さと独創性とが競い合っている。つまるところ、これは大公が招待客を迎える客間――幾つも続いているまばゆい客間――にかぎられた話ではなく、うっとりするような他のさまざまの場所も訪問客たちの感嘆を呼びおこすのである。

まず大厩舎だが、この大建築物は馬を讃えて建造された。大厩舎が型破りに豪勢なので、多くの人がいまだにこれを居殿ととり違えるのだけれども、かつてはこの豪勢な厩舎を説明するために次のように言われた。大公は輪廻を信じていて、人間が死後に馬に生まれ変わるときにそなえ、自身の身分に見合ったこの大建築物を建造させたのだ、と……。

大厩舎のなかには大聖堂のように大きな円屋根の建物があり、ここで壮大なレセプションを催すことができる。円屋根を囲む欄干に立つ馬事係たちが客に向けてファンファーレを奏する。色とりどりの角灯が狩りの戦利品である獣の頭上に吊ってある。歓迎の雰囲気は、熱っぽく、騎馬狩猟を宗教の高みに押し上げた王侯ハンターの鼻孔に快い。

大厩舎の次に田舎風集落がある。これは公子ルイの三回目の誕生日を記念して一七七五年に造営されたものである。コンデ大公は、藁葺《わらぶき》屋根の家が並ぶ、たわいない本当の小村を造らせようと、トリアノン[25]が姿を現わす前に「トリアノン」造営を着想したのだった。シャンティイ城の田舎風集落には酪農場、家畜小屋、風車、あずま屋の庶民風居酒屋、それに花々と湧水が見える。人々は、花で飾った丸木舟で掘割を渡ってその集落に行く。人々は、牧童に扮装した男たちの歌を聞きながら軽食をとる。

宴の夜には、田舎風集落の家々のあいだに六、七〇〇〇のロウソクがゆらめき、大きな掘割に向かって花火が打ち上げられる。ここかしこにある滝および噴水は数知れぬ紙提灯と「火壺飾り」で灯されている。旗で飾られ、金糸銀糸で縁取られた色とりどりの華やかな飾り布でおおわれている、また、あまたの角灯で照らされている二〇隻のゴンドラが、控え目に楽器を奏でる音楽家たちを乗せて大きな掘割をすべってゆく。

ルイは動物園にもすっかり心を奪われる。そこでは、祖父が一頭の黒熊と、一匹のオランウータンと、何羽もの水鳥を飼っている。ルイは劇場も大好きだ。劇場はコンデ大公が創造した本物の至宝であり、この劇場では機械装置があたうかぎりの完璧の域に達している。芝居の幕が開くと、舞台奥に実物の噴水の装置が見え、一五〇〇本のロウソクの光で噴水がチカチカきらめく。数多くの装置が一瞬ごとに舞台の趣を変える。扮装し、メーキャップした祖父が従僕の役を演じるところや、端麗な叔母ルイーズが小間使の役柄を上手に演じるところを観るとき、ルイはとくに目を輝かせる。こうしたことすべては何とおもしろいのだろう……。ミロ神父の退屈な授業より格段におもしろいのだ。

甘やかされ、可愛がられ、ちやほやされた小公子はこのように贅沢な環境のなかでのびのび育つ。

❖25＝**トリアノン**…ルイ十六世は、先王ルイ十五世がヴェルサイユ宮殿に建設した離宮小トリアノンを一七七四年（成婚の年）に妃マリー＝アントワネット（一七五五年生—九三年没）に贈った。王妃は、以後数年にわたり小トリアノンに増改築をほどこし、田舎風別邸として完成させた。

第五節

世界中の賓客

小公子の祖父が催す大レセプションもやはりルイを大いに楽しませる。客間からひき離されて暮らしていた時期、ルイは並木道をにぎわす四輪馬車や見事な供回《ともまわ》りの一行を彼の御殿の高台からながめる。

一七七七年(ルイは五歳である)、ドイツの皇帝ヨーゼフ二世[26]が、フランスに妹君のマリー＝アントワネットを訪ねた際、シャンティイでフランス滞在を終える。「ヨーゼフ二世をシャンティイ城に迎えて催された賀宴ほど素晴らしかったものはほかにない」、と昂揚したシャンベランはわれわれに語っている。夜会はヴェルサイユ宮殿の大宴会にまさっていた。ヨーゼフ二世が庭園の植え込みの一つで休息したいような様子を見せたとき、植え込みには最も嬉しい驚きが用意されていた。皇帝が遠くにチロルとハンガリーの気配を感じると、彼の治める広大な国々のあらゆる地方の農民の一団が突如として彼の前に現われ、踊りを舞った。ヨーゼフ二世はこの器用な創意工夫に涙を流さんばかりに感激し、コンデ大公に述べた。「次は私が貴殿をウィーンにご招待申し上げる番のようですな……」

ロシアの女帝エカテリーナ二世の皇太子[27]はノール伯爵という偽名でヨーロッパを旅行し、妃を伴ってやはりシャンティイを訪問する。帝政ロシアの皇太子もたいへんな気配りと、いとも盛大なもてなしに心底驚き入る。コンデ大公が皇太子夫妻に供した思いがけない贈物のうちでも、その一つは上々の出来栄えという点で他をしのいでいる。シャンティイ城を去る前の日、ロシア皇太子は鹿狩りを見たことがないと言った。この告白に、大公の狩人魂が喜びに震える。すでに夜もふけていたのに、大公は次々命令を出す。森の小道はいたるところ明かりが灯され、狩りの支度がなされる。ブルボン公爵が鹿を見つけ、鹿を追い立て、責め立て、シャンティイ城の鉄柵をいやおうなく乗り越えさせ、庭園内の大きな池に飛びこませる。獲物の分け前をねらっての猟犬の激しい争奪戦を二〇〇〇の松明《たいまつ》が照らし出し、皇太子がこの並はずれの争奪戦に称讃の叫びを上げる。「ああ！　天晴れな戦果、天晴れな戦果！」

城を発つ前、天下に名立たる旅行者は、サンクト＝ペテルブルクに会いにゆく、と幼いアンギャン公爵に約束させながら公爵を抱きしめる。ルイは子供らしい声で約束する――貧窮、放浪、亡命の身となった自分が、ある日、悲劇的な状況のなかで、皇帝となっていた「ノール伯爵」の保護を願うことになるとはつゆほども考えずに。[28]

スウェーデンのグスタヴ三世[29]の場合もシャンティイ城で礼遇される賓客となる。が、城の庭は儀礼のかげに「あまたの型破りと、あまたの心奪うものとを」秘めていた。

❖26＝**ヨーゼフ二世**…オーストリア大公、ハンガリー王、ボヘミア王（在位一七八〇年―九〇年）。一七六五年、神聖ローマ帝国皇帝となる（―九〇年）。フランス王妃マリー＝アントワネットの兄。

❖27＝**エカテリーナ二世の皇太子**…パーヴェル一世のこと。エカテリーナ二世（在位一七六二年―九六年）の帝位を継いでロシア皇帝となる（在位一七九六年―一八〇一年）。

❖28＝**つゆほども考えずに**…コンデ大公はフランス大革命が勃発した一七八九年に亡命、九一年に反革命亡命貴族軍を結成し、以後、ブルボン公爵、アンギャン公爵を従えてフランス革命軍と戦う。だが、九七年のころ、亡命貴族軍は独力で軍隊を維持できなくなり、大公以下の亡命貴族軍はロシア軍の指揮下に入り、一八〇一年まで戦う。本文にある「保護」とはロシア軍の指揮下に入ることを意味する。

❖29＝**グスタヴ三世**…スウェーデン国王（在位一七七一年―九二年）。

この特徴はすべて探究心と繊細さから生まれたものであり、コンデ大公は、その探究心と繊細さとによって歓待をいっそう充実させることができるのだ。彼はドイツで二度ブラウンシュヴァイク公[30]を打ち負かしたことがあるが、グスタヴ三世を招いたのと同じころ、この昔の敵将を城に迎えた折の歓迎の仕方にもこの素敵な美点がみとめられる。シャンベランが語っている。「何という雅量をもって、大公は名門の旅人を遇されたことか！　何という配慮！　何という敬意と友誼の表現、かつて戦場で互いに戦ったことを忘れさせるための何という工夫！　それに、ブラウンシュヴァイク公はと言えば、遠い昔の敗北を想起しつつ、同時にまた、戦争の記憶を呼びさます事物すべてを斥けさせるという心遣いに感謝しつつ、何という率直さ、何という屈託のなさ、何という善良さをお見せになったことか！」

読者は、最後の光芒を放っているあの旧制度の終りの殿さまたちのなかにいるのである。これら殿さまについて書かれる年代記には、最高に洗練された礼儀作法および趣味のために気品のある雰囲気が感じられるけれども、フランスがこのような気品ただよう雰囲気を再び見出すことはもう絶対にないだろう。もっと後になると、帝政がこうした気品を模倣しようとつとめはするのだが。

別の一人の訪問客を前に、小公子は恐ろしく目を白黒させる。客はベンジャミン・フランクリン[31]である。フランクリンの野暮ったい風采、農民風の純朴さは他の訪問客の華麗さといちじるしい対照をなしている。進歩的思想でも、電気に関する業績(彼は避雷針を発明しなかっただろうか?)でも同じように有名なアメリカの共和主義者は、フランスを訪れたとき、文字どおり熱狂の対象となる。あちこちのサロンやアカデミーが彼を奪い合う。彼の繊細さ、人間についての深い認識、飾らない姿がコンデ大公を魅了し、大公は彼のために自分の博物資料館の宝物庫を開ける。フランクリンのほうは、王族というのはみな無知だと思いこんでいて、城主の教養にびっくり仰天する。シャンティイを去る前、「好人物」は小さなルイにキスをしたいと言う。

予想だにしない出来事がシャンティイ城の人々すべてを走らせるのはルイが十歳くらいのときである。野生の白鳥の群れが庭園の小池に舞い降りた。コンデ大公は、白鳥が逃げないようにと、すぐさま人に命じて翼を切らせる。声が出ないと考えられている白鳥が、ある日、「妙なる調べを発する……」のを聞いたという証人が複数現われた。何という驚きだったか。さまざまな自然現象にいつも興味を寄せている大公は碑文アカデミーと科学アカデミーに白鳥の件を知らせ、学者たちがシャンティイ城にかけつける。大公は、古代の人々の言い伝えによると、白鳥は勝利を祝って歌いたがるということを思い出し、城で飼っていた一羽の白鳥を生贄として捧げる。一群の見事な野鳥が生贄を殺してしまう。そのとき、大公と、集まった学者たちは不思議な音楽会を楽しむ。水かきのある鳥たちが感にたえない「白鳥の歌」を歌いはじめる。雄の鳥がミ・ファで歌い、雌の鳥がミ・レで歌う……。

❖30＝**ブラウンシュヴァイク公**…ブラウンシュヴァイク公爵カルル・ヴィルヘルム・フェルディナント（一七三五年生—一八〇六年没）。プロイセンの将軍。革命戦争中の一七九二年から九四年に対仏連合軍総司令官として指揮をとる。それゆえ、この時期、同将軍と、亡命貴族軍を指揮するコンデ大公とはフランス革命軍を敵としてともに戦うことになる。

❖31＝**ベンジャミン・フランクリン**…アメリカの科学者、政治家（一七〇六年生—九〇年没）。一七八三年、パリ条約アメリカ全権として合衆国独立をイギリスに承認させる。

第六節

モンゴルフィエを支援するコンデ

一七八五年、コンデ大公は十三歳の孫をメッス駐屯地[32]視察へと連れてゆく。コンデ大公が公式に旅するとき、彼は親衛隊に先導され、彼のまわりには近侍《きんじ》たち、主馬寮《しゅめりょう》の役人たち、従僕たち、それに、馬に乗り、「金糸銀糸の刺繍――刺繍はとびっきり高価な宝石で一段とひき立てられている――で光り輝いている」武官たちが供奉《ぐぶ》する。大公は華麗な四輪馬車に乗って旅する。小公子ルイは栄誉に慣れているから、こうした壮麗さに驚かないし、また、幸いにも栄誉が小公子の生まれながらの優しさをそこなうこともない。

軍事演習を見学したルイは大喜びし、ルイは「その親切心と鋭い知性によってみなを虜にする」。けれども、注意深い祖父は小公子の疲労に気づき、軍事訓練を短く切りあげる。

同じこの年、フランスはヨーロッパを仰天させる一つの発明に夢中になる。気球の発明である。シャンティイにおいては、人々が気球の実験をすぐ近くから見守る。コンデ大公は経済的にモンゴルフィエ[33]を助け、あらゆるやり方で気球の完成を励ました。大公が総督をつとめているディジョン[34]で怖いもの知らずの飛行士ド・モルヴォー氏[35]が無鉄砲な飛行に成功したとき、大公は満悦する。大公は、ド・モルヴォー氏が負った気球乗組員の出費をそっくり埋め合わせるための相当額の寄付金を添えて、氏に祝詞を送る。

科学的新製品に対していつも好奇心旺盛な大公は、同じ興味をもってドイツの奇妙な医者、すなわち動物磁気の提唱者メスマー[36]を迎え、ブルボン宮の幾つかの客間に治療用の桶を置くのを許す。人々はこの新しい治療法がひきおこした並でない熱狂を知っている。動物磁気説は流行なのだった。滑稽かつ破廉恥な場面が多々あったにもかかわらず、「何らかの効果があるのは否定できぬ」と述べて、動物磁気治療法に興味をしめす大公は、長いあいだ、メスマーの支持者に数えられることになる。

メスマーと同じころに現われたカリオストロ伯爵[37]は逆に大公への引見を断られる。コンデ大公にとって魔術はペテンと同じ意味だったので、大公は魔術に関心を持たない。彼は言う。「カリオストロを追いかける人間は精神病院に入れられてしかるべきだ」。こうして大公から追い払われたカリオストロは、やがて大公の親戚であるロアン枢機卿に対し奉仕を申し出る。その先のことはよく知られている。

❖32＝**メッス駐屯地**…パリの東二八〇キロ、ロレーヌ地方メッスにある軍事基地。

❖33＝**モンゴルフィエ**…発明家のモンゴルフィエ兄弟・ジョゼフ（一七四〇年生—一八一〇年没）とエティエンヌ（一七四五年生—九九年没）は、一七八三年六月、世界で初めて熱気球を上昇させる実験に成功。翌年六月には、ヴェルサイユ宮からシャンティイの森まで気球を飛行させ、気球ブームを生んだ。

❖34＝**ディジョン**…パリ南東二五〇キロにあるブルゴーニュ地方の都市。

❖35＝**ド・モルヴォー氏**…ルイ＝ベルナール・ギトン・ド・モルヴォー（一七三七年生—一八一六年没）。化学者。一七八四年六月、ディジョンにて気球飛行を行なった。

❖36＝**メスマー**…フランツ・メスマー（一七三四年生—一八一五年没）。磁気療法を発案したオーストリアの医者。

❖37＝**カリオストロ伯爵**…本名ジョゼッペ・バルサモ（一七四三年生—九五年没）。イタリアの妖術師。預言者のふれこみでロアン枢機卿にとりいる。一七八九年、ローマで異端の宣告を受け、終身禁錮刑に処せられる。

第七節

奇しき出会い

一七八四年、コンデ大公は、ブルゴーニュ地方の状況を把握するためにディジョンに行く途中、オータン[38]に立ち寄る。彼はこの町の中等学校の優等生表彰式に主賓として来臨するよう求められる。オータンの司教の臨席と並んで、大公の臨席は、教師たちや生徒たちが熱心に準備を整えてきたこの儀式を異例の光輝でつつむ。中等学校の副校長が大公に敬意を表する六〇の詩句のカンタータをすらすら作曲していた。十五歳の若年の生徒がそのカンタータのさわりの部分をそらで覚え、貴賓のために歌うよう言いつかっていた。リフレインは生徒たちの合唱で歌われる。

コンデ！　いと輝かしき名なり！　世界はその名をば敬う！
戦《いくさ》の秋《とき》、コンデを讃えるは軍神マルス
平《たい》らかの世で、コンデを讃えるは知恵の女神ミネルヴァ

大公は、顔色が暗褐色で、面立ちが異国風の、カンタータを暗誦した少年に目をとめる。それは、官費によりフランスで教育を受けるために家郷のコルシカ島から出てきたばかりの若年の「蛮人」である。

大公は、コルシカ島の一部における反フランス勢力の粘り強い抵抗を知っているだけに、その政治感覚に

より、フランス王国の威信のためにその勢力と戦う機会を必ずとらえるはずだ。しかしながら、子弟をフランスに送っているコルシカ島の家族は一般に大公に好意的である。だから、コンデ大公はそばにくるよう少年に合図し、少年を抱き、幾つかの質問をする。顔を朱に染めた少年に代わり、オータンの司教ド・マルブフ猊下《げいか》が答える。この優秀な生徒は、名前をジョゼフ・ブオナパルテ❖39といい、申し分なくフランスに忠実な家庭の子である、と。(少年の父親カルロ・ブオナパルテ❖40は、初めコルシカ島の偉大な活動家パオリ❖41の陣営にあってフランス人と戦い、祖国が失われたと思うや、にわかにパオリに背を向けた人物だということを、司教が知らないわけでなかったとすれば、彼はこれを言い落したことになる。)この興味深い家庭の上の息子二人❖42をオータンの司教に熱心に推薦したのは善良なる司教の親戚で、コルシカ島総督のド・マルブフ氏である。(今なおコルシカ島においては、立派な僧侶が、総督と、ブオナパルテ家の二少年の母親、すなわち若く美しいレティツィアとの関係について流れているさまざまな噂を封じているのである。)もう一人の少年「ナポリオネ」は

❖38＝**オータン**…ディジョンの南西七〇キロに位するブルゴーニュ地方の町。

❖39＝**ジョゼフ・ブオナパルテ**…ジョゼフ・ボナパルトのこと(一七六八年生―一八四四年没)。ナポレオン・ボナパルトの兄。執政政府時代に五百人議会議員、帝政時代にナポリ王、スペイン王となる。

❖40＝**カルロ・ブオナパルテ**…ジョゼフやナポレオンの父(一七四六年生―八五年没)。コルシカ島でパオリの独立運動に参加したが、同島がフランスに併合された一七六八年、運動から離脱した。

❖41＝**パオリ**…パスカル・ディ・パオリ(一七二六年生―一八〇七年没)。コルシカ島の貴族。ジェノヴァ支配に対し民族独立運動を行ない(一七五五年)、六八年以降はフランス軍に対してゲリラ戦を行なった。

❖42＝**上の息子二人**…ジョゼフとナポレオンをさす。

❖43＝**ブリエンヌ兵学校に学んでいた**…ナポレオン・ボナパルトの本名はナポリオネ・ブオナパルテ(一七六九年生―一八二一年没)。渡仏後にフランス語風に改名した。彼は一七七九年にシャンパーニュ地方のブリエンヌ兵学校に転校。

すでにオータンの中等学校を去り、ブリエンヌ兵学校に学んでいた。[43] 彼は同兵学校で海軍の受験準備をしている。少年ジョゼフについて言えば、保護者である司教ド・マルブフが彼を司祭職につけるつもりでいる。

コンデ大公は好意をもってジョゼフにたずねる。

「ところで、ねえ君、君もいろいろと計画していることがあるのかね？　なりたいと思ったものになろうと考えなかったのかね？」

ジョゼフは、国王に仕えたい、と口ごもりながら答える。それから、天職とはまったく感じられない前途から逃れる唯一の機会が与えられたと気づいた彼は、一番切実に思っている願いは軍職につくことだ、と大胆にも大公に言う。

オータンの司教は異を唱えようとするが、しかし、自分に向いていると思わないまま聖職者の職を選べば、いかに全人生を台なしにするかを知っている大公は、砲兵隊に入るようジョゼフに勧める。ジョゼフは大喜びする。彼は自分の願いをかなえてくれた大公のありがたい思い出を長く心にとめるだろう。その夜、彼は、弟のナポレオンに長い手紙を書き、「コンデ！　いと輝かしき名なり！　世界はその名をば敬う……」というリフレインをもふくめ、細大もらさずにこの最高の日のことを語る。

その手紙のなかで、ジョゼフは、海軍志望の思いを断ち、自分と一緒に砲兵隊に入隊しよう、と弟に求める。ナポレオンは心をそそられる。すでに野心の異常な熱がこの痩せて、渇を覚えているような眼差しの少年をおそっている。高位の人間の後ろ盾を渇望する彼は、兄に用意された後ろ盾をもちろん忘れないだろう。

コンデ大公がシャンティイにもどって孫に再会したとき、大公はすでにブオナパルテという名前を忘れていた……。二十年後、痛ましい事態がその名前を彼に思い出させるだろう。[44]

第八節

宮中に参殿したルイ

シャンティイ城における若殿さまルイの最大の楽しみはやはり一番金のかからないもの、つまり釣である。若殿さまはシャンティイ城庭園の池で釣をするのが大好きであり、池では護衛たちが、彼が来る前に、彼のために何とか「奇跡的な釣果」を按配しようとする。麗しの叔母ルイーズが一緒に来るとき、若殿さまの喜びはそのきわみに達する——ルイーズは甥を熱愛しているので、彼女はしばしば甥につき添う。

そのころ、ルイーズは匂うばかりに美しい。彼女の丸く、みずみずしい顔は人をひきつける魂を映し出していて、「尼僧のヴェールか王冠を戴くのにふさわしい面輪《おもわ》である」。敬虔かつ善良で、柔和な彼女は家族を喜ばせようとひたすらに心をくだいている。彼女は家族に愛のこもった名をつけている。彼女が父親につけた名は「旦那さま」である。兄の名は「坊ちゃま」、甥の名は「小さな坊ちゃま」であり、甥に対して、彼女は母性愛をそそぎこんでいる。彼女は、儀典や大袈裟な盛装を好まないけれども、しかし、一家の女主人の地位をたもつための礼儀作法が求めることすべてに従順である。天使のようなこの女性は、尼僧院に身を捧げる前に、辛い愛を経験することになる。

若殿さまルイが十四歳のとき、ルイーズは騎兵隊の若い中尉ジェルヴェイセとひそかに相思相愛となる。こ

❖44＝**その名前を彼に思い出させるだろう**…ボナパルトの執政政府下の一八〇四年、アンギャン公爵が銃殺される事態をさす。

れはかなわぬ恋である。なぜなら、ルイーズは王族なのだから。

生来の快活と美貌とをそこなうほど悩み苦しんだ末に、健気にも彼女は中尉との文通を断つ。[45] ルイは彼女の悲しみにちゃんと気づいた。けれど、彼は年若で、活発縦横であり、それに、ルイーズにとって何とも過酷なこの数年間は、ルイにとってはまさに新鮮な出来事、愉快でたまらない出来事でいっぱいなのである。

このころ、ルイは若殿用の御殿を出て、城郭の小館にある父の居所に隣接する居所に暮らすようになる。父子間の親密な関係が強まる。ブルボン公爵は令息に狩猟の趣味を授ける——ルイのおぼつかない健康状態を危険にさらしかねない激しい運動に依然として反対しているブリュエ博士は狩猟をみとめなかったが。しかしながら、コンデ家では騎馬狩猟への愛着がめっぽう強いので、このたびはルイが狩猟に熱を上げる。狩猟が釣に取って代わる……。

十二歳の年、ルイはヴェルサイユ宮殿の礼拝堂で盛大に洗礼を授けてもらう。慣例に従い、代父は国王ルイ十六世、代母は王妃マリー＝アントワネットである。ジャンリス夫人は、王族の洗礼について、「王家の血筋につらなる貴公子たちが、彼らの受ける名誉は彼らをさらにいっそう君主に結びつける紐帯の意味を持つということを自覚できるように」、分別のつく年齢まで洗礼を先に延ばしているのだ、とわれわれに説明している。血族としてヴェルサイユ宮殿に迎えられたコンデ家の人々にとって、洗礼のこの日は歓喜と社交儀礼の日である。ルイはこれまでにないほどみずからの身分を意識する。彼の通り道では近衛兵たちが捧げ銃をし、貴婦人たちが恭しくお辞儀する……。

十四歳になると、公子ルイは聖霊騎士団騎士章[46]を拝領する。受勲の日、古式ゆかしい騎士の礼服を身につけ、肩に小さなマントをかけ、白いサテンの胴衣の上に勲章頸飾《けいしょく》を帯びた彼は、それは優美で高貴に見えたので、彼を取り囲んでいた人々は、みな彼に魅了されたと語る。

数日後、彼はパリ高等法院の願いに応じ、両脇を父親と祖父とにはさまれて初めて高等法院の席につく。彼はそらで流麗に短いスピーチを行なう。彼の態度物腰は王族や高位貴族に最良の印象をもたらし、高等法院院長は、祖父、父、子の三代が高等法院評定官[47]の座を占めたことはいまだかつてないと欠かさず指摘する……。

コンデ家門にとって、これらの儀式はすべて多数にのぼる彼らの親族を結びつける機会——儀式の数と同じくらいの機会——を作り出す。親族のなかではロアン家の人々が一番重要である。（コンデ大公はロアン＝スービーズの寡夫だ。）そして、ロアン家の人々のなかではえも言われぬ繊細な顔立ちの初々しい令嬢がくっきり浮かび上がってくる。彼女はルイの従姉であり、ルイより五歳年かさである。紅顔の公子が社交界にデビューした時期、シャルロット・ド・ロアン＝ロシュフォールは二十歳だった。ある日、彼女を「精悍で、愛想がし

❖45＝**中尉との文通を断つ**…足を痛めたルイーズが、一七八六年六月二十五日から八月十一日まで、コンデ大公と一緒に湯治場ブルボン・ラルシャンボーに過ごした際、王弟プロヴァンス伯爵の騎兵隊中尉ジェルヴェイセ侯爵ルイ・ニコラ・マゴンと邂逅、相思となった。ルイーズは二十九歳、中尉は二十一歳だった。だが、王族のルイーズは王族に輿入れするのが望ましいと考えるコンデ大公に中尉との結婚を反対され、ルイーズは、八七年一月二十日を最後に、中尉との文通を断った。以上、クロード＝アラン・サール著『ルイーズ・ド・コンデ』より。(Claude-Alain Sarre, *Louise de Condé*, Éditions Jean-Paul Gisserot, 2005.)

❖46＝**聖霊騎士団騎士章**…絶対君主政とカトリック教とを信条とする高位帯剣貴族の身分表象。

❖47＝**高等法院評定官**…パリ高等法院は、普通裁判所の最高審の役割を持つ一方、大王令、国王宣言、王令を審議し、それを登録して、これら法令に執行力を与える役割をになっていた。後者の役割を果たす評定官は国王の血縁貴族や国王直属の貴族のなかから任命された。

たたり、敏活であり、典雅な儀礼を身につけ、真率と品位とにみちた自然さをそなえた」ケルビム[48]に結びつけることになる深い愛情を予想させるものは当時は何もなく、社交界にデビューしたころのケルビムは、父親や祖父の直系らしく、すでにして美女たちに言い寄っている……。

❖48＝**ケルビム**…公子ルイをさす。ケルビムは知に秀でた智天使であり、「可愛い坊や」の意味も持つ。公子をケルビムと名づけたのはシャルロット。

第二章 ロアン家の人々

シャルロットは、一七六七年、マリー＝アンリエット・シャルロット・ドロテー・ドルレアン＝ロテランと、シャルル・アルマン・ジュール・ド・ロアン＝ロシュフォールとのあいだに生をうけた。彼女には三人の兄弟と一人の妹がいる。シャルル、アンリ、ジェトノック、それにクレマンティーヌである。

シャルロットは、昔のブルターニュ王家の男子直系につらなると称するロアン一族のあの誇り高き家系の出である。国家の内奥におけるロアン一族の相当な地位は他の貴族のあいだに幾度となく嫉妬を生じさせた。だが、ロアン家の人々は、結局、他の貴族に対して優位に立ちたいと望み、ロレーヌ家の公爵たちとともに、王族のすぐ後に続いて歩くことを望むのだ。「国王はなしえない。王子はしてくれない。だからロアンがいる」。これはロアン一族の高慢な家訓である。

ロアン家の人々は進んで国において高位の枢機卿やフランス宮廷司祭をつとめている。たとえば、自惚れの強いルイ・ド・ロアンはシャルロットの代父だが、彼は、毎週日曜日、ヴェルサイユ宮殿で国王陛下ルイ十六世と王后陛下マリー＝アントワネットを前に祭式をつかさどる。

シャルロットの弟のジェトノックは、幼少のころからすでに、聖職に身を捧げるのを待ちながら大修道院長の聖職禄《せいしょくろく》を得ていた。ロアン家の人々のおかげで、フランスは重要な高位聖職者を欠かずにすむのである。

当然のことながら、シャルロットが子供時代を過ごすのは上流のパンテモン修道院、「人が知っていることはすべて教育の賜物」という方針で聞えた修道院である。

グルネル街にあるこの荘厳な修道院はパリの真中に浮かぶ草木と花々の島である。シトー会修道会の敬虔な修道女たちはそこで生徒たちに洗練された教育をほどこす。修道院は歴史、算数、地理を少し教え、音楽、ダンス、デッサンをたっぷり教える。年若い令嬢たちはみな社会で高い地位を占めるよう求められており、彼女たちに精神上の能力を授け、優雅な行儀作法を教えこむためならどんなこともなされる。彼女たちは個人的な居室を持ち、個人的な召使を雇い、個人的な音楽教師およびダンス教師をかかえている。彼女たちはあかぬけたサロンに両親や友達を迎える。鏡板を張った大食堂に置かれた彼女たちのテーブルは、毎日、クリスタルガラスの品々や銀製食器で飾られ、アンギャン公爵の母バティルドや、公爵の叔母ルイーズがシャルロットの数年前にこの修道院でそうしたように、彼女たちの何人かはアベス夫人のテーブルで夕食をとる。広い公園では、たくさんの小道が、よく似合う制服を着た令嬢たちを迎える。ベルシャス街の壁に沿って、彼女たちは陣取り遊びをし、縄跳びをする……。

第一節 名流の家庭生活

シャルロットは十八歳の年までこのオアシスで過ごす。以後は、生活をヴァレンヌ街の両親私有の屋敷と、先祖から継いだロシュフォール[❖1]の城館とに分けていて、晩春から夏にかけてのうららかな季節になると、ロシュフォール城に行く。

❖1＝**ロシュフォール**…パリ南西四〇〇キロの町。

ヴァレンヌ街の屋敷で過ごすとき、彼女は母が客を迎えるのを助ける。名流の奥方さまであるロアン＝ロシュフォール公爵夫人のサロンは、一七八八年のころ、パリで最も名高いサロンの一つである。美しく、人当たりがよく、人をひきつける力があり、軽はずみで、自分の行動がもたらす結果をほとんど計算に入れずに、贅沢――これはロアン＝ロシュフォール公爵夫人の生来の本質、多弁な本質であり、無自覚かつ抵抗しがたい本質である――の虜になっている女性。これがシャルロットの母の姿である。

ロアン＝ロシュフォール公の奥方さまは気前よく買い物をする。……そして代金を払わないのだ！　二枚の珍しい勘定書〔原注　本書著者のコレクション〕が、時代の風俗であるこの軽薄さについて証言している。名家のお得意の女性たちを前に深々とお辞儀をする出入りの商人たちは、勘定の支払いを納品のつど求めるようなことはあえてしない。ドレスが流行遅れになるか、納入品が色あせるまで支払いが延びることが間々あるのだ……。（名のあるローズ・ベルタンは、やっとの思いをしてようやく代金を受け取ったし、そのあいだに決然と債務に立ち向かわなければならなかった。）

けれども、ある日、名流の奥方さまロシュフォール公爵夫人の出入り商人ペイアンという御仁がついに腹を立てる。彼は、一七七九年に公爵夫人に納めた多数の品々の代金――五〇〇〇リーヴルにのぼる――を、一七八二年になってもまだ払ってもらっていない！　だから、ペイアンは、勘定書の代金支払いについて裁定を仰ぐため、ロアン＝ロシュフォール公爵夫妻をパリ奉行の前に呼び出す。「ロシュフォール公爵夫人納入分」という勘定書は、旧制度時代の貴婦人の出費について興味深い詳細をわれわれに明かしてくれる。

勘定書に「お子さま用」（そのころ、公爵夫人の子供は四人）という項目がある。ここにはシャツ一二枚、ボンネット用畝織り綿織物、袖飾りおよび首飾り用モスリン、バチスト麻ハンカチーフ四八枚、タオル四八枚、その他が記されている。「公爵夫人用」の項目には薄地の多量のモスリン、刺繍入りモスリンの部屋着二枚、やはり刺繍入りモスリンのコート風ドレス二枚、本物のヴァランシエンヌ・レース製の婦人帽二つ、水玉模様のモスリンにマリーンレースをあしらった婦人帽一つ、それに、令嬢(上品で、可愛がられているシャルロット嬢のことである)のための帽子一つも見える。

さて、ヴァレンヌ街の生活はいたって快適である。ロアン゠ロシュフォール公爵夫人邸をしばしば訪れたヴィジェ゠ルブラン夫人が書いている。「十時三十分ころ、一〇人ほどの親しい人々がお夜食にお運びになる。みながわれがちに最も愛想がよくなる」。華々しく、浮ついていて、生き生きしており、そして、からかい好きなこの十八世紀末の社交界は、消え去る前にその最後のきらめきを放つ。

常連のなかでは、マルサン夫人[2]がロアン゠ロシュフォール家の客間を大のお気に入りにしている。この人物、ロアン公女として生まれたマルサン夫人は、その生まれからしてロアンの親族に深い愛着をいだいていた。昔、彼女はフランス王の王子王女たちの傅育係をつとめており、田舎暮らしをさせるために、未来の国王ルイ十六世をベルヴュの王城[3]に連れてゆき――王城では、彼女の用心深い世話がおそらく王太子の命を救った――、王太子が六歳になるまで育てたのは彼女である。彼女は、王太子が満六歳なり、男性たちの手にゆだねられるべく女性傅育係からひき離されたときに王太子が見せた激しい苦しみを思い出すのが好きだ。王太子の心痛はたいそう激しかったから、軽砲兵中隊は、数日間、涙を抑えることができなかった。

❖2＝**マルサン夫人**…伯爵夫人。旧姓マリー゠ルイーズ・ド・ロアン゠スービーズ。ルイ十六世誕生の一七五四年より傅育係をつとめた。スービーズ元帥の妹。ロアン枢機卿の従姉で、コンデ大公の義理の叔母にあたる。

❖3＝**ベルヴュの王城**…パリ南西郊ムードンにある城。

マルサン夫人は宮廷の信頼を持ち続けていた。親族の人間を後押しすることが問題となるや、献身的で、活動的で、計略家になる彼女は、シャルロットに度をこした愛情をそそぐ。

第二節

他に並びなき令嬢

このころ、シャルロットは貴族階級のたおやかな花である。深い眼差しの、切れ長の大きな碧い双眸《そうぼう》、心なし長いが、品のある、くっきり形よく整った鼻、愛らしい口、艶やかなブロンドの髪、流麗な線を描く喉元、丸みをおびた腕、ビュスチエ[4]の下の細いウエストを持つ彼女は、ゆかしい美に恵まれた女性である。夢想にひたっているような瞳、肩に波打つ「イギリス流」巻き毛に髪粉をふり、スカーフを「マリー＝アントワネット風に」結んでいる彼女の肖像は、思慮深い印象とともに、ほとんどメランコリックな印象をわれわれに与える。彼女の声は優しく涼やかで、その心は誇り高く、愛情がこもっている。彼女は人から好かれるし、人を楽しませることもできる。パンテモン修道院で授かった入念な教育により、彼女は社交界で高い地位を占める心の準備をした。彼女は機転がきき、節度をわきまえていて、上品で、ジャンリス夫人がよしとするあの「上流社会の作法」にはずれるものが何一つ見当たらない。やはりジャンリス夫人が、片足を後ろに引いて心持ち膝を折る女性のお辞儀は「自然であると同時に柔らかく、慎ましく、しとやかで、品がなければならない」、とわれわれに教えるが、シャルロットはこのお辞儀を見事にこなすことができる。

シャルロットは何よりもまず多感である。彼女の可憐な感受性は、お伽噺の素敵な王子さまが現われ、心晴れやかになることだけを待っている。シャルロットは人を愛するように創造され、自分のことを忘れるように創造されたのだ。彼女には浮ついたところもないし、移り気なところもない。その心の寛容さ、邪気のない善良さによって、彼女は一流の人間になるだろう。のちにフーシェ伯爵[5]はシャルロットについて書く。

「善良さと、親切さと、厚情のモデルである……」

さしあたって今、彼女は、何の気がかりもない、両親の屋敷で仕合せに暮らしている一人の令嬢にすぎないが、しかし、こののんきな暮らしはあまり長続きしない。彼女が修道院を出たのは十八歳の年だが、まさにこの年、「王妃の首飾り事件[6]」が起き、彼女の最愛の代父であるロアン枢機卿がバスティーユ牢獄に送られるのである。

シャルロットをその代父に結びつけている情愛は安っぽい感情ではない。それは真の愛着であり、この愛着のゆえに、彼女は、反マリー=アントワネットの立場をとるロアン家の人々にくみする。枢機卿のほうは、毒舌家たちが「父親そのものの」と形容する愛情を代子に表わす。さらに後になると、この二人は、シャルロットの目の前で「ご立派な猊下」が息をひきとるまで、ともに亡命生活を送るだろう。

ロアン枢機卿の影はこの歴史の流れのなかで今後もたいへん頻繁に現われるので、「首飾り事件」の本質

❖4=**ビュスチエ**…肩ひもなしのブラジャー型上衣。

❖5=**フーシェ伯爵**…公女シャルロットの公証人にして相談相手。本書「序」参照。

❖6=**王妃の首飾り事件**…一七八五年に発覚した詐欺事件。ロアン枢機卿は詐欺と気づかぬまま事件に関与する。詳細は本章第三節―第四節。

的特徴をおおまかに描くことにする。

第三節

シャルロットの代父

「王妃の首飾り事件」が起きたとき、ロアン枢機卿は五十一歳である。彼は風格、高雅、才気を、さらに人にだまされやすい性質をもいささかも失わずに、めっきり肉づきがよくなっていた。（コンデ大公が追い払った）あのカリオストロが神秘的化学、金属の変換、占星、大仰な秘儀などの魔法の世界を枢機卿にくりひろげてみせるのはこの時分である！　枢機卿は、太くて丸い指にとてつもなく大きなダイヤモンドをこれ見よがしにはめている。このダイヤモンドは彼にはただ同然だった。カリオストロが錬金術の方法によってダイヤモンドを「製造した」のだから。

だがしかし、カリオストロの魔術はどれも、枢機卿がこの世で一番望んでいるものを生み出しえない。一番望んでいるものとは王妃の寵愛である。

王妃の寵愛、枢機卿がこれを失ってもう何年にもなる。一七七二年、華麗な高僧ロアンは、マリー＝アントワネットの母后オーストリアのマリア＝テレジア[7]支配下のウィーン大使に任ぜられた。枢機卿の豪勢な行列、金の網目模様で囲まれた花々を全面に描いた複数の儀式用四輪馬車、ビロードで装った近習たち、短いマントで着飾った楽士たち、枢機卿の口からポンポン飛び出す「駄洒落」は、謹厳な皇后に激しいショックを与えた。マリア＝テレジアは、狩猟服で現われるのを枢機卿に許さなかったし、また、彼女のリヒテンシュタイン城❖8では、離れたテーブルで彼にちょっとした夜餐を供するのも許さなかった。ウィーンの貴族がこぞって新来の人間のところにかけ寄るからだ。「老いも若きも、美なるも醜なるも、わが国の婦女子は彼の虜になっています。彼は彼女たちの偶像です。彼は彼女たちにたわごとを言わせます」、と当時、マリア＝テレジアは怒りをもって書いた❖9。さらにまた、マリア＝テレジアは、そのころまだ王太子妃だったマリー＝アントワネットと長く書信を通わせており、その間、王太子妃に対し、オーストリア国民を堕落させたこの「品行不良の人物」をフランスに呼びもどすべく、あらゆる手をつくすよう求めた……。

パリの王太子妃は目的に直進した。彼女は、ロアンの親族みずからが高僧の帰国を申し出るようにしようとして、絶対的権力を持つマルサン夫人(夫人は枢機卿の従姉である)に直接——しかも性急に——話をした……。

ロアン＝マルサン＝ゲムネー家門に憤怒と大騒動がまき起こった。マルサン夫人は、このような侮辱的やり方をしたマリー＝アントワネットを決して許さなかった。

❖7＝**マリア＝テレジア**…オーストリア女大公、ボヘミア女王、ハンガリー女王(在位一七四〇年—八〇年)。夫フランツ一世は神聖ローマ帝国皇帝(在位一七四五年—六五年)。

❖8＝**リヒテンシュタイン城**…ウィーンにある宮殿。

❖9＝**怒りをもって書いた**…質実敬虔なマリア＝テレジアは、ロアンが君主並に豪華な行列でウィーン入りしたこと、聖職者でありながら、俗人の服装で公の場に出たこと、軽佻な女性関係をくりひろげたことなど、宗教および風儀の点からロアンを不快に思った。

しかしながら、玉座に上って二ヶ月後に、[10]マリー＝アントワネットが怒れる枢機卿の召還命令を発するのをさまたげるものは何もなかった。一方、相変わらず母親に「あやつられている」マリー＝アントワネットの意に反して、一七七七年、結束したロアン一族は全力を挙げて、不興をこうむった枢機卿をフランス宮廷司祭長の地位に上らせることになる。

以来、枢機卿は、あるときはヴィエイユ＝デュ＝タンプル街の豪壮なロアン邸で、あるときはストラスブールのロアン館で、不興をかみしめながら過ごした。功名心に燃える彼は、政府で何らかの役割を果たしたいと望み、よく知られる緋色の法衣をまとったリシュリューやマザランやフルリーと肩を並べたいと望んでいた。[11]まったくもって女性に目のない彼は王妃の金髪の美しさと溌剌とした愛らしさを讃えていたが、しかし、権力への道はこの若々しい王妃によってずっとさえぎられる。

第四節

首飾り事件

権力への道がさえぎられた状態は、ロアン枢機卿がたまたま一人の小柄なうさんくさい女に出会う日まで続いた。女というのはド・ラ・モット伯爵夫人ジャンヌ・ド・ヴァロワである。彼女は貧しく、陰謀好きで、野心にみち、人にとりいるのがうまく、恥知らずで、狡猾さのかたまりのような女だ。特権を失った父母

（父は本物のヴァロワ王家[12]の出で、女中と貴賤結婚したせいで領地を失った）の娘である彼女は、ド・ラ・モット氏という文なしの伯爵と結婚する前、乞食や水運搬人といった最低の仕事をしていた。栗色の見事な髪の彼女の頭に恐るべき奸智が宿っていなかったならば、また、黒い眉の下でぱっちり見開かれた彼女の美しい碧眼を悪魔のような知能が照らさなかったならば、ド・ラ・モット夫妻はきっと他人に知られぬままだったろう。観察眼の鋭い人間がド・ラ・モット夫人のいささか大きな、しかも曲がっている口を見れば、どんなこともしかねない、どこか下品な性情を感じとっただろうが、しかし、われわれが知るように、枢機卿は人間心理を読む自身の才を発揮しなかった。

友人たちによってロアン枢機卿に紹介されたあくどい女ド・ラ・モット夫人は、すぐに枢機卿のひそかな悩みを見ぬいた。あっと驚くほどの大胆さで、彼女は、自分の「愛する親友」たる王妃との親密さをさりげなく気づかせようとしはじめた。なるほど、彼女は、枢機卿猊下の覚えめでたくありたいという思いから、自分の出自を口にする以上のことを望んではいなかったのだが……。

人のよい高僧は希望を取りもどしたような気がした。その希望は、隅にフランスの百合[13]が浮き出しに

❖10＝**玉座に上って二ヶ月後に**…ルイ十六世が王位に即いたのは一七七四年五月だから、その二ヶ月後は七四年七月。

❖11＝**肩を並べたいと望んでいた**…緋色の法衣は枢機卿を意味する。リシュリュー枢機卿（一五八五年生―一六四二年没）。マザラン枢機卿（一六〇二年生―六一年没）。フルリー枢機卿（第一章❖23参照）。いずれも宰相をつとめた。一七七七年に宮廷司祭長になったロアンは、七八年に枢機卿、七九年にストラスブール大司教となるが、彼が強く望んだのは宰相の地位だった。

❖12＝**ヴァロワ王家**…カペー王家（九六七年―一三二八年）の分家にあたるフランスの王族。フィリップ六世（在位一三二八年―五〇年）からアンリ三世（在位一五七四年―八九年）まで王位を継いだ。

❖13＝**フランスの百合**…三つ百合はブルボン王家の紋章。

なっている書状をド・ラ・モット夫人が彼に見せたとき、気違いじみた歓喜に変わった。その書状で、マリー＝アントワネットが、枢機卿猊下に対する感情が急に変わった、と彼女の「親友」に知らせていたからである。王后陛下は、大司教の乞うていた謁見を今もってみとめずにいた——ところが、書状には、王后陛下は大司教に赦しを与えんがため、一夜、ヴェルサイユ宮の庭園にて内々の引見をみとむ、とあったのである。

フランスの大司教に拝謁をお許しくださった王妃。この大嘘を、ロアンは真に受け、幸運の書状にある一字一句をゆっくり楽しんだ。[14]（書状は、ド・ラ・モット夫人が口述したことを従犯の男が書きとったものだった。）

一七八四年八月十一日の夜、ロアンは、逢引のときのように喜びで胸震わせ、定刻よりずっと早くヴィーナスの木立[15]のところへ来て、それから、暗がりのなかに白く、ほっそりした、おぼろなシルエットをみとめ、ひれ伏した。ヴェールをかぶった女性がわけのわからないことを数語つぶやき、そして、一輪のバラをロアンに投げかけた……。[16] 王妃さまからたまわったバラ！ 幸福に酔った枢機卿はバラを胸に押しいただいた——そのころ、ヴェルサイユのいかがわしいキャバレーに集まったド・ラ・モット夫人とその共犯者たちは、枢機卿の跪拝《きはい》を思い出しながら涙が出るほど笑い転げていた。

ヴィーナスの木立でのこの有名な場面ののち、枢機卿は女王に謝意を表わすためには何事も辞さないという気になっていた。自分の人生は王妃の御意のままだということをどのように王妃に伝えればよいのか？ そう、ド・ラ・モット夫人は、首飾り購入のために、マリー＝アントワネットが必要としているお金をマリー＝アントワネットに用立てればよい、ときわめて簡単かつ内々にほのめかす。王妃が熱望しているその首飾りはとんでもなく高価なので、王妃は、掛けで、しかも国王に気づかれずにそれを入手したいと望んでいるという。ロアンは躊躇しない。たしかに、一六〇万リーヴル[17]、と目玉が飛び出るほどの値段だが、しかし、ド・

ラ・モット夫人は、ロアン大司教に立て替えてもらった金は彼に返済すると約束した文面の、マリー＝アントワネットの署名入り短書を彼に渡す。もちろん、万事――一方では、宝石商ベーマーが首飾りをド・ラ・モット夫人に預けるようにする、他方では、ド・ラ・モット夫人が金を懐に入れるようにする。ぬけぬけと行なわれたこれらのことは、まったくの無分別か、あるいは驚くべき悪才を物語っている――を運ぶのはド・ラ・モット夫人である。[18] 用心から料理包丁で短く切られた首飾りは一粒ずつにばらされ、ダイヤモンドは売られて、そこで手にした金はすぐに、いずれもおびただしい数のドレス、宝石、家具、有蓋四輪馬車、馬、制服を着た従者、壁掛、美術品に化け、果ては、その金で「頭から足の先まで銀ずくめの黒人下男」まで買い入れられる……。

　事件の真相が露見したとき[19]（宝石商ベーマーが首飾り購入の礼を王妃に述べたいというあいにくの考えを

❖14＝**一字一句をゆっくり楽しんだ**…ド・ラ・モット夫人は、王家の紋章および王妃の署名のある書状を矢継ぎ早にロアン枢機卿に手渡したが、書状はすべて偽造偽筆だった。だが、王妃の寵を得て、宰相になりたいと思っていた枢機卿は書状を本物と信じた。

❖15＝**ヴィーナスの木立**…ヴェルサイユ宮庭園内、ヴィーナス像の噴水がある茂み。

❖16＝**一輪のバラをロアンに投げかけた**…ド・ラ・モット夫人の一味は街娼ニコル・ルゲを雇い、王妃に変装させた。

❖17＝**一六〇〇万リーヴル**…首飾りは二八〇〇キャラットのダイヤモンドを配した絶品。

❖18＝**ド・ラ・モット夫人である**…ロアン枢機卿は、返済を約束した偽手紙を王妃の親筆と信じこみ、一七八五年一月、王妃の代理で、首飾りを分割払いにて購入する旨の契約書を作成した。ド・ラ・モット夫人は、契約書に「裁可」という王妃の偽筆と、王妃の偽署名を加えた。二月に宝石商の持参した首飾りを、枢機卿は、王妃にとどけるようド・ラ・モット夫人に渡した。夫人は首飾りを詐取したうえ、枢機卿から多額の謝礼をせしめた。契約書では、第一回支払いは八月一日と定められていた。が、融資交渉に手間取って支払いが遅れ、枢機卿は、十月に一回目代金として七〇万リーヴルを宝石商に支払う。

持った結果だった！）、憐れなロアンは生きた顔色もなかった。聖母被昇天の祝日、[20] ヴェルサイユ宮殿の礼拝堂でまさにミサをとり行なおうとしていたときに、ロアンは典礼用祭服をまとったまま捕縛され、バスティーユ牢獄に移送されたが、彼の受けた侮辱ほど大きな侮辱を受けた人間も聖職者もいまだかつていない。[21]

スキャンダルは途方もなかった。[22] また、スキャンダルは、どこよりもヴァレンヌ街のロアン＝ロシュフォール家の客間に一段と辛い余波をおよぼした。ヴァレンヌ街では、感じやすいシャルロットが初めての涙を流していたし（彼女は別の涙を流す運命にあった！）、さらに、シャンティイでも、ロアン一族の姻戚のコンデ大公が枢機卿を全面的に弁護していた。マルサン夫人は、ハンカチーフを手に、目を赤くして、お屋敷からお屋敷へと飛びまわっていた。これらロアン一族はみな、なりふりかまわずできるかぎり多くの敵を王妃に立ち向かわせた――その結果、彼らは大革命を準備し、彼らの多くが大革命で落命するのである。

ヨーロッパをハラハラドキドキさせる裁判が始まった。これまでと同じく矍鑠《かくしゃく》として威厳をたもっていたものの、鬱々としていた枢機卿は、短白衣の祭服に、ブリュージュ・レースの頭巾つきケープを羽織って出廷した。彼は、自分がロアン一族から強力に支えられているのを承知していて、ゆるぎない善意を誇示していた。彼は依然として王妃のことを考え、「王后陛下にはなおお悲しみにくれておいでなのだろうか」、としばしば問い合わせた。彼は、この世でまたとないほど尊崇している女性の名誉を公然と傷つけたことにいたく苦悩していた。彼はその苦悩を決して忘れなかったはずだ。

裁判の折、人々は、驚くべき光景――品性を欠く光景ではなかったが――を目にした。つまり、ロアン家の全員が法官たちの到着を待ち受けて高等法院の入口に整列し、ロアン一族の連帯をしめしてみせたのである。判事たち[23]が前を通るとき、マルサン夫人は彼らに強く訴えることまでした。「判事のみなさま」、と彼女は言った。「みなさまは私ども全員を裁かれることになるのでございますよ！」
一七八六年五月三十一日、枢機卿はすべての告訴事項について無罪となった。❖24 枢機卿の勝利は、民衆にとって王妃の敗北を意味したのだが、枢機卿は、翌日、民衆の歓声のなかバスティーユ牢獄を後にした。ヴァレンヌ街のお屋敷では、シャンティイ城におけると同様に、家門の人々が枢機卿の勝利を祝い、シャルロットは今度は喜びの涙を流した。そして、公子アンギァンは、事の全容をきちんと承知せぬまま、みなと喜びを分かち合った。だが、それは仮の間の喜びだった。というのも、ほどなく枢機卿は、大司教の座を辞すべし、加えてさらに、彼のラ・シェーズ＝ディユ修道院❖25に蟄居《ちっきょ》すべしとの命令を受けたからである。

❖19＝**事件の真相が露見したとき**…詐欺事件は一七八五年八月九日に発覚。激怒した王妃は、ロアン枢機卿を窃盗罪で、または、最低でも、王妃の名において契約書を作成した不敬罪で、裁判にかけるようルイ十六世に訴えた。

❖20＝**聖母被昇天の祝日**…一七八五年の八月十五日。

❖21＝**いまだかつていない**…ロアン枢機卿は、この日まで、首飾りの件が詐欺事件だと気づいていなかった。枢機卿というのはローマ教皇の選挙・補佐に任ずる司教であり、国内では最高位の高僧だから、法衣のまま人前で捕えられるのは想像を絶する屈辱だった。

❖22＝**途方もなかった**…王妃と枢機卿は情を交わす間柄で、王妃が枢機卿と結託して首飾りを詐取したという噂や、王妃をおとしいれるために、枢機卿とド・ラ・モット夫人とが詐欺を共同謀議したという噂など、さまざまな噂がみだれ飛んだ。

❖23＝**判事たち**…この裁判の判事は六四名。王族および高位貴族の判事は除外されていた。

❖24＝**無罪となった**…枢機卿は裁判で無罪判決を得たものの、国王は、封印令状により彼に公職剥奪と、ラ・シェーズ＝ディユ修道院への幽閉とを申し渡した。首謀者のド・ラ・モット夫人は、逮捕後、終身刑を宣告されたが、脱獄し、一七九一年、ロンドンで窓から転落、死亡した。享年三十五歳。枢機卿をそそのかして事件にまきこんだとされるカリオストロも逮捕されたが、無罪となった。

❖25＝**ラ・シェーズ＝ディユ修道院**…オーヴェルニュ地方にある修道院。ロアン枢機卿はここの大司教でもあった。一七九一年、彼はエテンハイムに亡命する。

疲れを知らぬマルサン夫人は、王妃のところへかけつけ、足下に身を投げたが、得るものは何もなく、あらゆる屈辱に堪えて平気になった夫人は、続いて国王の足下にまた身を投げ、しゃくりあげて泣きながら、どれほど心をこめてお育て申し上げたか、と国王の記憶を呼びさました。ルイ十六世はうんざりしたふうつきで、育児にあたってくれたことについては、夫人にこれを大いに感謝するが、しかし、決定を撤回することはできぬ、と答えた。

枢機卿は、ある期間、この恵まれた都落ちに甘んじ、それから、彼の司教区であるストラスブールにもどる許可を得た。

第五節

破談

「首飾り事件」はシャルロットを深く悲しませるが、それでも、事件が妨げとなり、彼女が年若い令嬢らしい華やかな生活を送れなくなったというわけではない。

彼女は、訪れるのが礼儀だと考えるところには決まって姿を見せ、王妹殿下エリザベート王女[26]の内輪の集まりにはよく出かける。シャルロットを王女のこの小さな集まりに紹介したのはマルサン夫人である。根っからの「媒酌好きの」マルサン夫人はとりわけシャルロットに関心を寄せている。

それもそのはず、シャルロットは、十八歳になってもまだ結婚していないのだから。パンテモン修道院の懐かしい仲間たちの大半がすでに十三歳か十四歳でずっと年上の男性に嫁いでいた、そういう時代だったから、シャルロットはもう「老嬢」に近いのだ。年の離れた男性と結婚するという不均衡結婚にも誰も驚かない。結婚は、当時、恋の出来事というより、むしろひどくお手軽な出来事だった。❖[27]

ちょうどそのころ、たいへん素晴らしい「話」がシャルロットのために整えられる。駐リスボン仏大使ボンベルときわめて親しいマルサン夫人が、ポルトガルの大貴族で、事と次第によってはポルトガル王位を継承するかもしれぬカダヴァル公爵にシャルロットを娶《めあわ》せようと考えたのだった。子息が放蕩三昧の生活にひきずりこまれているのを見て悲しんでいる若公爵の母親、すなわち名門の奥方さまは、自分のところに申し出がなされたなら、感謝をこめて申し出を受け容れるつもりでいる。

縁談は、ボンベル家にすれば、カダヴァル一門のなかで重きをなす好機である。ボンベル家の人間がカダヴァル公爵にシャルロットの肖像画を見せる。運よく、公爵が肖像画に夢中になる。母の公爵夫人は大喜びし、早くもシャルロットのうちに「夫人の家に平穏をもたらす天使」を見出す。リスボンとパリとのあいだで頻繁に書翰が行き交いする。

けれども、残念ながら、彼らは、シャルロットをその母に結びつけている愛情を考えに入れていなかった。シャルロットの母は永遠の別れを思い描いて悲観する。女性たちがムーア様式の鉄格子の向こうに半ば閉じ

❖26＝**エリザベート王女**…エリザベート・ド・フランス（一七六四年生―九四年没）。フランス大革命下の九四年五月十日、処刑される。

❖27＝**お手軽な出来事だった**…「恋の出来事」(une affaire de cœur《クール》)、「お手軽な出来事」(une affaire tout court《クール》)―音を合わせている。

こめられて暮らすという禁欲的風習のあるポルトガルでは、姫君たちはあまり仕合せではないという噂もある。また、シャルロットはシャルロットで、見知らぬ国に暮らせば、愛する人たちみな——素晴らしい母、優しい父、愛おしい兄妹、代父、友人たち——からひき離されるだろうと考え、外国生活に動揺する。

こうしたためらいを伝え聞いたカダヴァル公爵は、のぼせ上がって自身が身動きできなくなっているため、ボンベル夫人をエリザベート王妹殿下のもとにつかわす。ボンベル夫人と王妹殿下は二人してシャルロットに圧力をかけてみる。ボンベル侯爵のほうは王妹殿下に一筆を呈する。

「ロシュフォール嬢のお父君並びにお母君は、ご令嬢を王国の全貴族の上に君臨せしめるご縁に、……同ご令嬢およびそのご子孫に戴冠を約束しうるご縁に今後フランスで出会われましょうか？」

みながシャルロットの縁談に立ち入り、ヴァレンヌ街のサロンで熱心に話し合う。怒り狂ったマルサン夫人は、娘との別離を望まぬ母親の愛情を「無作法」とみなし、品位も何もかなぐり捨ててロアン＝ロシュフォール公爵夫妻を猛烈にとがめる。マルサン夫人からすると、別離云々など、自分には関係のない問題で、ロアン＝ロシュフォール公爵夫妻はこんな問題について娘の気持を聞く変わり者だ！　ちょうどそのころ、ディジョン高等法院の判事の子息が、シャルロットの父親が彼を婿にと考えているという巷の噂を耳にして、噂に根拠があるか否かを知ろうとヴァレンヌ街のお屋敷を訪れる。シャルロットの父親は不機嫌に彼に答える。「貴公は余計な口をお出しにならないことですな」

数ヶ月のあいだ、シャルロットの縁談がもっぱら社交界の噂の種になる。ご結婚なさるのかしら、なさらないのかしら？　おしなべて人々は、「あらゆる点でとても結構な縁を見捨てるなら、シャルロットはきわめつきの愚行に走ることになる」と考えている。

シャルロットは人々に自由に言わせておき、縁談を両親に、とくに母親に——母親は、自身のサロンの飾りである、いたって感じのよい娘シャルロット(妹のクレマンティーヌはまだ揺り籠のなかなのだ)と別れないとしっかり決めている——まかせる。感情豊かなシャルロットは、カダヴァル公爵との縁組を自分自身で正式に断るのを両親がみとめてくれる日が来れば、両親に感謝するはずだ。しかし、そのようなことはこれまで一度としてなかった！ ロアン＝ロシュフォール公のやんごとなき奥方さまは、やがてわれわれが見るように、新思想かぶれの精神を鬘《かつら》の下に隠し持っているのだが。

当惑し、感情を害し、不幸な目に遭ったボンベル侯爵は、一七八八年六月二十二日、情けない思いでカダヴァル公爵に書状をしたためる。曰く、「公爵閣下のお人柄をお見上げ申しますと、小官はご縁組に未練を禁じえないのでございますが」、ご縁組に関しましては、ロシュフォール嬢のお父君並びにお母君はこれをご遠慮申し上げるよう小官に仰せになりました——。こうした言葉の綾にもかかわらず、拒まれたのだと察したカダヴァル公爵は、気の毒なボンベル侯爵を呪詛の目で見るようになり、以後、侯爵は疎んじられる。絶望のどん底におちいったマルサン夫人は、「半分狂っている」、と言ってシャルロットの母を責める。(非難はロアン＝ロシュフォール公爵夫人が生きているあいだ続くだろう。)マルサン夫人は思わず叫ぶ。「不幸が私を追いかけてきて、いつも私の身内にまでつきまとうのです！」

打算的結婚から救われたシャルロットは魅惑の君を待ち続ける——家族の集まりや儀式の折にときたま顔を会わせるあの年少のルイ・ダンギャン[28]の姿のなかに今はまださなぎの魅惑の君が隠れていることに気づか

❖28＝**ルイ・ダンギャン**…アンギャン公爵のこと。

ぬままに。彼女がルイ・ダンギャンのうちに一人の男性——彼女の生涯の男性——を見出すには革命と亡命とを待たなければならない。

第三章
大革命の兆し

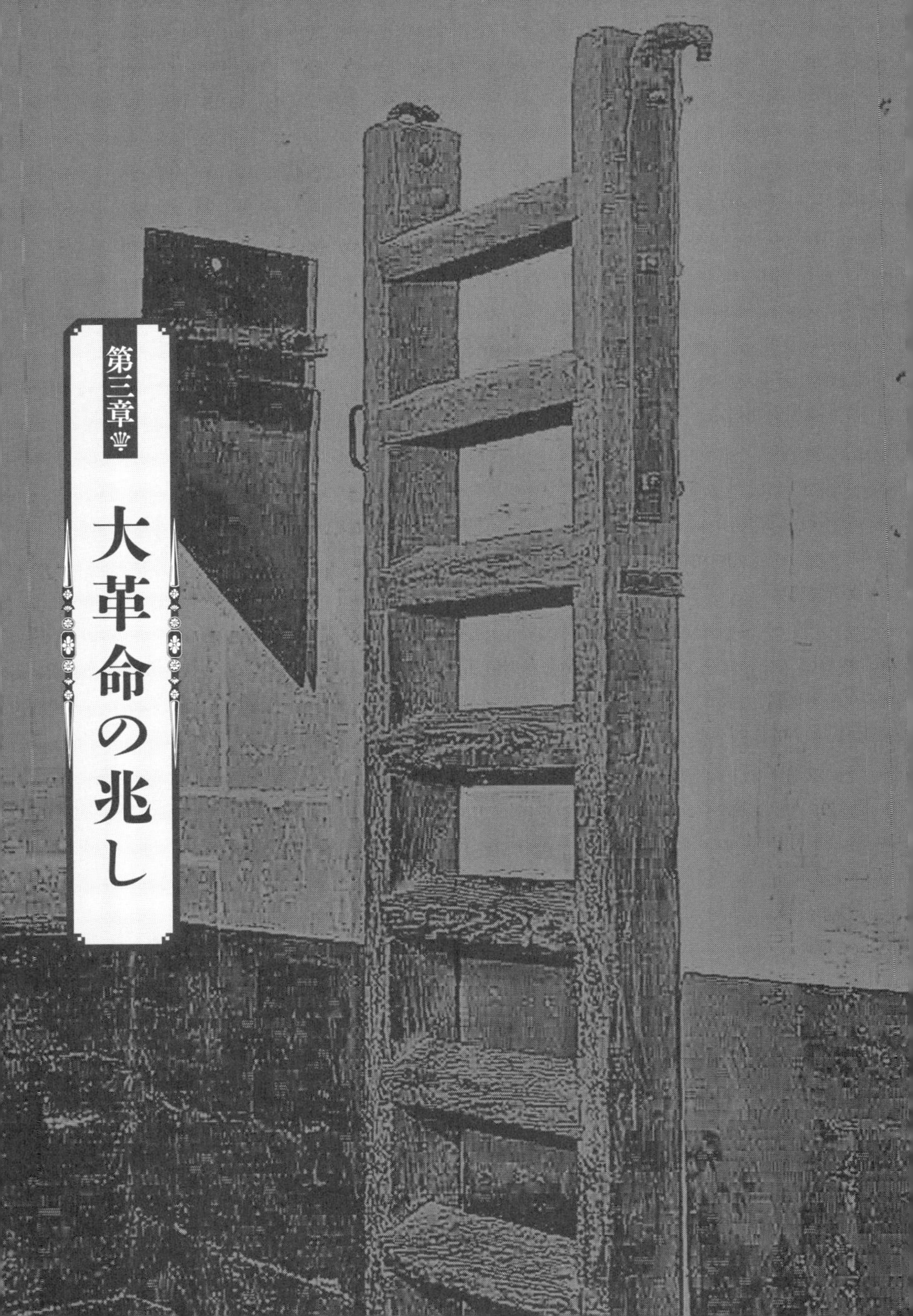

一七八九年五月五日以来、つまり全国三部会[1]が開かれて以来、状況は悪化の一途をたどった。六月十七日、「国家の再生」にとりかかるべく、初めて国民議会[2]が召集された。この革命の第一幕に対し、ルイ十六世は国民議会の議場を閉鎖させるという強硬手段をもってこたえる。すると、代議員たちは、普段は球戯場として使われている場所に非合法に再集結し、王国に憲法を制定すると誓う[3]。

よく知られているこの「球戯場の誓い」以降、事態はますます悪化した。国王はパリおよびヴェルサイユ周辺に数箇聯隊を配備した。これら聯隊の多くが外国人から成っている。——王妃に対する民衆の怒りが過熱しているのに、聯隊の多くが王妃と同じく外国人なのだ[4]。人々はもはや国王も王妃も受け容れない。民衆がなお信頼を寄せているただ一人の人間、それはネッケル大臣[5]である。彼が解任されれば、内戦が起こりかねない。

その事態を予測した国王は新たな部隊——以前からパリに駐留していたスイス衛兵部隊——でパリ周辺の守備を補強した。スイス衛兵の複数の分遣隊が四門の大砲を引いてシャン゠ゼリゼに向かった。公序を維持するためにとられたこれらの措置は、侮辱的な言葉や石で兵士たちを攻め立てる人々からいろいろに解釈される。暴漢たちは軍人たちをねらって発砲する。軍人のいくたりかは深手を負うが、軍隊は反撃しない。軍隊は、フランス人の血の一滴たりとも流さぬようにとの正式命令を受けていたのである。

このような軍隊行動はパリの民衆を不安にする。蜂起の発祥地であり、どうしてよいかわからなくて困っている市民や、ジャーナリストや、利権屋の溜り場であるパレ゠ロワイヤルは激しい興奮状態にある。一七八九年七月十二日午後、野心に燃え、いやに猛り立った青年ジャーナリストのカミーユ・デムーラン[6]がパレ゠ロワイヤルの真ん中で発した不吉な知らせ、これがパリに広まってゆく。

「市民諸君、私はヴェルサイユからもどってきた。ネッケル氏が罷免された。今晩、スイス兵とドイツ兵がシャン＝ド＝マルスから総員出動して、われわれの喉をかっ切るだろう……。武器をとれ。記章をつけて、われらの存在を知らしめよう」❖7

この知らせが数時間のうちに暴動の空気をかき立てる。ネッケルが罷免された！ そして、王妃の覚えめでたい人間、あのブルトゥイユ男爵❖8がネッケルに取って代わるだなんて！ 頭に血ののぼった市民たちは武

❖1＝**全国三部会**…アメリカ独立戦争の戦費、英仏通商条約、凶作、王妃の浪費などのせいで、当時、フランスは財政危機におちいっていた。そのため、高等法院の要求により、税制改革を論議すべく全国三部会が開催された。三部会は第一身分の僧族代議員、第二身分の貴族代議員、第三身分のブルジョワ代議員で構成されていたが、代議員の資格認定作業と議決方法とをめぐり三身分間に対立が生じ、結局、何も決められなかった。

❖2＝**国民議会**…第三身分代議員の主導で三身分合同の資格認定、頭数による議決方法が決まり、六月十七日、国王の同意のないまま、三部会に代わって、国民議会が発足した。

❖3＝**憲法を制定すると誓う**…「球戯場の誓い」は六月二十日。国民議会は、七月九日、憲法制定国民議会と名を改める。

❖4＝**外国人なのだ**…地方に駐屯していたスイス兵やドイツ兵。

❖5＝**ネッケル大臣**…ジャック・ネッケル（一七三二年生―一八〇四年没）。スイス人の財政家。ルイ十六世のもとで財務総監。赤字財政処理にあたり自由主義的改革を行なったため、貴族の反感をかった。一七八八年、財務総監に再任、八九年七月十一日に解任される。同月十七日、財務総監に復帰。

❖6＝**カミーユ・デムーラン**…（一七六〇年生―九四年没）。山岳党ダントン派の国民公会代議員となるが、刑死。

❖7＝**われらの存在を知らしめよう**…一説によると、このとき、デムーランは木の葉をひきちぎり、帽子につけたという。これにより、大革命勃発時は三色帽章が革命派の標章になり、のちには共和派の標章となった。

❖8＝**ブルトゥイユ男爵**…ブルトゥイユ男爵ルイ・オーギュスト・ル・トヌリエ（一七三〇年生―一八〇七年没）。宮内大臣（一七八三年―八八年）、財務総監（一七八九年）。

器商に押し入り、武器を根こそぎかっさらう。早鐘を鳴らせ、と群集が叫ぶ。時を移さず、大勢の人間が市庁舎の扉を押し破る。「ガレー船からの脱走者かと思うような」裸足の不審者たちが鉄砲を持って歩きまわっている。最下層の人間たちが海面に浮かび上がり、自分たちの自由を守ることしか考えていない善良な市民たちと混じり合う。パン屋が掠奪に遭い、キャバレーが襲われ、門柵が焼き払われる。

第一節

パリは組織する

無気力な官憲に取って代わろうと固く心に決めたパリの人々は、市内に殖えている強奪行為を抑えこみ、秩序をたもつ目的で市民軍の組織を決定する。ブルジョワ、商人、役人、職人が集会を開き、議事録を作成する。曰く、「おびただしい数の人間が、武装して、命令もないまま、首都の通りという通りを歩きまわっているのを目にした」われわれは、ここに市民軍結成を決定する[9]――。

公明正大の評判、冷静沈着、勇気により、すぐに同胞たちの支持を集めるような人間を何人かこれら市民軍の指導層に置く必要がある。その指導者たちの一人に全員一致で選出され、パリ市の区の代表に任命されて、パリ・コミューンの代表者に与えられるすべての市民権および軍事権を持つにいたった人物がいる。その人物の名はアンドレ・フーシェという。彼は、首都への食糧の供給がなされるいろいろな場所に行く、さらに、自分が必要とされるあらゆる場所で危険に身をさらし、仕事に精力と心とをかたむけるなどして、熱心にパリの秩序維持につとめる。この人物は、のちに公証人になり、公女シャルロットの誠実な友となるあのフィリップの父親である。今のところ、この興味深い二人、フィリップと公女シャルロットはまだ出会っていない。前者は街で正義のために戦い、後者は、パリの怒りが轟くのを聞きながらヴァレンヌ街の私邸の大きなガラス窓の後ろで震えている。

七月十四日、それはバスティーユ獄襲撃の日である。バスティーユ獄奪取は、伝説によって革命の叙事詩に作り変えられるけれども、しかし、当時、この事件は革命的な性質をまったく持っていない。というのも、人々は、「専制政治」により獄につながれた四人たちを獄から解き放つためにではなく、より散文的に、獄に武器があるにちがいないと考え、武器を奪うために、古い要塞を攻撃するのだから。しかも、攻撃するとき、人々は「国王万歳!」と叫ぶのだから。

アンヴァリッド[10]から二七門の大砲と三万二〇〇〇挺の銃とを盗んだ後、その同じ日に、戦利品を殖やそうとバスティーユ獄に殺到するあの雑多な群集については、大いに異なっている、だが、こんがらかっている二種類の人間を区別しなければならない。——すなわち一方に、新たな掠奪行為に役立つ武器を盗むことに貪欲な無法者たちがいて、他方に、秩序を守らせるために、やはり武装したいと思っているブルジョワたちがいるのだ。いずれにせよ、バスティーユ要塞を襲撃するとき、みながみな「国王万歳!」と叫ぶのである。要塞襲撃者たちは、かなりの数の人々と一緒に、要塞司令官ローネーの喉をかっ切り、初めて槍先に頭を

❖9＝**市民軍結成を決定する**…市民軍の正式編成は一七八九年七月十三日。二日後、市民軍は新たに国民軍と命名される。

❖10＝**アンヴァリッド**…パリ中心にある廃兵院。現在は軍事博物館、ナポレオン一世墓廟。

掲げてパリを練り歩く……。この出来事は、最初は単なる一区画のものだったが、すぐさま暴動の様相をおびる。事態をルイ十六世に奏上すべく、七月十四日の深夜から十五日にかけてヴェルサイユ宮殿に馳せ参じたラ・ロシュフーコー公爵[11]が、事態が暴動へと拡大したことを知らせる。

国王が聞く。「では、叛乱なのかね？」

――「いいえ、陛下、革命でございます……」

第二節

ヴェルサイユ宮殿へ急ぐコンデ一族

七月の猛暑と、諸事件のはらんでいた熱気のせいでパリの人々が汗を流しているのに、一方、ヴェルサイユおよびシャンティイのもの静かな木々の枝はそこに暮らす人々に今なお風を送っている。王妃はトリアノン離宮で恐怖を忘れようとしている。アンギャン若公爵は、ビロードの鞍を置き、銀色の馬勒《ばろく》をつけた大厩舎の見事な馬の一頭に打ち跨って疾駆している。憂慮すべき知らせをもたらす、息を切らした使者たちが、道中、ならず者たちにののしられながらも、日夜となくやってこなければ、人生は美しかろう。酔っぱらった男たちが、キャバレーを荒らした後、パリの市門に次々火を放つ。バスティーユ獄は興奮した群集の手に落ちた。

翌十五日から、コンデ一門は行動に移らねばならぬと考える。彼らはみずからの階級の人間に特徴的な勇ましさをもって行動する。祖父、父、孫は武装して馬上に跨ったが、ルイーズ公女は、白色と空色のクッション座席のある、金をはいた彼女の無蓋四輪馬車に身を沈める。こうして彼らはヴェルサイユ宮に登城し、国王を支援するのである。

思い惑っているルイ十六世に、コンデ一門が見《まみ》える。民衆は陛下にネッケルの復職を求めて圧力をかけているのだが、アンギャン公爵がわれわれに語るところによれば、「ネッケル氏にそそのかされるか、あるいは、つねのご善良さにひきずられるかなさって」、陛下は民衆の圧力に譲歩しはじめる。❖12

ヴェルサイユ宮殿は不安にゆれている。宮殿の居室という居室で苦悩にみちたひそひそ話がいつまでも交わされ、夜の帷《とばり》が降りても誰も床につこうと思わない。このところの出来事におびえ、ポリニャック公爵一族❖13から励まされているマリー＝アントワネットは自分の生命と家族の生命とを安全な場所にかくまうことしか考えていない。広範囲にわたる人々の出立（人々は、あえてまだ脱出という言葉を使っていない）が決まる。王弟殿下、すなわち国王の弟君のプロヴァンス伯爵❖14は出立に反対すると思われたから、人々は王弟殿下に隠れて出立について密談する。しかしながら、ヴェルサイユ宮殿では、何事も長く秘密のままということは

❖11＝**ラ・ロシュフーコー公爵**…ラ・ロシュフーコー＝リアンクール公爵フランソワ・アレクサンドル・フレデリック（一七四七年生—一八二七年没）。自由主義的大貴族で、大革命勃発時は王室衣裳役大侍従。

❖12＝**譲歩しはじめる**…ルイ十六世は、七月十五日、国民議会に赴き、パリおよびヴェルサイユからの全軍撤退を明言する。さらに、十七日にはネッケルの財務総監復職を発表する。国民との和解を望んでのことだった。

❖13＝**ポリニャック公爵一族**…ポリニャック公アルマン・ジュール・フランソワ（一七四五年生—一八一七年没）。ルイ十六世の家臣。夫人（一七四九年生—九三年没）は王妃の愛顧を受けていた。

ありえない……。

のちに王位を継いでルイ十八世となった王弟殿下は、その『回顧録』において、出発を決めた、とてつもない難局の夜[15]について述べるだろう。

「王族に対して、廷臣たちは、一部は真実で、一部は虚偽の如才ない理由を挙げつつ、まず、王族の生命は安全ではないと説き、ついで、王族が国境を越えれば、外国の援軍が来ると説いた。かくしてアルトワ伯爵はトリノに向かい、同地にてただちに妃および王子二人[16]に合流すること、また、コンデ大公は、ブルボン、アンギャンの両公、並びにコンデ姫ルイーズを伴いブリュッセルに向かうことが決定した」

加えて、国王、王妃、王女王太子がリール[17]をさしてヴェルサイユ宮殿を去るということが決定した。不安で狂ったようになったマリー＝アントワネットは、陛下から絶大の信頼を得ているコンデ大公に支えてもらいながら、まだ出立の肚を決めていなかった国王に出立計画をほぼ承諾せしめることができた。国王は今しも出立計画を承諾するところだった……。と、そのとき、様子をうかがっていたとある美女が出立計画をつぶしてしまう。

第三節

悲劇的な夜

出立計画を知ったその美女は、王弟殿下に夜分の面会――というのも、そうこうするうちにヴェルサイユ宮殿は夜陰につつまれていたからである――を求める。[18] 王弟殿下は、その面会で茫然自失のうちに、みなの出立は真夜中と決まったと聞き知る。彼は、即刻、厩舎がどうなっているか、その様子を見てくるよう、従僕を厩舎につかわす。従僕は走ってもどる。従僕が言うには、厩舎はてんやわんや大騒ぎの状態で、みなが馬の準備をしたり、有蓋四輪馬車に荷を積んだりしているという……。

一刻も無駄にしまい、と王弟殿下は、儀礼を無視し、有無を言わさず、国王の居所に飛びこむ。王弟殿下は、ひとりきりで、もの思いに沈み、行きつもどりつしている国王の姿を見出す。夜のその時刻に国

❖14＝**プロヴァンス伯爵**…プロヴァンス伯爵ルイ・グザヴィエ・スタニスラス。ルイ十六世の次弟。「王弟殿下」と呼ばれていた。ルイ十八世として王位に上る(在位一八一四年―一五年。一五年―二四年)。国王と国民との和解を通しての革命収拾に望みをつないでいたので、ルイ十六世の亡命に反対していた。これに対し、ルイ十六世の末弟アルトワ伯爵は、宮廷を要塞都市メッスへ移し、そこからパリに進撃して革命を制圧する案を主張していた。

❖15＝**難局の夜**…十五日の夜のこと。『回顧録』にある亡命の件はプロヴァンス伯爵のいないところで決まった。

❖16＝**王子二人**…アルトワ伯爵の第一王子はアングレーム公爵ルイ・アントワーヌ・ド・ブルボン(一七七五年生―一八四四年没)。第二王子はベリー公爵シャルル・フェルナン・ド・ブルボン(一七七八年生―一八二〇年没)。

❖17＝**リール**…ベルギー国境近くにある北フランスの都市。

❖18＝**面会を求める**…十五日夜のこと。

王が部屋着ではなく、燕尾服《えんびふく》を着ていることに、殿下はすぐ気づく。殿下はいきなり国王につめ寄る〔原注ルイ十八世筆『回顧録』〕。

「今夜、国王とそのご一家の方々にはリールに向けてヴェルサイユを後になさるように、とみなが主張しているのでございましょうか？」

初め返答に窮した国王はわれに返る。

「さよう。余の頭脳明晰な廷臣らは、余がしばらくヴェルサイユを離れるのが玉座維持に益すると考えておる」

これに対し、プロヴァンス伯爵は、そのような進言を受け容れることの危険を指摘しようとし、それから、国王の出立により、オルレアン公爵[19]がわがものとするだろう利の数々を明示し、最後に、何とも説得力のある議論を展開するにいたって、本当は出立したくなかった国王(彼はひとえに妃の願望をみたすために出立に同意したのだった)の気持がぐらつきはじめる。

「余もあなたと同じく、この旅立ちは重大な不都合をひきおこしかねぬと思う。快く旅を断念しよう。しかし、いかにしてとりやめたものか？」

国王は、一所懸命出発の準備をしているマリー＝アントワネットのことを考え、つぶやく。

「これを聞けば、妃ははなはだ遺憾にお感じになろう……」

「陛下にして、王后さまにおとどまりいただくようお勧めする理由を仰せられましたら、王后さまにはもう遺憾にお感じになられませんでしょう。王后さまをお呼び願います、陛下。十一時でございます。真夜中になりますと、陛下は道中ということになられますゆえ」

一瞬ためらってから、ルイ十六世は妃を呼ぶよう命じる。ほどなく王妃が現われる。プロヴァンス伯爵の姿を見ると、王妃の顔がこわばり、彼女は思わず言葉をもらす。

「何か変わったことがおありなのでございますね。殿下がここにおいでになるのですもの！」

国王はようよう答える。「そう、彼がいたって適切な道理を説いてくれましたので、余はヴェルサイユ宮にとどまります」

まぎれもない狂乱が王妃をおそう。バスティーユ獄襲撃からこのかた、王妃は死ぬほどおびえてきたから、かなうことならもっと早くヴェルサイユ宮殿を去りたかったのだ。

「それでは陛下は」、と王妃が叫ぶ。「ご自身のお目の前でご自身の家族みなが命を落すのをご覧になりたいのでございましょうか？」

プロヴァンス伯爵は、困惑しきった表情の兄君(国王は妃を不快にするのが嫌なのだ)にすぐさま助け船を出さなければと察する。

王弟殿下は言う。「親愛の姉君、神のお恵みで、事態はまだ窮地にいたっておりません」

それから、彼は自己の主張をひときわ力強く述べたので、両の目に涙を浮かべた王妃はついに折れる。出立とりやめに大いに満足した国王は、そこで、アルトワ伯爵、コンデ一門、ポリニャック一門等の側近や、その他の側近を呼ばせられる。[20] 国王は、国王ぬきで出立するよう彼らをうながす。コンデ大公は躊躇する。

❖19＝**オルレアン公爵**…オルレアン公爵ルイ＝フィリップ・ジョゼフ・ドルレアン(一七四七年生―九三年没)。通称「フィリップ平等」。ルイ十六世の従兄にあたるが、王位をねらって革命を煽動する。が、やがて自身も断頭台に上る。アンギャン公爵の母バティルド公妃の兄。七月王政時代の国王ルイ＝フィリップ一世の父。

❖20＝**側近を呼ばせられる**…十五日深夜から十六日未明にかけて、ルイ十六世は側近を呼び、国務諮問会議を開いた。

許されるものなら、彼は進んで国王のそばに残っただろう。しかし、アルトワ伯爵が行をともにするよう大公を猛烈に急き立てる。諸公は異なった道をとって、トリノで落ち合い、混乱がおさまるまで同地にとどまるということが決まる。

こののちは、涙のうちに夜がふける。

「国王陛下はこの第一波の出立のあいだに大勢の人間とお別れになったので、翌日、宮廷は砂漠のようだった……」[21]

第四節

シャンティイ城を去るコンデ一族

たいそうな誇りを胸にヴェルサイユ宮殿にかけつけたコンデ家の人々は、翌十六日、深い無念を覚えながらシャンティイ城への道をもどる。

アンギャン公爵は語っている。「この屈辱、伺候《しこう》し続けるのを祖父に許そうとなさらなかった国王のご拒否は、わが家門をして王国から去らしめ、フランスの災禍の打開策を探らしめた」

コンデ一族がヴェルサイユ宮を辞したのに続き、のちの国王シャルル十世ことアルトワ伯爵が王命に従って、また、虐殺の恐怖につきまとわれて馬に乗り、目立たぬように、ほとんどひとりでヴェルサイユ宮を立ち去る。[22] 伯爵は無事にシャンティイに着く。――そこでは、城館に帰ったコンデ家の人々が不承不承忙しく出発の手筈を整えている。従僕たちが数箇の重い旅行用櫃《ひつ》の荷造りをし、それを馬車に積み、同時に、数棹の衣裳戸棚を、それが人目につかぬよう、馬車の扉板の上に慎重にくくりつける。そうこうするうちに、馬で着いたアルトワ伯爵をみとめたアンギァンは、伯爵を抱擁し、伯爵のために一台の馬車と数頭の馬とを用意する。こうして亡命に必要な装備を整えた伯爵は、最初にトリノに入り、そこからブリュッセルに行くだろう。

一七八九年七月十七日、午餐ののち午後三時ころ、コンデ一族の全員が忠臣を従えてシャンティイを去る。女性や、最後に発つ召使たちを別にして、総勢一六人だった。

猛烈な暑さである。一同は、「小箱や拳銃などは勘定に入れずに、八人乗りの馬車に一〇人も、四人乗りの馬車に六人もぎゅうぎゅう詰めになっている。車輪はしょっちゅう折れ、馬車が路上でひっくりかえる。こうしたことが酷暑のさなか、随所で延々続く……」。ルイーズ公女が人々に話しかけ、申し分のない忍耐をもってみなを落ち着かせようとつとめる。日が暮れると、やや気温が下がり、亡命者たちはほっと一息つく。彼らは夜通し馬車で走り、うとうとし、疲れてくたくたになる。「道は果てしなく遠く、無性に悲しいものと感じられた。われわれは夜を徹して道を進み、朝六時、ようやくヴァランシエンヌ[23]に着した」、とアンギャンは記している。しかし、ペロンヌ[24]では、旅の雲行きがあやしくなっていたのだった。重い馬

❖21＝**砂漠のようだった**…ルイ一八世筆『回顧録』からの引用。一七八九年から九五年にいたる大革命の期間、三つの亡命の波がある。

❖22＝**ヴェルサイユ宮を立ち去る**…アルトワ伯が宮殿を去ったのは十七日未明。

❖23＝**ヴァランシエンヌ**…ベルギー国境に接するフランスの町。

車が馬を換えるためにとまった宿駅に大勢の人間が群がり集まってきた。馬車のガラスごしにかすかに見える、疲労と恐怖と不眠でやつれた顔をした脱出中の貴人たちを、人々が馬車の扉を開けて見ようとした。

アンギャン公爵はその手記に言う。「人々はわれわれを近くからじろじろと見た。人々はわれわれを出発させまいとして馬車の車輪をはずそうとした。ついで、彼らは、馬車に描かれた紋章に気づくや、紋章の彩色をはがそうとして石をつかんだ。この間に、馬車に馬がつながれたので、民衆の激しい咆哮のなか、われわれは出発した……」

悪路に馬車がゆさぶられ、面くらい、ののしられ、汗びっしょりの殿さま姫さまの一行は悪夢を味わっている。彼らのお通りにつきものだった敬意やお辞儀はもうないのだ……。殿さまや姫さまは、卑屈なまでにいそいそ働く民衆の仕事熱心のかげに血も凍るような憎悪が隠れていたことを知る……。

❖24＝**ペロンヌ**…シャンティイの北方九〇キロの町。コンデ一族は、ペロンヌ、ヴァランシエンヌを通ってベルギー・ブリュッセルに入り、さらにドイツ・シュツットガルト、スイス・ベルン、イタリア・ミラノを経由してトリノへの道をとった。

第四章

気ままな亡命

亡命の初めの数ヶ月間、ルイはほとんどヴァカンス気分でいる。[1] 絵のような景色のなか、遠足をしたり、散歩をしたりというぐあいである。ベルンはコンデ家の人々を魅了し、彼らはそこに二週間とどまり、そこを拠点にあちこちへ行こうと決めるほどだった。彼らは、アルトワ伯爵やポリニャック夫人と連れ立ってグリンデルヴァルト[2]の氷河へ遠足に出かける。遠足の一行は三〇人で、楽しげに腰掛付馬車に乗り、宿の部屋に四人ずつ寝る。遠足に喜悦しているアンギャン公爵は、父親、ケラ氏[3]と同伴でサンタ=ゴッタル越え[4]をすると決める。こうして、彼らは、ゾッとするような、また、彼らの心を大いに楽しませもする道なき道の険路に五日間駒を進める。

ルイ・ダンギャンは、生まれて初めてシャモアやマーモット[5]の肉を食べるけれども、しかし、シャンティイのノロジカのほうを好むと打ち明けている……。サンタ=ゴッタルの高原において、彼らは「清貧のカプチン会修道士」管轄の宿泊所で休憩をとる。彼らを出迎え、食事をともにした修道士は自身の厳しい生活を彼らに語る。冬は豪雪にみまわれるので、修道士は屋根の揚げ戸から宿泊所を出るという話である。（宿泊所は二階屋だというのに！）

修道士は孤独を覚悟したらしく見える、「というのも、彼にはなかなかに美人の女中がいるのだから……」、とアンギャンはからかい気味に述べる。

サンタ=ゴッタルから下りてきたとき、アンギャンは旅籠《はたご》で「バスティーユ獄攻略に加わった一人の小柄な若者」に出会う。「若者は旅籠の給仕として働いていた。彼はわれわれに話した。奉公先を求めてパリに上った彼は、バスティーユ攻囲戦に参加するならと言って差し出された一エキュを受け取った。彼はバスティーユ攻囲戦に参加したが、しかし、ただならぬ恐怖を覚え、翌日、パリを呪い、大革命を呪いながら郷里へと旅立った、と……」

危険をものともせず、腕白小僧のように向こう見ずの青年アンギャンは、ボロメオ島[6]を訪れたのち、聖カルロ・ボロメオ[7]の巨像（高さが三〇メートル近くもある）の内部をよじ登る。頭部の高みに達すると、彼は巨大な鼻のなかに坐り、鼻孔が肘掛代わりとなる……。快挙にすっかり鼻高々になって下りてきたとき、彼は踝《くるぶし》までコウモリの糞便まみれになっている。

ミラノで、彼はオペラ座の美しさに驚嘆するが、観客がまったく舞台に無関心なのを見ていぶかしく感じる。人々は、人に会うために劇場に来るのであり、桟敷席で夜食をとる、戯れるなどし、女性たちは「自分の家にいるように」桟敷席に客を迎えるのである……。無関心に甘んじた歌手たちが舞台で汗を流しているあいだ、アンギャンは幾つもの桟敷席に迎えられ、貴婦人たちからもてなしを受ける……。

コンデ一族は、一七八九年九月二十五日、やっとトリノ[8]に入り、名の通った旅荘イギリス・ホテルに止宿する。彼らはそこに一年半とどまる。

コンデ家の人々は、週に二、三度、サルデーニャ国王ヴィットーリオ＝アメデーオ[9]の王宮を訪《おとな》い、時々、そこで

❖1＝**ヴァカンス気分でいる**…当時、フランス国民は革命が二、三ヶ月で終息するだろうと楽観していた。

❖2＝**グリンデルヴァルト**…ベルンの南東五五キロ、スイス・アルプス山麓の町。

❖3＝**ケラ氏**…ゾエ・タロンの夫ケラ伯爵。第九章❖23参照。

❖4＝**サンタ＝ゴッタル**…アルプス山脈の峠。

❖5＝**シャモアやマーモット**…シャモアはヤギに似た哺乳類。マーモットはリス科の哺乳類。

❖6＝**ボロメオ島**…ロンバルディア地方ミラノの北郊にあるマジョレ湖の島。

❖7＝**聖カルロ・ボロメオ**…イタリアの聖職者（一五三八年生—八四年没）。枢機卿、ミラノ大司教。

❖8＝**トリノ**…サルデーニャ王国の首府。ピエモンテ地方にある。

❖9＝**ヴィットーリオ＝アメデーオ**…ヴィットーリオ＝アメデーオ三世（在位一七七三年—九六年）。コンデ大公の従弟にあたる。

晩餐の席につらなる。一家の人々は王宮に心底うんざりする。アンギャンが書き残している。「きわめて信心深い宮廷は、みなが揃って陰気で、何がしかの気づまりを覚えさせる厳格な風習の上に築かれている……」。コンデ家の人々は誇り高く、自惚れが強いとみなされ、若公爵アンギャンも、その優しさにもかかわらず、上調子な人間と思われている……。アルトワ伯爵について言えば(彼はヴィットーリオ＝アメデーオ国王の王女[10]を妃にしていたのだが)、彼は、旧制度末期を特徴づけるあのお見事な無分別をもって、愛妾のポラストロン夫人[11]をトリノに呼び寄せた。いずれにせよ、トリノの人々は亡命貴族[12]に対し愛想よくふるまうのであって、数ヶ月間は舞踏会、祝祭、レセプション、饗宴が陽気に続く——同じころ、パリでは民衆がヴェルサイユ宮殿の鉄柵を強行突破し、首都に移り住むよう国王一家にしいるのだが。[13]

アンギャンはイタリア語を学び……、歌唱も習う。彼は大いに踊る。だがしかし、観察もおこたらない。彼の同胞の行動がしばしば彼を驚愕させ、時として彼を失望させる。彼は日記〔原注　著者のコレクション〕にその印象を書きとめている。

「そのとき、私はあることに唖然としたが」、と日記は言う。「しかし、私はこれ以上ないくらいの小声で述べる。たぶん文字にすべきではないと思うからだ。わが親愛なる同胞は、時々、きわめて滑稽に見えた。これはフランスでは一度として気づかなかったことである……」

明晰な観察眼をもって、彼は、同胞が一か八かで大金をかけるのを見つめ(「私の場合は球戯かビリヤードしか絶対にしなかった」、と彼はありのままに書いている)、金と時間とを同時に失うのを見つめる。彼の未熟だった精神はこの亡命社会を目にして急速に成熟する。彼は十九歳である。[14]

彼はさらに日記につづっている。「私は、すべてのことが書物のなかにあるのではないこと、そして、古代文明の賢人たちが旅をしたのは正しいことを理解しはじめていた。彼らが舞踏会で時を浪費しなかったのは事実だ……。私はと言えば、その舞踏会で多々有益な事柄を学んだけれど、しかし、その事柄についてはみなに話すまい……」

コンデ一族は、サルデーニャの王宮で多くの人々に圧迫感を覚えさせたので、一七九一年一月六日、トリノを発つ。アンギャンとその父は馬に跨り、祖父は駕籠《かご》にゆられて、一家は六時間かけてモン＝スニ峠[15]を登る。それから、彼らは橇に乗り、寒気で顔を鞭打たれながら目もくらむばかりの猛スピードで峠を下る。アンギャンがこれほど愉快に感じたことはかつてない。

コンデ一族はシュツットガルト(叔母のルイーズが同地でミサに出向いた際、膝を脱臼する)に数日とどまる。その間、アンギャン公子はカーニヴァルを見物して存分に気晴らしをする。一族はそこからカールスルーエ[16]に行く。同地方を治めるバーデン辺境伯カルル＝フリードリヒ[17]の宮城には妙齢の姫君が五人いたから、辺境伯は、それだけにいっそう熱烈にコンデ一族を歓迎する……。こうして、アンギャン公爵も大いなる歓待を受

❖10＝**ヴィットーリオ＝アメデーオ国王の王女**…マリーア＝テレザ・ド・サルデーニャ＝サヴォイア(一七五六年生―一八〇五年没)。

❖11＝**ポラストロン夫人**…子爵夫人(一七六四年生―一八〇四年没)。ポリニャック公爵夫人の義妹。

❖12＝**亡命貴族**…大革命期に国外に脱出したフランス人の総称で、王族、僧族、貴族のほか、ブルジョワジーもふくむ。

❖13＝**国王一家にしいるのだが**…一七八九年十月五日から六日に起きた暴動。以後、国王一家はパリのテュイルリー宮に日を送る。

❖14＝**彼は十九歳である**…一七九一年の時点。

❖15＝**モン＝スニ峠**…トリノの東方、アルプス山脈南端の峠。

❖16＝**カールスルーエ**…ドイツ・マインツの南一一〇キロの都市。

❖17＝**カルル＝フリードリヒ**…カルル＝フリードリヒ・ド・バーデン＝デュルラッハ。バーデン辺境伯(在位一七三八年―一八〇三年)、同選挙侯(在位一八〇三年―〇六年)、同大公(在位一八〇六年―一一年)。

けるというわけである。姫君の一人で、上背があり、細身で、均斉のとれたカロリーネが再会を約束するあの視線を公爵と交わす……。

一七九一年二月二十三日、コンデ一族はついにヴォルムスに入り、[18]マインツの選挙侯が彼らの随意にと用意した城で旅装を解いた。コンデ大公を囲んですぐと小宮廷ができあがる。ルイーズはこの宮廷の慈悲深い女王である。彼女は、情愛にみちたその心をかたむけて亡命貴族たちにつくす。もう一人の若い女性、つまり心寛《こころひろ》いシャルロット・ド・ロアン＝ロシュフォールにこの務めを助けてもらいながら。

第一節

相見える親戚

公女シャルロットは、憂慮すべき事態におちいったパリから幸運にも逃れ、結局、両親、十五歳の弟アンリ共々ヴォルムスに着いた。そこで親戚のコンデ一家に会えたのも、彼女には幸いだった。が、残念ながら、こうした幸は彼女の母親の旅立ちにより早々に暗曇に閉ざされる。かの一風変わったロアン＝ロシュフォール公爵夫人が数ヶ月亡命生活を送っただけで帰国すると決めるのである。彼女は、首都から離れて暮らすことができない女性であるし、――加えて、三歳の娘クレマンティーヌをある小作農に預けてきたうえ、枢機卿の栄位を約束されている子息ジェトノックが新思想にすっかりかぶれてしまい、聖書を読むのをやめてしまったのだ。危険をものともしないロアン＝ロシュフォールの奥方さまが公爵夫人の冠を捨て、当世はやりの思想をひけらかすとき（彼女はとくに自分の財産を守ろうと固く心に決めたのである）、ジェトノックのほうは共和国の軍隊に入る！……　以後、シャルロットが身内から受け取る知らせは彼女に激しい苦痛を与えるだろう。

シャルロットはヴォルムスでしょっちゅう親戚を訪ねる。彼女は、ルイーズの慈善行動を手伝い、早熟にして華麗な騎兵となったアンギャン公爵の姿を愛情のこもった眼差しでうっとり見つめる。「彼は年下でいらしたけれども、ご敏捷で、ご様子がおよろしく、英雄か品行不良のお顔つきをしていらした……」。若公爵は従姉シャルロットより五歳年少であり、彼をそう名づけたシャルロットに（さらには目の前に現われる美女たちに）恋するケルビムとなる。

一方、ヴォルムスにはひっきりなしに志願兵が押し寄せ、コンデ大公のまわりに小規模の軍隊が結成されはじめる。そして、コンデ一統の白色の旗のもとにフランスに凱旋したいと望む亡命貴族が次第に殖えて、軍隊の規模が日ましに大きくなる。しかしながら、コンデ大公の懐は空っぽであり、小宮廷の一団の面倒をみるために、大公の愛人のモナコ公妃が自身のダイヤモンドや銀製食器を質入れしなければならない。大公のもとに参集した兵士たちは家畜小屋で眠り、ジャガイモを主食にする。

シャルロットは、彼女の懐かしい代父ロアン枢機卿がエテンハイムにて同居するよう招いた急便を再々送ってこなかったならば、生き生きとして、光輝いている雰囲気につつまれたヴォルムスに喜んでとどまっただろう。

❖18＝**ヴォルムス**…マインツの南四〇キロ、ライン河畔の町。

ドイツの古い法律の定めるところにより、ロアン枢機卿は、ライン右岸、ストラスブールの向かいにあるドイツの小領地エテンハイムの法官たちに君臨する大法官であった。彼は、教会財産の国有化が決定したのち、[19]国民議会が彼に対しある一つの役割、つまり「王妃の犠牲者」という役割を演ずるのを望んでいたフランスを捨てて、エテンハイムに身を落ち着けた。彼は、ひとえに己の軽率な言動でひどい目に遭ったとよく承知しており、潔く隠居したのだった。

枢機卿がシャルロットに同居するようにと書面を送ったのは退屈だったからである。さまざまな追従《ついしょう》に慣れていた上流の猊下は、耳目を楽しませる雰囲気や、細やかな気遣いのある雰囲気がなければ生きられない。同居するよう申し出た代わりに、彼は、財産をことごとくフランスに残してきたシャルロットとその父親の生活の面倒をみるだろう。

第二節

働く亡命貴族たち

金銭上の安心が得られるという見通しから、ロアン＝ロシュフォール家の人々はヴォルムスを去ることにする。そうすれば、少なくとも「暮らしを立てなければならない」という恥辱は免れよう。

というのは、亡命は貴族たちに恐るべき金銭問題を突きつけるからである。少数の幸運な人々を除いて、亡命貴族は総じて極貧の状態に追いこまれる。たしかに、ヨーロッパ最高の門地の人々が亡命者たちを援助する慈善活動を推し進めるが、しかし、……亡命は十年間も続くし[20]、それに、この世のすべてと同じく、慈善の勢いが衰えるのだ。亡命貴族たちは、かなり早い時期から、自分で何とか口を糊しなければならなくなる。

亡命貴族たちは箱に絵を描いたり、手芸品に刺繍をほどこしたりして細々と暮らす。ゲジー伯爵はロンドンでカフェを開き、イギリス貴族たちが喜んでそこにアイスクリームを味わいにくる。コーモン氏は恥じることなく書籍装幀の才能を生かし、リュベルサック侯爵は細密画を描き、さらに、パヤン騎士はダンス教師となったし、数多くの侯爵夫人や伯爵夫人がタペストリーを販売する。コンデ大公が、ちょっとライプツィヒに立ち寄った際、ある書店に入ると、書店の男が深々と頭を垂れ、みずから名乗って出る。それは昔コンティ公爵[21]麾下《きか》の竜騎兵大尉だったボワフラン侯爵であった。

亡命貴族たちはハープやクラヴサンの弾き方を教える、声楽や語学を教えるなどして、男性、女性のそれぞれが、過ぎし日、幸福な生活のなかで暇にまかせて身につけた、稽古事の秀でた才を生かす。

だがしかし、普通の貴族にはこうした試みが可能なのだが、王族の場合、同じ試みはできない相談である。つまり、ブルボン王家につらなる貴人たちは、当然、長靴《ちょうか》を売ることはできないのである。人にかしず

❖19＝**決定したのち**…議会が教会財産国有化を宣言したのは一七八九年十一月二日。

❖20＝**十年間も続くし**…フランス政府は、一七九〇年代末まで亡命貴族に帰国を許可しない。

❖21＝**コンティ公爵**…ルイ・フランソワ＝ジョゼフ・ド・ブルボン（一七三四年生―一八一四年没）。コンデ家の分家の王族。コンデ一族と同時期に亡命したが、一七九〇年に帰国し、反革命容疑者として投獄された。九五年に釈放。

かれることが当り前の王族たちは、従僕、侍女、馬丁、馬、四輪馬車、訪れる者を拒まぬ食事、夜餐、音楽会、舞踏会、お洒落などを欠く生活を考えることができない。彼らはまさに大義のために生命を捧げる。だから、生活の資を稼ぐことをしないのである。

こうした次第なので、列強諸国は、フランスの王族たちがきゅうきゅうの生活におちいらぬよう、それなりの年金を与えることとなる。アンギャン公爵は、裁判で、[22]イギリスから年金を受けていたのではと指弾される。公爵は年金受領を否定せず、指弾に驚いて、次のように言うだろう。

「何と、私はしかるべく生活しなければならなかったのですよ……」

第三節

コブレンツでの王弟殿下

一七九一年夏、続いて王弟殿下が亡命するとき、[23]殿下の個人財産もすっかり失われている。肥満しており、すでにほとんど身体不随になっているルイ十六世の弟君は、……黒髪の鬘と三〇〇ルイだけを持って、あわただしくフランスを立ち去った。

とはいえ、興奮したパリにさらにしがみついていたら、王弟殿下は鬘さえも失っていただろうが！　この年六月に起きた国王の「ヴァレンヌ逃亡事件[24]」は、国内に不安の空気を持続させるような革命拡大の始まりを告げた。その日、人々は、民衆がテュイルリー宮になだれこむのを見るし、一人のサクランボ売りの女性が王妃のベッドの上に平籠を置いて商売するのを見る……。

王弟殿下は、短期間ブリュッセルに滞在したのち、コブレンツ[25]へと南下した。ライン右岸のコブレンツはパリから一〇〇里と離れていない。王弟殿下は、コブレンツ到着後すぐ、そこの司令部で重大な政治行動を展開しはじめる。慎重で、教養があり、利己主義的だけれども、自己の威厳と、君主政に対するほとんど宗教的な敬意とで骨の髄までいっぱいにしている彼は、以後は、魅力的だが、悶着を起こしがちな弟君アルトワ伯爵の補佐(何とも不適切な補佐である)を得て、フランスに王国を再建すべく絶えず策動する。

王弟殿下は、まずコンデ家の大公、公爵、若公爵をコブレンツに呼ぶ。

コンデ家の三人は最大の敬意の証としてコブレンツに馳せ参じる。しかしながら、これらブルボン王家の一族[26]は互いに好意をいだいていないし、互いに評価もしていない。未来の国王ルイ十八世は、コンデ家の軍事的能力に覚えた嫉妬心を自身の『回顧録』で正直に告白するだろう。半面、コンデのほうは、王弟殿下の人気が自分の人気をかすませはしないかと気をもんでいる。従って、会談の冒頭から、両貴人のあいだに

❖22＝**裁判で**…一八〇四年、銃殺される前、アンギャン公爵は形ばかりの裁判に付される。

❖23＝**亡命するとき**…プロヴァンス伯爵は、大革命勃発後すぐ国王補佐官の権限を与えられたため、伯爵が妃同伴で亡命するのは一七九一年六月二十日になる。

❖24＝**ヴァレンヌ逃亡事件**…プロヴァンス伯爵が亡命した日と同じ六月二十日、ルイ十六世とその家族も国外への脱出をはかった。が、翌日、ヴァレンヌで捕えられ、二十五日、パリに連れもどされた。プロヴァンス伯爵は、七月七日にコブレンツに着いた。

❖25＝**コブレンツ**…ドイツ・マインツの北西六〇キロ、ヴォルムスの北西一〇〇キロに位する町。

❖26＝**ブルボン王家の一族**…ブルボン王家直系のプロヴァンス伯爵と、ブルボン王家傍系のコンデ大公をさす。

はひそかな対抗意識がある。

「その剣のごとく勇壮なコンデは」、と王弟殿下は記している。「勿体ぶり、おそらく意識せぬままに自身を鼻にかけていた」

事実、コブレンツに入ったとき、ルイ十六世の弟君は、一つはアルトワ伯爵をとりまいて[27]、もう一つはコンデをとりまいてグループ分けされて、亡命貴族内に二つの小宮廷が形成され、二つの宮廷が互いに妬み、われ勝ちに互いに羨んでいるのを知る。

プロヴァンスおよびアルトワ両伯爵と、コンデ一門は、大事の場合には大仰にして美文の書を交わしながらそれぞれの側で亡命生活を送ることになる。

ともあれ、コンデ一門の三人をコブレンツに呼んだ折、王弟殿下は亡命貴族軍の結成についてコンデ大公と話し合った[28]。コブレンツにもヴォルムスにも亡命貴族が大勢参集し続けていたが、王弟二人は、いずれの地でも、身分保証として貴族の家柄であることを明らかにできない亡命貴族については、ただちにその入隊を拒む。王弟二人は、意志堅固な貴族のみから成る精鋭部隊を編成したいと考えるのだけれど、これは仲間意識にもとづく過ちであろう。王弟二人より鷹揚で、機才のあるコンデは、志願してくる善意の人間すべてを自分の陣営に迎え入れるばかりでなく、亡命貴族軍という新しい軍隊に迷惑をかける自堕落な厄介者までも迎え入れる。——善意の人間のほうが数の上でまさることがじき明らかになるが。

要するに、コンデは、頭数を揃えたいという思いから、ためらうことなく共和派陣営にも徴兵通知(今日で言うところの非合法のビラ)を配布せしめるのである。その印刷物は以下のような内容である。

「己の過誤を悔いる善良なるフランス人諸君、長期にわたり叛逆者の軍隊に忠誠をつくすのを恥じるフランス人諸君に告げる。諸君の神、諸君の国王に、さらには、名誉に忠実であり続けるフランス人軍団指揮官コンデ大公は諸君をその部隊に受け入れるものである。諸君は、将来、コンデ軍において快適かつ名誉ある待遇を受けるだろうし、コンデ大公には現在すでにその用意がある。コンデ軍への入隊を希望する将校は厚遇されよう。加えて、彼らは、それ相当の数の人間をひき連れて入隊すれば、将校の階級を保持することも得べし」

共和派軍離脱をうながすこの徴兵通知がコンデ軍への幾多の入隊を生じさせるので、当時、共和派の兵士たちは信じがたい物資不足にみまわれる。ストラスブールで任務についていたサン=ジュスト[29]は兵員不足を打ち明けている。「軍隊では一万の人間が裸足だ。諸君は一万の貴族の靴を脱がせればなければならない。そうすれば、明朝十時、一万の短靴が共和派軍兵営に向かって歩くだろう」

満足な履物も衣服も食糧もないまま、何人もの共和主義者がコンデ大公の徴兵に応じる。が、残念な

❖27＝**アルトワ伯爵をとりまいて**…アルトワ伯は、一七九一年六月上旬、コブレンツに入った。

❖28＝**話し合った**…ブリュッセルなどに駐留する亡命貴族軍は後衛部隊だったのに対し、ヴォルムスおよびコブレンツで結成された亡命貴族軍は最前衛部隊である。話し合いの結果、この前衛部隊は、一七九二年七月二十四日より、次の三班に分かれて前線で戦うこととなった。第一班は、兵数五〇〇〇、コンデ大公の指揮下、ドイツ南部一帯の守備にあたる。第二班は、兵数四〇〇〇、ブルボン公爵の指揮下(アンギャン公爵はこの班)、ドイツ北部一帯の守備にあたる。第三班は、兵数一万二〇〇〇、プロヴァンス伯爵、アルトワ伯爵、カストル元帥(一七二七年生―一八〇一年没)の指揮下、ライン、モーゼル両河畔でフランス革命軍のドイツ進撃阻止にあたる。

❖29＝**サン＝ジュスト**…ルイ・アントワーヌ・レオン・ド・サン＝ジュスト(一七六八年生―九四年没)。山岳党ジャコバン派の革命家。公安委員会委員として恐怖政治を推し進める。

がら、なりゆきでコンデ軍に加わった新兵たちは道徳や規律をそなえていないということが日ならずして明らかになり、彼らは不道徳な行為に走る。コンデは、「幾久しく脇道にそれてきたこれらフランス人に、あるいは、義務の重さを知らしめる教育を子供時代から授かっていないこれらフランス人に」注意を与えることで、彼らの不道徳な行為を抑えこまねばならない。大公は続けて言う。「能力さえあればよき兵士たりうるわけではない。宗教のないところに真の名誉はありえぬ。彼らにして、彼らの将校並びにフランス貴族から助言や模範をしめされても、なお不埒な言動におちいる者があるならば、そうした罪人については、ただちにこれを捕え、厳しく罰するものとする」

いろいろと骨を折ったにもかかわらず、コンデ大公は畑や家畜小屋からの盗みの増加を食いとめえず、田舎では、王党派の軍隊が、掠奪し、通り道を丸坊主にする悪党集団のように言われる。

第五章 王政の終焉

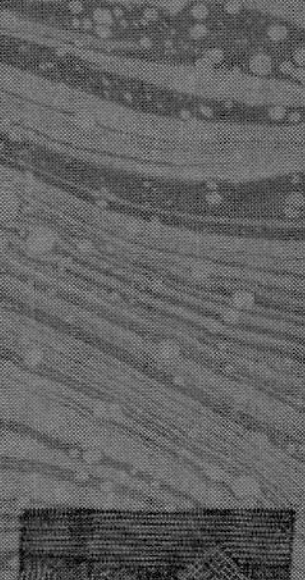

一七九一年九月、ルイ十六世は、フランスへ武力行使をせぬよう諸公に要請したが、諸公が要請を聞き入れなかったので、十一月、諸公に対する法令が議決される。[1] 諸公は、勇猛だったが、常軌を逸していたわけではない。彼らは、ギロチンの刃に自身のうなじを差し出したくないから、戦場に斃れたいと強く考えていたのだった。わけてもコンデ家の大公、公爵、若公爵はフランスで出まわっているパンフレットについてよく知っている。そのパンフレットは、「隻眼の一家」を引き渡す者に大金を払うと報じていた。それゆえ、帰国を厳命するためにフランス立法議会の派遣委員が来たとき、コンデ大公は派遣委員に返答する。「国王陛下がご自由になられたならば、帰国しよう……」

しかしながら、フランスはオーストリアおよびプロイセンに対し宣戦布告した。[2] 亡命貴族たちは快哉を叫ぶ。彼らは、まずもって連合軍とともにフランスの領土に攻め込み、自分たちの城館や財産を奪い返している姿を思い描く。が、夢と現実は異なる。コンデ軍の場合、戦争は落胆から始まる。小さなコンデ軍は三つの部隊に分けられる。ブルボン公爵とアンギャン公爵がオランダ方面軍の援軍として送られ(アンギャン公は悔しくて歯ぎしりしている)[3]、コンデはひとりライン河畔にとどまる。

コンデはライン河畔で猛攻に堪えるが、彼は亡命貴族がこうむった手痛い敗北を記憶にとどめるだろう——ほかでもない、ヴァルミーとジェマップにおいて、亡命貴族は敗北を喫したのだから……[4]。

さて、これより前、一七九二年春のことだったが、コンデ一統の司令部の置かれたヴォルムスが共和派部隊により脅かされ、共和派部隊の報復を恐れた町は、町からの退去を鄭重にコンデ大公に求めた。

どこへ行ったものか?

事情を知るや、ロアン枢機卿がエテンハイムの大法官裁判管轄区に難を避けるよう申し出る。この申し出は強くコンデ一統の心を、わけても情緒豊かなアンギャン公爵の心を打つ。祖父のところにもどったアンギャン公爵は日記に書きとめている。

「枢機卿殿のご奔走ほど高貴で、雅量豊かで、大胆なものはない」

❖1＝**議決される**…一七九一年九月十三日、ルイ十六世が憲法を承認した結果、絶対王政が崩壊、立憲王政が成立した。そして、十月一日には、憲法制定国民議会に代わり立法議会が成立した。ルイ十六世は大革命の渦中にいるので、その意向は一貫性を持ちえないが、この年の九月十五日、王弟二人に対し、対仏武力行使をせぬよう要請した。が、王弟二人が亡命貴族軍を解散しなかったため、十一月九日、議会は亡命貴族についての法令を採択した。それは、第一に、二ケ月以内に帰国せぬ場合には、その亡命貴族の財産を没収し、叛逆者とみなす、第二に、国境周辺に集結した亡命貴族については、国家に陰謀を企てたとみなし、死刑に処する、という法令である。

❖2＝**宣戦布告した**…一七九二年三月二十三日、立法議会で主戦論を展開してきたジロンド党(共和主義右派)の内閣が成立。フランスは、四月二十日、オーストリアに、七月八日、プロイセンに宣戦した。

❖3＝**歯ぎしりしている**…ブルボン公およびアンギャン公は、一七九二年九月初めよりオランダ方面の防衛にあたったが、ジェマップの会戦(同年十一月六日)直後にコンデ大公に合流し、大公の部隊と連携してドイツ戦線で戦う。

❖4＝**敗北を喫したのだから**…対仏連合軍は、一七九二年八月十六日、フランス国境を突破、二十三日、ロンウイを、九月一日にはヴェルダンを占領し、快進撃する。が、ヴァルミーの会戦(同年九月二十日)で初めて革命軍に勝利を許し、続くジェマップの会戦でも敗れる。

第一節

純愛が続く

一七九二年六月二日、コンデ軍を構成する二五〇〇〇の兵がヴォルムスを去り、ライン河沿いを馬で行く。ドイツ人住民たちは軍兵の通過に対しおしなべて敵意ある態度をしめす。叛逆的で、好色で……、あまっさえ掠奪に走りかねないフランス人たちはドイツ農民から悪く思われていて、彼らの来着を目にすると、農民たちは鶴嘴《つるはし》を持ち出す。けれども、エテンハイムの大法官裁判管轄区に着くと、何もかも変わる。ここでは、ロアン家の人々が崇拝されており、フランス人は歓迎される人間となる。人々は亡命貴族軍の兵士たちを熱烈に迎える。一〇〇〇人ほどの兵士が町の民家に泊まり、残りの兵士が周辺地域の村に宿る。コンデ一統については、「われわれは枢機卿殿の申し分のない歓迎にあずかり、彼の館に起居した」、とアンギャン公爵が語っている。

アンギャン公爵は彼の美しい従姉シャルロットに再会した。昔の華やかさの面影が残るドイツの古い館で、二人のほほえましい純愛――この純愛は、ルイがとてもよく具現している十八世紀の軽佻な精神を映し出している――が続く。しかし、シャルロットの孤独な、すでにして憂愁ただよう心のうちでは、恋愛感情がふくらみ、純化される。彼女にとっては、公爵と彼女のロマンスはもう冗談ではない。

二ヶ月後の八月十日、パリでは民衆がブラウンシュヴァイク公爵(はるか昔、シャンティイ城でまたとないほど快い歓待を受けた人物)の宣言に抗議して蜂起する。[5] 連合軍の総司令官となった同公爵は、亡命貴族並びに国外列強の名のもとにフランスに向けて、なかんずくパリの人々に向けて宣言を発した。それは、ルイ十六世の権利が回復されなければ、パリは灰燼《かいじん》に帰すだろうと警告した宣言だった❖6……。コブレンツから発せられたこの間の悪い宣言は、すぐにパリの人々の知るところとなり、怒りをかう。パリは武器をとり、国王一家はあたふたとテュイルリー宮殿から逃げ出て、議場に難を避ける。その間、激怒にわれを忘れた民衆が、宮殿を防衛していたスイス衛兵たちを虐殺する。

青白い顔色、熱い眼差し、乱れた黒髪の一青年が、スイス衛兵たちの死体が窓から落ちてきて、宮殿の壁の下に積み重なるのを恐怖におののきながらながめる。「私のいかなる戦場も」、とボナパルトは記すだろう。「あの大勢のスイス人がさらした死骸の数に匹敵するほどの死骸の山を築いたとはさらさら思わない」だがしかし、ブリュメール十八日❖7には、そのボナパルトにして、スイス衛兵の死骸と同じ数の死骸を築いてしまったと不吉な印象をいだき、恐怖のあまり気を失うだろう……。

さて、ライン河の対岸においては、八月のうちに亡命貴族たちが、国王がその家族共々八月十日にタンプル獄に閉じこめられたと知る。これ以前に、国王は、時機を見て、王国補佐官の役割を果たすための全権を弟君プロヴァンス伯爵に委譲していた。自身の新たな権威を強く意識し、心の底から義務感でいっぱいにしていた王弟殿下は、国王一家の投獄後、ヨーロッパ諸国の政府に対し急ぎ自身の地位を通知し、自身

❖5＝**蜂起する**…八月十日革命と呼ばれる蜂起。山岳党ジャコバン派(共和主義左派)に煽動された民衆がテュイルリー宮を襲撃した。以後、国王一家はタンプル獄に幽閉される。

❖6＝**宣言だった**…一七九二年七月二十五日に発した宣言。これはアルトワ伯の要請により発せられた。

❖7＝**ブリュメール十八日**…一七九九年十一月九日、ボナパルト将軍はブリュメール十八日のクーデタにより執政政府を樹立し、第一執政に就任。

のところへ外交使節をつかわすよう要請する。しかしながら、ヨーロッパ諸国の政府は彼にあまり礼儀深い関心をしめさない。数週間後、フランスで王国が崩壊し、共和政が宣言される。[8]

エテンハイムでは、無為に苛立ったコンデ大公がストラスブールを攻略しようと考える。彼は、優秀な騎兵二聯隊——前国王軍騎兵聯隊と前アルトワ伯爵軍騎兵聯隊——がストラスブールで野営しているのを知っている。そこでは、多くの人間が自分たちの昔の将校たちを懐かしんでいる。コンデがそこに姿を現わせば、彼は歓呼の声で迎えられ、その声にこたえるため、肩車で運ばれるだろう、——たぶんパリまで……。少なくとも、コンデ大公はこのように思い描いている。しかし、パリがコンデのストラスブール攻略計画をかぎつけ、ストラスブール周辺の監視が強化される。反撃を懸念したコンデは、ストラスブールほど危険にさらされない町オーバーキルヒ[9]に向けてエテンハイムを後にする。

シャルロットにとっては、コンデ一統の進発は、彼女の従弟のみならず、彼女の父親と弟アンリをも彼女から遠くひき離すものだから、[10]このうえなく悲しいことである。フランス人駐屯部隊から見捨てられたエテンハイムは哀愁をおびた地方の小さな町にもどる。

パリからもたらされる便りがシャルロットの悲しみにとどめをさす。一七九二年十一月に彼女の母親がパリで逮捕された、と便りにあった。母親ロアン=ロシュフォール公爵夫人は、テレジア・カバルスという名の新しい友人がいなかったならば(公爵夫人とテレジアは牢屋で不思議な出会いをする)、そして、この友人がタリアンという名の情人[11]をして公爵夫人の境涯に興味をいだかせなかったならば、きっとギロチンにかけられていただろう。当のタリアンは、公爵夫人を牢から出すにはこれ以上よい方法はないと考え、公爵夫人について次のように宣告した。「彼女は完全な狂人だから、精神病院送りが妥当である(!・!・!・)」

釈放された公爵夫人は、目立たぬ暮らしを心がけず、自分の財産を守るべくあらゆる手段に訴える。貧困は彼女を恐怖におとしいれる一つの状態なのだ！　彼女は財産を守るためにめちゃくちゃに激しく動きまわるので、やれやれ、彼女はまたもやレコレ・ド・ヴェルサイユ監獄につながれる……。

これらの知らせが不規則にシャルロットのもとにとどくので、シャルロットは頬をぬらして一七九二年を終える。彼女の涙は乾くいとまがない。ルイ十六世の訃報❖12が一七九三年一月に亡命貴族たちのところにとどく。苦悩がみなに広がり、悲歎が恐怖の色に染まる。かくも残忍な行為がなされたとは、まったくフランスは何と野蛮な国になったのか？

❖8＝**宣言される**…ヴァルミーの戦勝の翌日、一七九二年九月二十一日、フランスは、立法議会を解散して国民公会を召集する。同時に、王政廃止、共和政を宣言する。一方、ポーランド分割をねらっていたプロイセン国王フリードリヒ・ヴィルヘルム二世（在位一七八六年―九六年）は、同年十二月一日、亡命貴族軍に対し軍資金援助および食糧供給の打切りを申し渡し、九四年十月二十五日には全軍を撤収する。この過程で、プロイセン軍と連携して戦っていた亡命貴族軍は一つ、また一つと解散する。コンデ軍は、解散した貴族軍の将兵を受け入れて、九三年以降、一万五〇〇〇の兵をかかえるようになる。そして、アンギャン公爵は、自身の部隊を率いて、コンデ大公の部隊の前衛部隊として戦うようになる。

❖9＝**オーバーキルヒ**…エテンハイムの北四〇キロ弱の街。一七九二年八月か九月初めにエテンハイムを出発。

❖10＝**ひき離すものだから**…シャルロットの父親と弟アンリも亡命貴族軍に加わっていた。

❖11＝**タリアンという名の情人**…ジャン・ランベール・タリアン（一七六七年生―一八二〇年没）。山岳党ジャコバン派の国民公会代議員。恐怖政治に加担したが、一七九四年、テルミドールのクーデタ（第五章❖38参照）を画策するなかでジャコバン派指導者ロベスピエールを告発する。総裁政府下で五百人議会議員。テレジア・カバルスは、九三年に貴族の夫と離婚し、テルミドールのクーデタ直後にタリアンと結婚。

❖12＝**ルイ十六世の訃報**…ルイ十六世は一七九三年一月二十一日に断頭台で斬首された。

黒布でおおわれた柩台を置いたドイツ・ヴィリンゲン[13]の小さな教会で、伝統に則った弔辞を奉じ、袖をぬらす少数の亡命貴族と好奇心の強いドイツ農民とを前に、以下のことを力強い声で告げる栄誉をになうのは、王政の一番の奉仕者たるコンデ大公である。

「諸君、国王陛下が崩ぜられた。国王陛下万歳!」

「万歳!」のもと王位を継ぐ人物、それはパリのタンプル獄に閉じこめられ、母親からひき離されていたいたわしい王太子である。[14]王弟殿下は、一月二十八日に発した正式声明において、亡命貴族たちはこの子を自分たちの至高の主君と仰ぐと宣する一方、国王補佐官の地位をアルトワ伯爵に譲り、みずからは王国執政の地位に上ると宣する。[15]

これよりのち、王弟殿下は、ヨーロッパ各地で戦ってルイ十七世を救出しにゆくと考える亡命貴族でなくなってしまう。遺憾なことに、コンデ大公の参謀部は旅籠に陣を張らざるをえなくなる。ロシアのエカテリーナ二世が大公の参謀部に援助金をとどけさせるが、この施しがなければ、大公の小軍隊は餓死しただろう。

第二節

コンデ一門の幻想

ルイ十六世が冥土に駕した一七九三年の初め、対フランス列強連合軍は広く諸国におよんでいた。そして、その連合軍においては、イギリスが主要な役割を果たしていた。[16] 当時はたしかにフランス革命軍がベルギーを占領していたが、しかし、アントワープ[17]の河口と港はテームズ河の河口を左右するから、アントワープをフランスに占領されたままにしておかぬというのがイギリス軍の大原則であった。(のちにボナパルトは力強く言うだろう。「アントワープはイギリスの心臓に突きつけられた拳銃なのだ」。)

コンデ一門は対仏同盟の中心に位して役割を果したいと考える。けれども、彼らの幻想はじきに吹き飛ばされてしまう。彼らはせいぜいのところオーストリア軍の楯の役割に甘んじなければならないのである。オーストリア軍には、彼らのフランス人同盟軍[18]に対しフランス進攻を黙って許すつもりがまったくなかったし、――フランス人同盟軍のみの利益をはかりうる強力な権限のある地位をフランス人同盟軍に与えるつもりもなかった。それゆえ、コンデ一門はひたすら名誉のために戦うのである。この年、やはり名誉のために、

❖13＝**ヴィリンゲン**…フライブルクの東四五キロの町。

❖14＝**いたわしい王太子である**…ルイ十六世の王太子ルイ・シャルル・ド・フランス(一七八五年生―九五年没)。ルイ十六世の崩御に伴い、九三年一月、ルイ十七世として王位を継承したが、獄中で夭折する。

❖15＝**執政の地位に上ると宣する**…ルイ・シャルルへの王位継承と、自身の摂政位とを声明した文書は「フランス摂政の宣言」という。プロヴァンス伯爵は、ルイ十六世処刑の一週間後、これをフランスと列国に向けて発した。当時、伯爵はすでに戦線から離れ、ドイツのハム・イン・ウェストファーレンに亡命生活を送っていた。

❖16＝**イギリスが主要な役割を果たしていた**…イギリスは、当初フランス大革命をフランスの国内問題とみなし、介入を避けてきた。だが、ベルギー占領、ルイ十六世処刑、と革命派が勢いを増すと不干渉ですまなくなり、一七九三年二月一日、フランスによる宣戦を受けて、イギリス、オランダも革命戦争に参戦した。さらに、同月十三日、イギリスは、プロイセン、オーストリア、スペイン等と第一次対仏大同盟を結成した。

❖17＝**アントワープ**…ベルギー北西部にある同国最大の商港。

❖18＝**フランス人同盟軍**…亡命貴族軍をさす。

アンギャン若公爵が、リルツハイムで砲火の洗礼を受け[19]、「国王万歳！」と雄叫びを上げながら敵軍に襲いかかる[20]。

アンギャン若公爵は素晴らしく勇敢であり、彼の青春の血気は並々ならぬ効力を持っていたから、祖父は彼を自分の小軍隊の前衛指揮官に任命する。前衛、これは覇気満々の若武者アンギャンにまことにふさわしい持ち場である。「父上さまには私の喜びをお察しくださいましょう」、と若公爵は、即刻、父に告げ知らせる。

ルイ・ダンギャンは露営生活でたくましくなり、真の騎兵となった。その武勇と純朴とにより、彼は将兵のあいだでたちどころに讃仰の的となり、将兵がその評価を裏切られることもない。アンギャンは指揮官の資質に恵まれているのである。

一七九三年十二月二日の一日《いちじつ》、コンデ一門率いる亡命貴族軍がベルストハイム[21]を占拠して、陣地を構えていたところ、一万二〇〇〇のフランス革命軍が陣地の前方に現われる。コンデ老公が陣地の中央にいて、老公の令息と令孫が両翼にあって騎兵部隊を指揮する。共和主義者たちの猛攻が王政主義者たちをじりじりと後退させ、ベルストハイム村からの撤退へと追いこむ。共和主義者たちが「国民公会万歳！」と侮辱的な叫びを上げながらベルストハイム村に軍を進める。

だが、コンデ一門は敗北を承服できない。彼らは手勢を集め、着剣した手勢に村への突撃を命じる。ルイは猛き心のままに獅子のごとく村に攻め込む。敵味方入り乱れての激戦のなかに声をかぎりに兵を威奮せしめるルイの若々しい大音声が聞こえる。「前進、前進！」村が「国王万歳！」の凱歌とともに奪い返される。コンデは、サーベルの数撃を受けて裂け目の入った軍服姿で自分の前に現われた孫を見て、喜悦の声を発する。
「聖ルイ勲章[22]もののボタンホールなるぞ！」
七歳の国王[23]の大義のためにこのように戦うコンデのこの栄えある三代を見て、何人もの人々が感動を覚え、詩人のドリール[24]も詠う。

コンデ、ブルボン、ダンギャン、彼ら三代、ロクロワの戦場《いくさば》をよみがえらせたり
勝利の貴き血潮を惜しまぬ
三代は相携えて栄光への道を歩みゆく！

❖19＝**砲火の洗礼を受け**…リルツハイムはカールスルーエの北西約二〇キロのドイツの町。アンギャン公爵が砲火を浴びたのは一七九三年五月十七日。

❖20＝**敵軍に襲いかかる**…オーストリア軍は、一七九三年五月二十二日から独仏国境のウィッセンブール戦線(フランス領内。ストラスブールの北二五キロ)で攻撃を開始したが、苦戦の末、コンデ軍に出撃を要請した。コンデ軍は矢の速さで戦線に出撃、革命軍を一蹴した。さらに、敵陣を急襲してランダウを奪還した。ウィッセンブール戦線における第二回対戦(同年八月二十二日から四十日間)でもコンデ軍の勢いは衰えず、敵軍を強襲、ストラスブールに迫った。当時、コンデ軍の将兵は、ルイ十六世の死を悼んで腕に喪章を巻いていた。

❖21＝**ベルストハイム**…ライン沿岸の村。

❖22＝**聖ルイ勲章**…ルイ十四世が一六九三年に創設した軍功章。一七九四年二月、摂政の王弟殿下は、アンギャン公爵の戦功に報いるため、公爵に聖ルイ勲章と代将の地位を与える。

❖23＝**七歳の国王**…タンプル獄につながれているルイ十七世のこと。

❖24＝**ドリール**…ジャック・ドリール(一七三八年生―一八一三年没)。田園詩を得意とした詩人。

ルイの為熟《しこな》しは洗練されていて、その為熟しには一片の計算もふくまれておらず、ただそこに自然に鷹揚さが現われる。ある夜、野営地で、彼は軍靴を脱ぐのに四苦八苦している疲れきった老兵に気づく。アンギャンは老兵に近づく。

「よろしければ、貴公の靴をお脱がせいたそう」

亡命貴族たちはこのことを長く記憶にとどめるだろう。

ルイ十六世の死で始まった一七九三年は王妃の死[25]をもって終る。日ならずして、コンデ大公は王政主義の将兵に向けて通知状をしたためる。「コンデ大公殿下は最たる哀切の情をもって麾下の軍団に告ぐ。ご高貴にしてご不幸なるわれらが王后陛下には犯罪の剣のもとでその痛ましき日々を終えられた御由、パリよりの全書面がこれを一様に伝えきたり……」

第三節　愛の開花

エテンハイムでメランコリックな日々を送っていたシャルロット・ド・ロアンの場合、王妃の悲報がじき一つのたいへん嬉しい出来事によりやわらげられる。この年、一七九三年の十二月、雪におおわれた小さな町にお洒落なアンギャン公爵がやってくるのである。公爵は、亡命貴族軍兵士のための病院をエテンハイムに設ける件についてロアン枢機卿と相談するよう祖父から申しつかったのだった。

代父の館で鬱々と暮らしていたシャルロットはにわかに生気を取りもどす。彼女は、エテンハイムにおける病院設立計画——この幸運な計画はルイを足繁く訪ねる機会を作り出す——に精魂こめて協力する。

翌年年頭、病院設立が完了すると、公爵が最初の病院利用者となってしまう。それというのも、一七九四年一月初め、コンデ軍はラール[26]に陣を布いていたのだが、戦争の二年間に蝕まれてきたアンギャン公子の健康が、別して健康によくないこの地でついにそこなわれてしまったからである。ルイが深刻な重病におちいったので、祖父は、ルイが幼少のときのようにあわてふためく。祖父は、今や死の淵にある孫を御地に向かわせる、と枢機卿に一筆送る。ルイがいたく苦しんでいるため、医師アルーエルは数日かけてエテンハイムまでの行程を進む。[27]

シャルロットはコンデ家の令孫の世話を誰にもまかせない。彼女はルイの枕元に坐る。こうしてやつれ、彼女ひとりに運命をまかせている彼を、不意に彼女は何と愛おしく感じはじめたことか！　たしかにルイには複数の女性がいた。が、彼にはいまだかつて「ただ一人の」女性がいなかったのではないか？　そう、シャルロットには真のライヴァルがいないのである。

召使たちが暖炉で大きな薪を大量に燃やして寒さと格闘するほどの長く厳しい冬のあいだ、シャルロット

❖25＝**王妃の死**…一七九三年十月十六日、マリー＝アントワネットが断頭台の露と消えた。コンデ軍は、フランス領アグノの手前三キロの地点まで攻め入っていたときにその訃に接し、悲しみと怒りからアグノを突撃、制圧した。そして、破竹の勢いでストラスブールの手前八キロまで達し、敵軍を脅かした。

❖26＝**ラール**…エテンハイムの北一〇キロにあるドイツの町。

❖27＝**エテンハイムまでの行程を進む**…一七九四年二月のこと。

とルイは互いを知る。二人の身分と教育、二人の共通の思い出、さらに、ある程度似通った二人の家庭の変化、これら一切が二人を近づける。シャルロットが母親——元貴族のロシュフォール夫人——を誇りにするようなことはなかったけれども、ルイもあえて自分の身内——母のバティルド・ドルレアン——に話をおよぼすことはしない。シャルロットの母親に似て気まぐれであり、時代の生んだ狂信家や預言者やペテン師たちの保護者となったバティルド公妃は、今は「市民ヴェリテ」[28]と呼ばれていて、熱烈な民主主義者となっている。それでも、彼女はフォルス獄への収監を免れない。（最終的に彼女はバルセロナに亡命することになる。）

ブロンドの髪、深い眼差しのシャルロットは、当時、美しい盛りであり、その美しさがさまよえる公子の心を乱す。ルイは、軽やかな身ごなしの下にかぎりなく優しい心を隠し持っており、ぱっとしない父のブルボン公爵に対してしかその心を吐露したことがなかった。一七九四年のこの冬、ルイは、女性の宝である優しさと思いやり、それに、女性の芳しさを見出す。他の女性たちと異なり、シャルロットが若い娘でないというのは事実である。彼女はいろいろの試煉のせいで成熟していて、蠱惑的《こわくてき》なところや多情なところはみじんもない。誇りが高く、気高い彼女は慎ましやかであり、心優しい女性でもある。

アンギャン公子は自分を卑しめる愛に長く堪えることができない。はかない愛であれ、彼は、彼を高めてくれる愛をシャルロットとのあいだに見出す。

春、心の友となり、恋人となっている従姉の腕に支えられ、病み上がりのルイが公園を歩いている姿がみとめられる。

病が癒えたルイは軍隊に合流しなければならない。現在、コンデ軍が陣営を構えているミュールハイム[29]はエテンハイムからさほど遠くないので、数時間早駆けすれば陣営にもどれる。今、シャルロットと別れるのがルイには悲しく、彼はその悲しさを彼女に語る。

「おお、あなた、なぜ私の生活すべてを御身に捧げることができないのでしょう？　御身がお住まいのこの場所では、私の辛い生活から来る心労や苦難を御身の膝下で簡単に忘れることができますのに、私の身分や立場や家系に伴ってある義務の数々がこうもしばしばこの甘美な場所を去るようしいるのはなぜなのでしょう？」

ルイのたびたびの息ぬきに対して祖父が不安をいだかぬよう、彼は祖父に狩りに行くと思わせる。コンデ家の人間にとって狩りは神聖な口実だ！　だから、彼はいたずらっぽくシャルロットに伝える。

「みなは私が三日間森でイノシシ狩りをしているものと思っていました。その三日間、私が黒い森❖30のイノシシやダマシカのことなどいささかも考えず、御身のおそばにいて、御身のお話の無上の魅力にひたっていたなどと、『あのお方』はまるで思し召しではございませんでした」

エテンハイム、それは、ルイにとって「戦士の休息」を意味し、懸命に彼の意に副おうとしている館の全住人――早くも自分の大切な代子の夫にと考えている枢機卿もふくめて――から讃えられる場所であるばかりでなく、甘やかされる場所でもある。

「エテンハイムではあらゆる種類の私の喜びのためにみながたいそう配慮してくれる。われわれはそこで大いに踊り、大いに飲み、大いに食べ、要するに素晴らしき人生と称されるものを送った」

❖28＝**「市民ヴェリテ」**…「誠実なる女性市民」ほどの意味か。バティルド公妃は、テルミドールのクーデタ（一七九四年七月）で革命政府が瓦解したのちに釈放され、バルセロナに亡命する。

❖29＝**ミュールハイム**…エテンハイムの南五〇キロ、ドイツの町。

❖30＝**黒い森**…シュヴァルツヴァルト。ミュールハイムやエテンハイムの東に広がる山地。

シャルロットがルイに身をまかせたのはこうした陶酔の宵の一夜と思われる。

第四節

みながルイの結婚を望む

あちら、ライン河畔では、コンデ一族の状況は変化したものの、さほど改善されたわけではない。コンデ軍は、亡命貴族軍将卒の受け入れに同意したイギリス軍の厳しい監督下に入った。というのも、亡命貴族軍将卒は相変わらずどこかの国に扶養されていて、外国の苦いパンを食べているからである。数年前まで、コンデ家の人々は歓待すべき存在として外国でひときわ重んじられていたのだが、今、外国は苛立ちのこもった無遠慮でコンデ一族をあしらっている。この価値の大転換はアンギャンにとって過酷な哲学修業となる。貧乏というのは不快なことである。

これは経済難に圧迫されていたコンデ大公も日々思っていることである。コンデ大公は、旧制度のしたたかな老人の政治感覚により、この惨めな生活状態から脱すべく孫をあてにする。魅惑的な若公爵に恋する富裕な女性相続人という形で、愛がコンデ一族を助けに飛んでくるかもしれぬ。魅力と麗容とをそなえた若公爵のみがすべてを救いうる。

自分たちの悲劇的な状況の解決策として他の策に考えがおよばぬ祖父は、以後、「媒酌好きの人間」という役割に目一杯執着する。それゆえ、彼は孫とシャルロット公女との関係をものすごい呪いの目でながめる。シャルロットはその財産をことごとく失ってしまい、叔父に生活の面倒をみてもらっている。かてて加えて、彼女は王家の血をひいていないのだ。

そう、コンデは、昔、ロアン＝スービーズ家の女性を妃にしたが、今はこのような身分違いの婚姻を結ぶときではない、と彼は思う。王族はかつてないほど自己の血縁を強化しなければならない。ルイに必要なのは相続権を有する王女であって、そうした王女との縁組がなされれば、ルイは、今彼に欠けている保護と安全とを未来の義父母のもとに見出すだろう。

しかし、気の毒なことにコンデ大公は、フランス大革命のもとでヨーロッパが次第に物事を考えなおすようになっていること、ブルボンの家門が望ましい党派として特別視されなくなっていることを失念していた……。

カールスルーエでの体験が右の変化を証明するだろう。

われわれは、かつてコンデ一族がバーデン辺境伯のカールスルーエ宮城に短期間滞在したときのことを覚えている。美しい姫君カロリーネは今なおアンギャン公爵のことを忘れずにいる。一七九四年、ボナパルトがトゥーロンで策動していたころ[31]、コンデ一族は、カロリーネ姫が姉妹と一緒に暮らすカールスルーエの近くの、バーデン辺境伯統治領エットリンゲンに軍を進め、そこに陣を築く。カールスルーエの宮城では舞踏会、夜餐、宴が次々催され、アンギャンはまめに宮城に赴く。彼は心優しいカロリーネ姫に言い寄り、そして、彼女とワルツを踊ったり、彼女をホイスト[32]に加えたりすることになにがしかの喜びを覚える。

❖31＝**策動していたころ**…ナポレオン・ボナパルト大尉は、一七九三年十二月十九日にフランス・トゥーロン港でイギリス・スペイン艦隊を撃退したのち、同港周辺の警備にあたる。

❖32＝**ホイスト**…ブリッジの前身。

では、シャルロットのことは？　たしかに、アンギャンは彼女のことを忘れてはいなかった。けれども、彼は祖父の意向と、みずからの身分、立場、家柄にまだ全面的に服従しているのである。自身のいろいろの義務から逃れるという考えは、自身の地位を捨てるという考えと同じく、彼には無縁なのだ。王族である彼は——しかも、文無しの王族でもある彼は——、彼以前に彼の先祖たちが打算的結婚をしたのにならって、また、諸王自身——王たちはよく代理結婚をした[33]——が打算的結婚の例をしめしたのにならって、打算的結婚に同意しなければならない。

そうはいっても、アンギャンは「現代的な」青年である。彼は新しい流行にあわせて髪を額に垂らしている。彼はイギリスの作法を好んで求め、軍服を脱いだときは、祖父が眉をひそめるような奇抜な洋服を着る。しかしながら、これらは青年アンギャンの上辺にすぎない。アンギャンには、自分がブルボン王家の人間だという思いが依然として深くしみこんでいるのである。ブルボン王家の人間たちはいつも爵位のある愛人を持っていた——シャルロットはそうした愛人の一人であって、このことで、シャルロットは誉れある女性となるし、また、アンギャンは心から彼女を愛しもするというわけである。シャルロットとの愛人関係は、アンギャンの場合、すべての人々の賛同を集める手堅い結婚をする妨げにはならない。

つまり、以上がルイの考えであり、このように考えながら、彼はカロリーネ姫と親しく交わり、そして、ロマンスを歌い、熱っぽい眼差しを彼に向けるこの感傷的なドイツの乙女との成婚を企てる。感じが悪くならぬようにと配慮しつつ。ところが、初めのうち亡命貴族たちを遇するに厚かったバーデン辺境伯が残念ながら気持を変えてしまったのである。バーデンは独仏国境近くに位する。今、パリは恐怖政治のまっただなかの状況にある。[34]　カロリーネ姫を亡命公子に輿入れさせたりすれば、辺境伯の治める小国は大きな危険にさらされるだろう。日ましに不安をつのらせた辺境伯は、その自由主義がアンギャンを唖然とさせるような思想を公言する。アンギャンが明かしている。「辺境伯は熱狂的民主主義者になられた[35]」
自分の領地にコンデ一族が逗留するせいで次第にパニックにおちいった辺境伯は、亡命貴族軍と住民とのあいだに乱闘が起こったとき、「コンデ大公に乱闘の裁定を求めずに——裁定を求められれば、大公はすぐと裁定を下しただろうが——」、乱闘を口実に使って、亡命貴族軍の逗留についてオーストリア軍総司令官ヴュルムゼルに不満をもらす。これによって、コンデ一族と辺境伯との友好関係、成婚計画が破綻する。
アンギャンは憤る。が、結局のところ、カロリーネ姫が彼の気にさわることもなく、彼は彼女を妃に迎えるという考えをいだき続ける。
「私は危うい企てをしている間抜けな自惚れ屋でございます」、と彼は、彼とまったく等し並に失望している祖父に書き送る。

❖33＝**代理結婚をした**…たとえばマリー＝アントワネットは、会ったことのないフランス王太子と婚約し、兄を代理に立ててまずウィーンで婚儀をとり行なった。そして、渡仏後に王太子と相見え、あらためて華燭の宴をはった。

❖34＝**まったただなかの状況にある**…一七九三年三月十八日、フランス革命軍がネールヴィンデンでオーストリア軍に大敗し、ベルギーから撤退した。続いて五月二十六日、イギリス・オランダ・亡命貴族の連合軍がヴァランシエンヌを攻囲した。ジロンド党は戦勝により権力維持をはかってきたが、戦況悪化のため、六月二日、議会から追放される。新たに政権を掌握したのが山岳党で、以後、同党は恐怖政治を行なった。

❖35＝**熱狂的民主主義者になられた**…バーデン辺境伯は、一七九六年七月二十六日、フランスと休戦条約を結び、一八〇三年に同国と同盟を結んで、以後、領土を拡大してゆく。

❖36＝**ヴュルムゼル**…ダゴベルト・シギスモンド・ヴュルムゼル将軍（一七二四年生—九七年没）。当時、コンデ一門とその麾下の亡命貴族は同将軍麾下のオーストリア軍と連携して戦っていた。

このように書き送ったものの、しかし、アンギャンは、愛が政治に勝つこともありうるとなお期待しており、それゆえ、最後の行動としてとにかくカールスルーエ宮城に友人をつかわして自己擁護の文をとどける。彼は感じのよい文をつづっている。

「私がカロリーネ姫君に差し上げられるものがあるといたしましたら、それは昂揚した精神でも激情に駆られた心でもございません。私は、自身の妃をよく知らぬまま妃に夢中になるのを望みません。いっそうよく妃を知るという日々を重ねて、妃に夢中になりたく存じます……。カロリーネ姫君には、私以上に、末長く姫君を愛そうと思っておられるお方を、よき夫のあらゆる義務を心得ておいでのお方を、人に親切にお接しになるお方を、要するに、自分のもとに嫁した女性を仕合せにするという固い意志をお持ちのお方に果たしていずれお会いになれますやら、と私は疑念をいだいております」

カロリーネ姫は、眉目秀麗のフランス人アンギャンに淡い恋情をいだいていたものの、しかし、辺境伯の意向に従い、二十歳年上で、五人の子のある求婚相手、すなわち、のちにバイエルン選挙侯となるマクシミリアン＝ヨーゼフ[37]の妃になってしまう。コンデ一族はひどく肩を落す。

ひとりシャルロットだけがエテンハイムで喜びをかみしめる。

第五節

王弟殿下がルイ十八世となる

一七九五年のあの夏、一つの悲痛なドラマがタンプル塔でくりひろげられている。タンプル塔の獄舎で、九歳の子供が死出の旅路につかんとしているのである。子供は本物のルイ十七世なのだろうか? 幾つかの風聞によれば、バラス[38](彼は、テルミドール九日のクーデタ後、急ぎ囚われの子供のところへ行き、子供の健康について心配りをした)が子供を逃したらしいという。[39]

幼王ルイ十七世ことルイ・カペー[40]を診察してすぐ、医者は語っている。「私は、知能が低く、死に瀕していて、陰惨きわまりない状態と、これ以上ないほどの放棄状態との犠牲となっていらっしゃるお子さまを見出した……。外気を吸いたくないか、庭や小鳥や花を見たくないか、少し玩具がほしくないか、と私はお子さまにおたずねした。私は、お子さまに好意をおしめししようと、お子さまのご信頼を得ようと、お子さま

❖37＝**マクシミリアン＝ヨーゼフ**…マクシミリアン＝ヨーゼフ・ド・ヴィテルスバッハ。一七九九年にバイエルン選挙侯。一八〇六年にマクシミリアン一世としてバイエルンの初代国王に即位(—一八二五年)。

❖38＝**バラス**…ジャン・ニコラ・バラス(一七五五年生—一八二九年没)。軍人、政治家。山岳党ジャコバン派の国民公会代議員だったが、テルミドール九日のクーデタ(一七九四年七月二十七日・テルミドール九日)でロベスピエールを倒し、パリ司令官となる。総裁政府が成立した一七九五年十月二十六日、総裁に就任。

❖39＝**子供を逃したらしいという**…革命派が実物の国王ルイ十七世(ルイ・シャルル・ド・フランス)と別の子供とを入れ替え、実物のルイ十七世を獄から逃して生き長らえさせたという説がある。が、このルイ十七世生存説の真偽は不明。

❖40＝**ルイ・カペー**…ルイ十七世をさす。ブルボン王家はカペー王家の分家にあたる。

に活力を取りもどしていただこうと、お子さまのご気分をかき立てようと、私になしうることを行なった。お子さまは悲しげに私を見つめ、私に返答せずに頭をお下げになった」

六月八日午前三時、子供はお隠れになる。

たちまちのうちに奇怪な噂がパリの街に流れる。獄舎から救い出されたルイ・カペーを追跡するために数々の指令が発せられた、と人々が噂するのである……。


一七九五年六月十四日、ルイ十七世の訃が亡命貴族たちのもとにとどく。翌日、国王の薨去《こうきょ》を告げ知らせ、王位継承を宣するために、コンデ一統の陣営で儀式がとり行なわれた。[41] 武装した将兵たちが長方形の三辺を成す形に並び、あとの一辺の木蔭の下に祭壇が設けられている。簡素であると同時に厳粛で、そして、かぎりなく哀感をそそる儀式である。ミサののち、コンデ大公が将兵の中央に進み出て、式文を発する。

「兵士らよ、国王陛下が薨《こう》ぜられた。国王陛下ルイ十八世万歳！」[42]

ついで、彼は自身の帽子を振りながら数回奉唱する。

「国王陛下万歳！」

——「国王陛下万歳！」王政主義者たちがきわめて力強くくりかえす。ライン河の対岸で野営している共和主義者たちが王政主義者たちの万歳の喚声を聞いている。

当然ながら、コンデ大公は儀礼に則り王弟殿下プロヴァンス伯爵に一書を呈し、王弟殿下も儀式に則りコンデ大公に筆をとる。

「従兄よ、先般、わが甥にしてわが主君たる国王陛下を亡くすという償いえぬ喪失に直面したに関し、大公殿より寄せられましたご厚情、感に堪えませぬ」

しかし、コンデ大公が行なった王位継承宣言には熱意がこもっていないし、同様に、王弟殿下の仰々しい返書にも真の感情がふくまれていない。王たる者の器質豊かだと自認している(正しいか間違っているかは別にして、そう思っている)王弟殿下は、以後、国王の称号をわがものとするわけだから、むしろ喜びを感じているのだ。だがしかし、奇妙なことに列強諸国は王弟殿下践祚《せんそ》の認知を拒む。オーストリアの外務大臣トゥグートは[43]、当時、ロンドン駐在オーストリア大使宛書面に記している。

「ルイ十六世の王太子のご逝去はいかなる法的証拠も持ちません」

亡命貴族軍将校プラデル・ド・ラマーズ筆の『回想録』に従って言えば、亡命貴族軍でも誰一人としてルイ十七世こと王太子ルイ本人の死を信じていないように見える。

ただロシア皇室のみが王弟殿下を新フランス国王として認知する。

新国王は、みずからの「治世」の初めの数日を費やして自身の国王即位をフランス国民に告げる公式宣言

❖41＝**儀式がとり行なわれた**…コンデ大公が亡命貴族軍の陣地ミュールハイムで儀式をとり行ない、ブルボン公、アンギャン公に加え、アルトワ伯爵の第二王子ベリー公などが列席した。キブロン遠征準備で渡英したアルトワ伯爵に代わり、当時、ベリー公が亡命貴族軍に参加していた。

❖42＝**ルイ十八世万歳！**…ルイ十七世の死に伴い、王弟プロヴァンス伯爵がルイ十八世として王位に即いた。

❖43＝**トゥグート**…トゥグート男爵フランツ・ド・パウラ(一七三六年生—一八一八年没)。

❖44＝**公式宣言を書する**…一七九五年六月二十四日、プロヴァンス伯爵はみずからをもって国王ルイ十八世を任ずる旨、フランスおよび列強に向けて正式に宣言する。

を書する。[44] この宣言が新時代の幕を開けるかもしれないと考えながら。フランスでは、大革命の残虐行為ののち、正統王朝派に好都合な激動が起きていた。[45] だが、惜しむらくは、ルイ十八世は何も理解していなかった。公式宣言において、彼は絶対王政、自由の制限、廃止された所有権の復活、革命に責任ある人間たちに対する厳罰を言明している。彼は、人々の精神および風俗に生じた変化を考慮せずに、一七八九年以前の旧制度時代を思い浮かべつつ述べているのである。この不幸な宣言は、政治を修正する必要性を感じている知識層の王政主義者をひどくがっかりさせることとなる。知識層の王政主義者の一人が書いたように、宣言は彼らを打ちのめすのである。「フランス国内の王政主義者たちは絶望的になっている……」

少しのち、キブロン上陸の完全な失敗[46](フランスの沿岸でオッシュにより殺された人間は三万人におよぶ)が王政の再興を夢見る人々の気力をすっかり打ち砕く。

第六節

注目の女性――内親王マリー＝テレーズ

しかしながら、当時ほどフランスが王政の考えを受け容れやすい状況にあったことはなかったのである。一七九五年の夏の流行と言えば、巡礼の地に赴くようにタンプル塔を訪れることであった。人々は、大枚をはたいてコルドリエ通りとボージョレ通りとに面した家々の窓を予約する。その窓から、小さな愛犬と、飼いならされた山羊とを連れた、肩に波打つ黄金色の髪が見事な内親王マリー＝テレーズ[47]の散歩姿を見ることができる。内親王を慰めようと、人々は離れたところから彼女のために音楽を奏で、哀歌を歌う。昨日、断頭台に向かう荷馬車に押し寄せていた移り気のパリの人々は、今日は王室の孤児に夢中なのだ。（孤児となった王女は、不憫な弟が夭逝したことをいまだに知らない。）

数ヶ月を経た十二月、今度はライン河畔に野営する王党派亡命貴族が感動に沸く。内親王と一〇人の政治犯との交換について、総裁政府がウィーンと交渉し、その結果、国境で今か今かと内親王の通過が待たれるのである。

内親王の行列が通ると思われるバーゼル[48]はコンデ一門の陣地からわずか数時間のところにある。コンデ家

❖45＝**激動が起きていた**…正統王朝派はブルボン王家の直系を支持する人々のこと。激動とは、テルミドールのクーデタから総裁政府成立のあいだの混乱期をさす。

❖46＝**キブロン上陸の完全な失敗**…アルトワ伯爵が計画した西フランス・キブロン半島上陸作戦（一七九五年六月二十五日—十一月末）。亡命貴族軍兵士に若干の志願兵を加えて編成した遠征軍四四〇〇の兵は、シュアン（一七九三年、フランスのブルターニュ地方およびノルマンディ地方で結成された反革命王党派軍団）と連合して、オッシュ将軍（一七六八年生—九七年没）率いる革命軍と死闘を交えた。九月十二日、アルトワ伯爵が新たに五〇〇〇の兵を従えてキブロンに着したが、敵軍に接岸をはばまれ、ユー島に上陸。十月五日にはブルボン公爵が伯爵に合流し、ユー島から対岸ヴァンデへの上陸を企てたものの、遠征軍は総崩れに終った。亡命貴族軍に軍艦、兵器等を支援したのはイギリス。一方、キブロン上陸作戦に先立ち、一七九五年四月五日、プロイセンが、ポーランド出兵を優先させ、バーゼル条約でフランスと講和した。

❖47＝**マリー＝テレーズ**…ルイ十六世とマリー＝アントワネットとのあいだに生まれた王女マリー＝テレーズ・シャルロット（一七七八年生—一八五一年没）。ひとり生き残り、タンプル獄に幽閉されていた。

❖48＝**バーゼル**…フライブルクの南五〇キロに位するスイスの都市。

の人間たちが彼らの誉れある親類の通過に際し表敬に参ずるのは礼儀にかなうことだろう。しかし、内親王と亡命貴族との接触はいかなるものであれ、これを控えるべしとの無情な命令がウィーン政府から発せられた。そういえば、おだやかでない風聞が立っている。コンデ一族が内親王を連れ去ってヴァンデ[49]へ送る計画を立てているという風聞である。在スイスのロンドン全権公使ウィッカムはこの風聞を信用できるものとみとめており、彼によると、内親王の通過に先立つこと数日、コンデ大公が、「バーゼル通過の際に内親王が、鹵簿（ろぼ）から脱する場合にそなえ」、内親王に隠《かく》れ処《が》を提供しうるか否か、とベルン州に問い合わせたらしいという。

この風聞は、根拠のあるなしにかかわらず、確実に内親王の護衛を強化する要因となる。ブルボン王家の人間たちが親類の内親王に接近しようといろいろ企てるのを阻止するために、ウィーンは、コンデ（彼は行列の日を心にとめおく）を介してルイ十八世に、「いかなるものであれ、例外をみとめれば、混乱を増加させる結果しか生まぬ」と告げ、内親王への接近を試みないようはからった。

ルイ十八世は、自身の姪に釈放の祝意を表するのを禁じた措置に憤然としたが、それでも、彼は、一七九五年十二月二十五日、代理に寵臣ダヴァレー氏[50]をバーゼルにつかわす。

内親王の乗った四輪箱馬車がバーゼルに入ったのは夜である。月光が町を照らし、もの見高い群集が角灯をかざして内親王を見る——綺麗な面差、華奢な姿形、淡いバラ色をおびた肌、紺青《こんじょう》の目の内親王を。コンデ大公が公式につかわした貴族数人が、ウィーンの指図をものともせず、群集にまぎれこんだ。四輪箱馬車がサン=ジャンの門にさしかかったとき、彼らの一人が、故王ルイ十六世の従僕だった人物であり、内親王に供奉していたユーの注意をひく。ユーがコンデ大公の副官である将校ベルタン氏に気づき、内親王の注意を氏へ向ける。優雅な内親王が近くへ来るようベルタン氏に合図する。将校は馬車の踏み段に飛び乗り、馬車が町をぬけるあいだずっと踏み段に立っている。内親王は、「無類の興味をもって」親戚コンデの大公および二人の公爵の近況をたずね、「身にしみて感じた思いやりのお気持」を彼らや、彼らの勇敢な戦友たちに伝えるよう将校に仰せになる。

オーストリアの儀典担当官が予想しなかったこうした対面が月明かりのなかで行なわれていたとき、国王ルイ十八世が姪に祝辞を述べるようにとつかわしたダヴァレー氏がオーストリア当局から手荒く斥けられてしまう。

ウィーン政府のこの冷酷さは亡命貴族たちを憤慨させると同時に悄然《しょうぜん》とさせる。少しのち、コンデ大公は内親王に宛てて筆をとる。

「内親王殿下、去る十一月の私の陣地に鑑み、私は、内親王殿下のフランスお旅立ちの砌《みぎり》に幸いと御前に参じうるのではなかろうかと期待しておりました。軍所属の貴族数名は私より幸福に恵まれておりました。内親王殿下のご尊顔を拝する幸福に浴した彼らは、ただいまなおその幸福につつまれ恍惚としております」

内親王は、ウィーン政府から許しを得て、コンデの書状とまったく同様に心のこもった文面の……、そして、神聖ローマ帝国の政治に障りのない文面の返信を寄せる。「悦ばしいことに、仰せのとおり、私は大

❖49＝**ヴァンデ**…西フランスのペイ・ド・ラ・ロワール地方にある地域。大革命中に何度か反革命蜂起があった地方で、フランス国内における王政主義者の拠点の一つ。

❖50＝**ダヴァレー氏**…ダヴァレー伯爵アントワーヌ＝フランソワ・ベズィアド(一七五九年生―一八一一年没)。

公さまお手許の貴族のみなさまにお目にかかりました。嬉しゅうございました。と申しますのも、いつに変わりませず、私は、あの方々のうちに自己の義務に身を捧げているフランス人を見るのでございますから。ブルボン公爵さま、アンギャン公爵さまにはお健やかにあそばしませ」

コンデは本当に内親王を連れ去る計画を立てたのだろうか？　よし連れ去りたいという気持があったとしても、オーストリアの容赦ない強権の前で大公たちがかくも危険な考えを実行するのは無理だから、連れ去りたいという気持ははかない煙として消えていただろう。

第六章
王弟殿下の約束

一方、ルイ十八世は時を無駄にしない。玉座を取りもどすために、何しろ彼はあえて自分の敵たちに訴えかけるし、それがどれほど疑わしいものであれ、いかなる提案もないがしろにしないのである。

彼は述べる。「活用できる人間を何ゆえに斥けよう?」（皮肉な率直さをもって、「そうせねばならぬ場合は、何時なりとも彼らに懲罰を加えるが……」、とつけ加えて。）

このようにして、ルイ十八世はバラス、タリアン、カンバセレス[1]と連絡をとる。国王と、これら政治姿勢の曖昧な面々とのあいだに秘密の交信がなされる。国王は、黙って自分を帰国させる人間でありさえすれば、その人間には望むものすべてを与えると約束し、罪人たちに対し最大の特赦を与えると断言する。——彼の国王即位[2]の辞と矛盾するけれども……。亡命の期間中、彼は何という桁はずれの約束の大盤振舞をすることか。だが、それらの約束はそう高くはつかない。ひとたび王冠を戴すると、彼は決まって事柄を再検討すべきときと考えるからである。

けれども、玉座を取りもどす計画はことごとく失敗するのであって、ブロティエ神父[3]はそのことについてルイ十八世に書を奉呈している。

「陛下、何卒あの輩には何もご期待あそばされませんよう。彼らのうちの最も誠実な人間はもはやこの世の人ではないのでございます。なお生存している輩は売りものでございます。陛下におかれましてはその輩を買う金子をお持ちでいらっしゃいますかどうか、ご思案あそばされますよう」

悲しきかな、国王の財嚢は底をついている！

それでも、彼は意気沮喪せず、マルソー[4]、オッシュ、ジュベール[5]、モロー[6]等に次々望みをかけて、彼らが革命派を裏切るのを、というよりむしろ、国王言うところの「彼らに再び良心が生まれるのを」待つ。国王が望みをかけたのは完全に誤りではなかった。なぜなら、ピシュグリュ❖7、デュムーリエ❖8、モローの三人の共和派将軍がやがて国王の味方になるからである。

だがしかし、間もなく一人の新星が国王の注意をひき、国王の期待を一身に集める。新星とはボナパルトという名の気鋭の将軍である……。

しかし、ボナパルトが国王に自分の名を知らしめるときの作法は未来に何ら吉兆を思わせるものではな

❖1＝**カンバセレス**…パルマ公爵レジ・ド・カンバセレス（一七五三年生—一八二四年没）。政治家、法律家。テルミドール反動派に属し、ブリュメールのクーデタ後の一八〇〇年、第二執政に就任。第一帝政時代、大法官として「ナポレオン法典」（一八〇四年）の完成に尽力する。

❖2＝**国王即位**…一八一四年、王政復古により王位に上ったときのこと。

❖3＝**ブロティエ神父**…アンドレ・ブロティエ神父（一七三四年生—九八年没）。

❖4＝**マルソー**…フランソワ・セヴラン・マルソー将軍（一七六九年生—九六年没）。革命軍の指揮官。

❖5＝**ジュベール**…バルテルミー・ジュベール将軍（一七六九年生—九九年没）。革命軍の指揮官。

❖6＝**モロー**…ジャン・ヴィクトール・モロー将軍（一七六一年生—一八一三年没）。ライン・モーゼル地域の革命軍司令官をつとめ、一八〇〇年、ホーエンリンデンで大勝を収める。執政政府を支持したが、第一執政ボナパルトと対立。一八〇四年二月、執政暗殺の陰謀に加担、逮捕されて、下獄二年の判決を受ける。

❖7＝**ピシュグリュ**…シャルル・ピシュグリュ将軍（一七六一年生—一八〇四年没）。革命軍司令官としてオランダを征服（一七九四年—九五年）。総裁政府下に五百人議会議長に就任するが、ブルボン王家と通謀していたため、フリュクティドールのクーデタ（一七九七年九月四日、総裁政府総裁バラスが王政派の総裁および議員を排除するために起こしたクーデタ）の際、国家叛逆罪で逮捕され、南米ギアナ流罪となる。一八〇四年二月、執政政府転覆を企てたとして逮捕され、獄死。

❖8＝**デュムーリエ**…シャルル・フランソワ・デュムーリエ将軍（一七三九年生—一八二三年没）。一七九二年三月、ジロンド党内閣で外務大臣、八月、革命軍総司令官に就任。ヴァルミーやジェマップで勝利を収め、翌九三年、ネールヴィンデンで惨敗、王政派に転じた。

かった。ルイ十八世はヴェローナに自分好みの竄避《ざんぴ》の館[9]を見つけていたのだったが、ボナパルトは、至急ヴェローナを去るよう是非もなくルイ十八世に迫るのである。イタリアの征服者ボナパルトの電光石火の進撃を前にして、ヴェネツィアの元老院は本当にあわてふためく。ヴェネツィア国内でルイ十八世を保護していた元老院は、この危険な客を厄介払いしたいと考えるようになる。居所を変更されたいという元老院の遠慮がちな通告がルイ十八世にとどけられる。

ルイ十八世は、ヴェローナがすこぶる気に入っていて、また遍歴の旅に立たねばならぬと思えば無念を禁じえなかったから、彼の失望、憤怒は大きい。(一七九六年)四月十三日、国王は渋い顔でヴェローナの居所を立ち去る[10]――目の前でフランス国王を追い払っておもしろがっているボナパルトはここぞとばかりにヴェローナを占領しにくる。

ルイ十八世はどこへ行こうとしているのだろう?

気が進まないけれども、コンデ軍に合流することにする。ルイ十八世は、雄ラバに跨って(気の毒な国王、そして……気の毒なラバ)アルプス山脈を越えたのち、四月二十六日、フライブルクからそう遠くないところにあるリーゲル[11]に着御する。リーゲルのライン沿岸でモローがしきりに攻撃を加えていて、コンデ軍がライン沿岸に陣を構えている。

第一節

陣中の国王

コンデ軍の諸公[12]は飛びつくように抱き合う。みなが抱き合う。兵士たちが歓呼の声で国王を奉迎する。アンギャン公爵が国王のところにかけつけて敬意を表する。ルイ十八世はどちらかと言えば冷たく公爵をあしらう。ルイ十八世は『回顧録』のなかでその冷たさについて説明するだろう。

「アンギャン公爵は亡命貴族たちから熱愛されていた。彼をめぐり、亡命貴族たちは余に不安を抱かせようと挑発的になっていた。しかし、近くで彼を見ただけで、彼が己の義務から断じて逸脱しないと確信できた」

常々コンデ一族を嫉視してきたルイ十八世にすると、実際、状況次第でルイ・ダンギャンが王冠をめぐるラ

❖9＝**竄避の館**…イギリス・スペイン艦隊がトゥーロン港を攻囲していた一七九三年十一月、プロヴァンス伯爵(のちのルイ十八世)は同港からのフランス上陸を試みた。だが、ボナパルト大尉による砲撃のために果たせず、翌九四年六月から、ヴェネツィア共和国の許可を得てヴェローナに居留していた。

❖10＝**ヴェローナの居所を立ち去る**…ボナパルト少将のイタリア遠征軍がアルプス・アペニン両山脈を越えた一七九六年四月の十四日、ヴェネツィア元老院は、ルイ十八世にヴェローナ退去を通告した。

❖11＝**リーゲル**…フライブルクの北西二〇キロ。

❖12＝**コンデ軍の諸公**…当時、亡命貴族軍はコンデ軍に集約されていて、コンデ大公の部隊、ベリー公の部隊、アンギャン公の部隊で構成されていた。ブルボン公爵は、前年の一七九五年七月末、キブロン遠征のためにドイツ戦線からイギリスへ向かい、遠征後はイギリスにとどまった。

イヴァルになるやもしれぬと考えずにいられない。ひどく忌々しいあの若者がみずから王冠を戴こうとすれば、剣の切っ先だけでそれを確実に勝ち取ることができるだろう。アンギャン公子に対するルイ十八世の冷淡さはこのような理由にもとづくものである。公子は悲しげに記している。

「ルイ十八世はみなとご一緒のときはご機嫌麗しくいらした。私と一緒のときは別だったが」

アンギャン公爵に冷淡さを見せたルイ十八世だったが、しかし、亡命貴族軍の処々の陣中を見舞ったからには、彼はアンギャン公爵の宿営地ノーネンヴィッヒ[13]慰問を避けることができない。公爵が陛下を昼食に招き、軍事問題について彼らの会話が進む。

国王は述べている。「アンギャン公爵は軍隊の装備品に関し全般にわたって実によく知っていたし、細心の注意をもって装備品に気を配っていた。かようの行動は将士を魅了した。それゆえ、彼は将士の愛をことごとく享受していた」

その間にも、王党派の歓呼の声が対岸で共和派部隊の関心をひいた。「敵の」将兵の一群がライン河畔に集まってくる。不意に感動におそわれたルイ十八世は共和派の将兵たちに御言《みこと》を与えると決める。はなはだ不安に感じたアンギャン公爵は(彼は生じかねない重大な結果を考え、さらにコンデ大公の口からもれてきそうな不平をも考えているのだ)、軍事命令は両陣営間の対話を禁止している旨、陛下に言上し、鄭重に御言を思いとどまらせようとする。

「公爵よ、神にかけて申すが、フランス国王はあらゆる規則を超えた存在なのだ」、と国王が声高に言う。

「余の意は貴公の軍事命令より強い力を持つのだから、余の意のままにさせよ!」

続いて、人のよい国王はようよう馬上に跨り、河の水面が胸繋《むながい》に達するところまで馬を進める。(少なくとも国王の言によれば、馬上に跨っているというよりは、欄干の上にいる気分だ。）国王は声を張り上げて共和主義者たちに御言を発する。

「諸子よ、是非ともフランス国王を見てもらいたい。余こそ汝らの君主、いや、むしろ汝らの父親なのだ。しかり、汝らはみな余の子供なのであって、余がここに参ったのはただにわれら共同の祖国の不運に終止符を打たんがためである。これと逆のことを考えている者は思い違いをしておるのだ」

「深い静寂が兵士らをおおった。彼らはなすべきことを知らなかったのである」、とルイ十八世は語っている。王党派の一人のいたずら好きが共和主義者たちに話しかけようと考えた。「諸君は国王のご来駕に大いに満足であろうから、叫びたまえ。『国王陛下万歳！』」。国王が手を上げた。

「いや、いや、わが子らよ、その叫びは汝ら諸子を危険にさらすやもしれぬ。歓声を控えよ！」

ルイ十八世は熱烈な歓呼の声を期待していたのだったが、実際には歓呼の声はパラパラ上がったにすぎなかったのだから、彼は「手を上げて」歓呼の声を制するまでもなかったのである。

国王が共和派陣営に御言をたまわったという不測の事態はヨーロッパに知れわたり、パリ――ここでは、ライン河畔に築陣した共和派聯隊を指揮していたモローが非難をあびた――や、さらにはウィーン――そこでは、国王の介入が場違いのものとみなされた――をも苛立たせた。その結果、二ヶ月後、王党派の将兵たちは、軍隊にいらしては陰謀の犠牲になりかねぬゆえ、軍隊を去るにしかず、と君主を拝み倒した。「将兵たち」は知らず知らずに当を得たことを言った。七月十七日に出発した国王は、十九日にディリゲ

❖13＝**ノーネンヴィッヒ**…ライン河畔の村。
❖14＝**ディリゲン**…ドーナウ河上流地方の村。

ン[14]の旅宿に入った。夜十時、国王は外気を吸おうと窓辺に立った。後方テーブルの上の灯火が彼の頭を照らす。突如、爆発音が夜のしじまを打ち破る。一発の弾丸がルイ十八世の後頭部をかすめ、室内に落ちてゆく。

国王の頭から大量に血が流れ、顔が血に染まり、彼の側近たちは完全にパニックにおちいる。国王のみが落ち着いている。

「安心せよ、各々方。まったく大事ない！」

傷は浅く、従僕が傷口を洗い、最後に包帯をする。

「ああ！　陛下」、と従僕が叫ぶ。「悪党があと一ミリちょっと下に撃っていましたら！」

ルイ十八世は静かに答える。「――いやはや、君、かようのときはフランス国王の名がシャルル十世となるはずだ……」

ルイ十八世は再び旅に立つ。彼は、身体が不自由であるにもかかわらず気力にみち、後世の人々から讃えられる禁欲主義をもって流浪の、難儀な生活の有為転変に堪える。亡命生活においても、彼は生真面目に宮廷の礼儀作法を守り続け、夏は六時起床、冬は七時に起床した。そして、服装に無頓着になることはまったくなく、簡素ながらも厳密に装い、毎朝、ミサにのぞみ、膨大な量の書をしたため、拝謁を願う人々をお召しになった。

因果な国王は、そのころ、どこに向かえばよいのかよくわからなかった。が、フランス人に対していつも親切なブラウンシュヴァイク公爵がルイ十八世を陰気な古城のある、人口三〇〇〇人の小さな町ブランケンブルク[15]に招いて、幸いにもルイ十八世を公爵領へと避難せしめる。

第二節

雄々しい貴公子

その時分、アンギャン公爵は落胆している。大挙してライン河を越えるという作戦が決定していたのに、イタリアにおけるボナパルトの電撃的侵攻を前にして、ウィーン政府は、イタリアに援軍を送るべく、ライン河畔から三万のオーストリア兵を退《ひ》かざるをえなくなったのだ❖16……。

ひどくがっかりしたアンギャンは、亡命貴族たちにフランスへの道を開くはずの大規模攻撃に参加する代わりに、その日その日の局地戦に堪えるだけで満足しなければならない。

日々の前哨戦《ぜんしょうせん》において、公子は、以後、伝説となる勇往邁進の気概をもって自軍より兵数のまさる敵軍の襲撃に持ち堪《こた》える。「軽騎兵のように血気の勇に走りたもうな。それはあなたの役割ではないのですから」、と祖父は公子に書き送る。だが、祖父は、こうして冷静に戦闘方針を説きながら、孫がコンデ一

❖15＝**ブランケンブルク**…北ドイツ・ハルツ山麓の町。ブラウンシュヴァイク公爵は自身の領地内ブランケンブルクにある古城の使用をルイ十八世に申し出たが、プロイセン国王の反対に遭い、申し出を取り消した。結局、ルイ十八世の一行は、他に逗留地を見出せず、同地のビール醸造業者宅に間借りすることになる。

❖16＝**退かざるをえなくなったのだ**…この年、一七九六年の五月、ボナパルト少将のイタリア遠征軍がミラノに入城した。同年六月一日、アンギャン公爵は前衛部隊を率いてライン河を突破し、フランスに進撃するよう命令を受けた。が、ライン河畔に陣していたオーストリア軍がイタリアに派兵されたため、アンギャン公爵たちのフランス進撃計画は頓挫した。オーストリア軍は、十一月にアルコレで敗れ、翌九七年四月十八日、フランスとのあいだにレオーベンの仮条約を、十月十七日、カンポ・フォルミオの講和条約を結ぶ。

門の勇名を轟かせていることから来る愉悦を深く心に感じている。

アンギャンはモローやジュールダン[17]を相手に戦っているのだった。モローもジュールダンもフランスの偉大な軍人である。総裁政府の密偵モンガイヤール[18]のように、雄々しいアンギャン公爵を讃えるフランス人たちは、その軍事的能力を指摘しながら旧王族アンギャンのことを総裁政府指導者に知らしめるだろう。[19]そして、アンギャン公爵のほうも、いとも意気盛んに、……同時に深い遺憾の念をもって干戈《かんか》を交えている敵兵を讃える。「遺憾の念をもって」と言ったが、公爵に最も痛切な衝撃を与えること、それは、敵が公爵の同胞のフランス人だということなのだから。コンデ家の大公、公爵、若公爵は、戦場では負傷した共和主義者たちを抱き起こし、手当てするのを義務と心得ている。負傷した共和主義者たちは、自分たちが銃殺されずに、包帯を巻かれるのを知ってたいへん驚くけれども。ある日、ルイは、捕虜になる寸前で、死に物狂いで戦っている共和派の一将校を首尾よく救う。何ゆえ望みなき戦いを続けるのか、とルイがその将校にたずねると、将校は、銃殺されるよりは、剣を手にして殺されるほうがよいと答える。

「銃殺されるだと！」と笑みを浮かべながらアンギャンが言いかえす。「そうなれば、まさに貴君が最初の人間となろう……」。それから、彼は治療を受けるようその捕虜を連れてゆく。

アンギャンがその勇気を評価しているこれら共和主義者を、アンギャンは理解したいと思う。彼は、作戦行動の一時休止のあいだ、もはや国王を望まぬこれら特異な同胞に近づこうとつとめる。

王党派、共和派の両陣営の人間がしばしば訪れる中立の都市ミュンヘン（バイエルン選挙侯が自身の所領の中立を維持すべくつとめている）で、ある日、ルイは札つきの共和主義者たちに出会う。誰であるか彼らに見破られて、取り囲まれた公爵は、その荒っぽい共和主義者たち――その昔、シャンティ

読者通信

本書をお読みになってのご感想・ご意見等、自由にお書き下さい。

書名：

特別注文書

本書をご購入いただいた方に限り、小社出版物でご希望の図書を送料小社負担で直接郵送させていただきます。下欄に書名をお書き下さい。

お支払いは到着後、1週間以内に同封の郵便振替用紙をご利用のうえ、最寄の郵便局からお振込み下さい。

書名：　　　　冊数　　冊

書名：　　　　冊数　　冊

書名：　　　　冊数　　冊

書名：　　　　冊数　　冊

書名：　　　　冊数　　冊

郵 便 は が き

料金受取人払郵便

札幌中央局
承 認

2041

差出有効期間
2024年9月
27日まで
●切手不要

0 6 0-8 7 8 7
803

札幌市北区北7条西2丁目
37山京ビル1F

有限会社 **寿郎社** 行

お名前　　　　　　　　　　　　　　　年齢
（　　　　歳）

ご住所・電話番号 等　〒□□□-□□□□

電話（　　　　）　　　−　　　　　　e-mail

ご職業　　　　　　　　　　　　　　　性別
（ 男 ・ 女 ）

本書ご購入の動機（○印をおつけください）

1 新聞・雑誌広告をみて（新聞・雑誌名　　　　　　　　　　）

2 書評をみて（書評掲載紙誌名　　　　　　　　　　）

3 書店店頭でみて　4 DMをみて

5 人の紹介で　6 その他

＊このハガキにお書きいただいた個人情報は、ご注文品の配送や新刊案内の送付のために使用いたします。それ以外では使用いたしません。

イ城の金色に彩られた鉄柵のうちにあって近寄れなかったかの王族の一人のそばにこれほど近づいて、内心、共和主義者たちは光栄に思っているのである——と親しく話をする。公爵の気取りのない人柄は共和主義者たちに魅惑をおよぼしたどころの話ではない。彼らの一人がこんなふうに敵に混じって全然怖くないのかとたずねたのに対し、公爵が次のように答えると、公爵への彼らの親近感はほとんど狂熱をおびたものとなる。

「あなた、ここに敵はいません。戦地で敵だということだけで、もうたくさんですよ」

さらに別の話のとき、公爵は言うだろう。

「抱擁し合いたいと思っている人々と戦わねばならないとは、われわれははなはだ不幸ではないかね」

アンギャンの人望、勇猛果敢、能力、品位のゆえに、彼に対しふくむところのある眼差しがそそがれる。ルイ十八世が親戚のアンギャンに冷淡さをしめしたのも無理からぬことである。ルイ十八世はこれ以上自分を脅かすライヴァルを知らないのだ。ボナパルトもやはりアンギャンを見誤らず、アンギャンを自分の一段と手ごわい敵とみなすだろう。多くの王政主義者たちが、ブルボン王家の血をひくこの若武者こそはフランスの

❖17＝**ジュールダン**…ジャン・バティスト・ジュールダン将軍(一七六二年生—一八三三年没)。革命戦争中、ワッチーニの戦い(一七九三年十月十六日)、フルーリュスの戦い(九四年六月十六日)などで覇者となる。皇帝ナポレオンのもとで元帥。モローは知将として、ジュールダンは猛将として名をはせた。

❖18＝**モンガイヤール**…モンガイヤール伯爵モーリス・ジャック・ロック(一七六一年生—一八四一年没)。一七九一年にスイスの外交諜報員。その後、フランスの王党派と革命派の二重スパイとなる。

❖19＝**総裁政府指導者に知らしめるだろう**…一七九六年八月十三日、コンデ軍はオーベル＝カムラッハの会戦でモロー軍と激戦を交え、敗れた。勇ましいアンギャン公爵だったが、軍資金不足や糧秣欠乏に悩まされているコンデ軍が圧倒的多勢の兵、大量の武器を持つ革命軍に勝つのは容易でなかった。

王冠を戴するにふさわしい唯一の人物だと考えているのだった。

王政主義の支持者フォリエル[20]はこのことを明確に記すだろう。「それまで逆境のなかで辛抱を続け、この逆境に必要なのは新たな元首のみだと考えてきた多くの王政主義者にとって、かの公子アンギャンは偶像となった」

なるほど公爵は自身がまき起こす期待感を聞きおよんではいた。だが、ある日、彼は答える。「あなたはどうしろと言われるのですか。数えてご覧なさい。(王位継承の順位では、)私は十番目にすぎないのです……。遠すぎますよ」

第三節

休息するアンギャン

休戦後[21]、アンギャン公爵は一息入れる必要を感じる。彼は旅に立つ許しを祖父に願い出る。なじみの友のジョンヴィルとシュフォンテーヌとを伴って、つまり、年下の一人の騎兵とただ一人の召使とを伴って、彼はお忍びでスイス国境を越え、日におよそ四〇キロを軽々とこなしながら徒歩で旅をする。彼はこの徒歩の遠出に心を奪われる。——往時はシャンティイ城の大厩舎にある、ビロードで内張りされた黄金の箱型四輪馬車で旅行したものだが。

徒歩旅行が大いに推奨されていたのは事実である。一八〇二年発行の『ヨーロッパ旅行案内』は行動の仕方について気のきいた助言を述べている。曰く、小川の水は、布きれで濾さないかぎり、これを飲むべからず。毎晩、脚を冷水か酢で洗うべし――。『案内』は、わけても是が非でも日記をつけるよう、また、ペンで書くよう勧めている。「なぜなら、鉛筆書きはすぐ消えてしまうので、さまざまな観察の成果を失う恐れがあるからだ」。そういえば、『案内』は万年筆の原型についても記している。「常時インクがみたされていて、金属か角で作られた筆記ペンが先ごろ発明された」

旅のあいだ、アンギャン公爵が「すこぶる有用な」この新しいペンを使ったかどうかわからないけれど、しかし、彼はいたって入念に日記をつける。黄色みをおびた用紙の上に洗練されていて、活力にあふれ、達者な筆跡がさしたる独創性を伴わずに走る。彼はチューリッヒ、ベルン、ルツェルンを旅する。彼らの路銀は乏しかったから、いずれの地でも、彼はものたりない食事しか出さない宿に投じる。彼の連れは顔をしかめるが、アンギャンは、まさに学校をさぼって茂みをぶらつく小学生のように、あらゆることをおもしろがり、取るにたらないことをもおもしろがる。

彼らは、当代最も個性あふれる人物の一人だった著名のラーヴァター[22]をベルンに訪ねる。元神学生であり、詩人、神学者、哲学者であるラーヴァターは、自分が発見したと自慢している新しい科学、すなわち人相学に生涯を捧げた。彼は、顔のいろいろな特徴にもとづいて性格を確実につきとめるということ、さらに、

❖20＝**フォリエル**…クロード・フォリエル(一七七二年生―一八四四年没)。文芸批評家。この人物か。

❖21＝**休戦後**…一七九七年四月のオーストリア・イタリア間の仮条約締結後。

❖22＝**ラーヴァター**…ヨーハン・カスパール・ラーヴァター(一七四一年生―一八〇一年没)。スイスの人相学者。

やはり顔の特徴から美徳および悪徳を見ぬくことができるということを主張している。長きにわたる実践により、そのうち彼には予知能力のようなものがそなわり、その能力が当時の人々に強い印象をおよぼして、ヨーロッパ中から彼に顔を見てもらいにくるようになった。彼には多くの信奉者がいた半面、彼を笑いものにする誹謗者もいたが、旅する三人の若者は大いに楽しもうという気持で彼を訪れたのである。背が高く、痩せこけていて、巻き毛の髪はひどく薄く、薄い唇から笑みをもらしているラーヴァターは、誰が誰だかわからぬまま、愛想よく三人の旅人を迎える。切れ長の瞼に焦げ茶色の彼の目が、吹き出したいのをこらえている若者たちの顔を注意深くながめ、それから、特別な関心をもってアンギャン公爵をじっと見つめる。突然、ラーヴァターが公爵に話しかける。

「あなたの額にはご威厳がおありです」、とラーヴァターは言う。「あなたのご容貌は王族のものです。あなたたちのなかに高いご身分のお方がおいでになるとしましたら、光栄にも私の話しかけているのがそのお方だ、と私は確信いたします」

アンギャンは仰天する……が、それでも、ラーヴァターのもとを去ったとき、お騒がせ屋の三人は「彼の前でやっとこらえていた笑いをどっと爆発させる」。その半面、ルイは、「いやに興味をそそる」彼の診察室に一時間しかとどまりえなかったことを残念に感じる。(ラーヴァターの診察室には人間の容貌を描いた絵画やデッサンが何枚もあった〔原注　後年、ナポレオンはラーヴァターを「とんでもないペテン師」呼ばわりする。「相貌の特徴のどれもが嘘っぱちだ」、と彼は述べた〕。)

第四節

波立つ愛

一七九七年の月日、一つの重要な出来事がまたもやルイ・ダンギャンの人生を一変させる。今しも自身の小軍隊の解散を目のあたりにしなければならないというところまで来て、窮地におちいった彼の祖父が、ロシア皇帝パーヴェル一世の提案を受け容れたのである。その提案とは、亡命貴族軍の兵士たちがロシアの領土に来て、ロシアの軍規に服して戦うという条件をのめば、その代償として、ロシアは亡命貴族軍兵士の費用をまかなうというものだった。❖23

一つの条項がルイを茫然とさせる。ロシア皇帝はアンギャン公爵に対し亡命貴族軍の部隊を指揮して新宿営地へと移動せしめることを望む、とあったのである……。

アンギャンはこの取決めの裏に新たな成婚計画を感じとる。コンデは、孫がアレクサンドリーヌ大公女と縁を結ぶか、あるいは、相変わらずバーデン辺境伯フリードリヒの姫君のうちの誰かと縁を結べばよいと考えている。

❖23＝**亡命貴族軍兵士の費用をまかなうというものだった**…オーストリアは、一七九七年四月、レオーベン仮条約によりフランスと和を講じると同時に、亡命貴族軍への支援を打ち切った。戦費、食糧等の面でオーストリアの援助を受けられなくなったコンデ軍は解散の危機に立ちいたった。ロシアの提案は、コンデ軍兵士全員を一兵卒としてロシア軍の指揮下に置くというもので、コンデ軍の独立性を奪うものだったが、コンデ大公は涙を飲んで提案を受け容れた。

ところが、ルイは、何度か脱線したことはあるものの、強くシャルロットに心ひかれていた。たしかに、一身の「義務」をひとときも忘れぬ彼は彼女を娶《めと》ろうとは考えていない。にもかかわらず、長い別離を思えば、心がしめつけられる。だから、彼はジグザグの道を進もうとするのだが、しかし、彼は強敵にぶつかる。孫を屈服させようと、あえてコンデが涙をさそう調子の信書を送ってくるのだ。

「わが親愛の友、わが親愛の子よ、私への愛を信じてほしいと思っているあなたよ（暗涙《あんるい》で筆を擱《お》く仕儀となったこと、あなたに隠しはしません）、新たな状況が私の心を絶望させています。昨晩、ロシアの（ゴルチャコーフ）公爵が、あなたにして軍隊を指揮するか否か、私にたずねられました。私はあたうかぎり明言を避けましたが、しかし、結局、彼は、あなたが指揮すれば皇帝は大いにご満足なさるだろうし、あなたが軍隊を指揮せぬとなれば、皇帝のご不興をかうやもしれず、公爵自身はこれを案じてさえいると申されました……。仮にもあなたが軍隊を指揮しなければ、どうなるのか？　あなたはただにみずからの身を滅ぼすことになるばかりでなく――愛してやまぬわが子や、あなたの身の破滅はそれだけで十分私の悲哀の日々の終りを早めます――、あなたは私と軍隊とを失うことにもなるのです。何となれば、ロシア皇帝は、あなたの指揮拒否を私の責任と思し召しになりましょうから。ご下命なさったとき、それに従わない人間をそのまま見過ごすなど、皇帝のご思慮の外のことです。あなたがしかるべく行動しなければ、皇帝は私に対しご冷淡になられましょうし、私が皇帝のご友誼を失えば、軍隊の全員が私たち同様にすべてを失うでしょう。では、苦境を脱するいかなる方策が私たちにあるのか？　ああ！　私の大切な子や、私の老年期にとってすべてであるあなた、コンデ一族の血が流れているあなた、あなたは能力に恵まれた人間であることを存分にしめしましたが、感情や信条に拘泥して特質を失うのでしょうか？　ああ！　否、私はそのようなことを信じかねますし、わが子は、『御意のままに』と言いながら私の腕に飛びこんでくるものと思っています。そのとき、その子は私に何と快い涙を流させるでしょう！　しかり、私はその子を胸に抱きしめるでしょう……。ああ、わが友よ、私は自分があまりによい父親だと感じていますので、あなたがさほどよい息子でないと考えることを得ません！　身を滅ぼすことなかれ。私の愛する孫が恐れることなく私の心に短剣を振り向けた、そして、自分とともにコンデ一族をことごとく滅ぼした、と日ごと考えねばならぬ不幸を数々の私の不幸に加えることなかれ」

コンデ大公が辞を低うして孫に強く頼むのも、まったくもって孫が重要だと考えるからである。孫が皇帝の親族のアレクサンドリーヌ大公女と婚儀を挙げれば、コンデ家の状況は奇跡的に持ちなおすだろう。残念ながら、大公はシャルロットを考慮に入れていない。すべての人間が自分に対して譲歩するのに慣れている大公は、少なくとも、破産したこの令嬢が彼の意向の妨げになるかもしれぬという考えにいつまでもこだわっていない。せいぜいのところ、本心を偽った文面により孫に忠告を与えるだけである。

「あなたが信頼を置いている女性を、私はまったくのところ高く評価していますゆえ、そのお方はあなたの栄光や利益に最も資する助言をあなたにお与えになるものと考えます」

さて、シャルロットは、従弟を失うのではないかという思いに打ちのめされ、従弟の「栄光」のことなどほとんど気にかけていない。シャルロットは泣き、シャルロットは従弟を求める。おお！　たしかに彼女は従弟の自由を侵すことを望んでいない……。けれども、はなはだ女性的な矛盾にひきずられ、やはり彼女は、自分のそばにとどまってほしい、と従弟に哀願する。

板挟みに悩み、ひき裂かれて苦しみ、そして、恋人がこうして彼を意のままにしようとしていることに

——男性として、また、ブルボン王家の人間として利己主義者たらしめようとし向けていることに——たぶん苛立ってもいるアンギャンは、思わずきつい言葉を発してしまう。当時、恋人たちの一方からいかに苦しい真情が語られ、いかに苦い非難が他方の口からもれたか、われわれは決して知りえないだろうし——おそらくそのほうがよいだろう。ともあれ、二人は仲違いしたのである。

コンデは一回戦に勝利した。服従を伝えるルイの短信を読んだとき、コンデは、ジャンリス夫人の描いてみせた、あの気取った微笑を浮かべたにちがいない。

「お従い申し上げます。私は苦渋のうちにお従い申し上げるのでございます」[24]

シャルロットは泣きくれていた。彼女は、常日頃、耳をかたむけないようにしてきた中傷的な当てこすりを思い出す。ルイは移り気で、すぐに女性を口説き落とし、それよりもっと早く女性を捨てる、と噂されていたものだ。彼女は、書卓の前に坐り、小説の主人公よろしく一息に別離の文をしたためた〔原注　この手紙は国立古文書館で発見された。それは、一八〇四年、エテンハイムでアンギャン公爵の書類とともに押収されたものである〕。

「もっと早く御身を理解しなかったにつきましてお詫び申し上げます。私は、おそらく御身にご苦労をおかけする文通など慎まなければならなかったのかも存じません。すでに心にないことを文字に表わすのは骨の折れることでございますもの」

「思い違いを長引かせようとなさった御身のお気持につきましてはお礼を申し上げます。思い違いのおかげで、私はうたかたの仕合せな時を送ることができたのでございますから。思い違いは長続きしませんでしたけれど、御身が思い違いに終止符をお打ちになったことで、御身をお恨み申してはおりません。事態を変えるというのは不幸をひきおこしますものの、人をあざむくというのは過誤をおかすことでございますし、さらにまた、それがどれほど激しい苦痛をもたらすといたしましても、少なくとも御身の率直さにつきましてはお敬い申し上げます」

「御身の率直さは必要なものだったのでございます。人々が私に仰せになったご意見のすべて、人々が私に話さなければならぬとお考えになった過酷な事実のすべてが私の心にいたって軽い印象しか与えなかったというわけではございませんけれども」

「御身のことを私に理解させてくださったのは御身だけでいらっしゃいます……」

「今日、私は御身を理解しております。このお便りは御身が私からお受け取りになられる最後のものでございます。私は御身からいただいたご書翰を大切に手許に置かせていただきます。私に残されましたただ一つの財産をきちんと手許に置かせていただきます。ですけれども、さらになお犠牲が必要でございましたなら、御身がそうした犠牲をお望みでいらっしゃいましたなら、私はあえて犠牲をおはらいいたしましょう。御身に差し上げた私のお便りにつきましては、それらはすでに御身のお心にとって大切なものでなくなっているでしょうが、それでも、御身のご自尊心になお響きましょう。差し上げたお便りのご保管を私が望みますのはただいま申し上げました理由によるものではございませんが。もっとも、私は、差し上げたお便りの件では御身にいかなる要求もいたしませんし、御身のお望みのままにしていただいてよろしゅうございますけれど」

❖24＝**私は苦渋のうちにお従い申し上げるのでございます**…アンギャン公は初めのうち、ロシア軍の指揮下に入るのを拒んでいたが、コンデ大公から再三要請され、シャルロットにロシア行を告げ、詫びた。一七九七年十月一日、大公宛書翰で要請を受け容れた。そして、同月二十七日、

「私のことをすっかりお忘れにならないでくださいまし。どのようなときも、私の心は変わらず、終生同じでございます」

「さようなら。お仕合せにあそばされますよう。御身はまたお仕合せになれます。幸福を失った私を慰めうるのはもはや御身のご幸福しかございません」

涙のしずくを落しながら、シャルロットはルイの肖像画を見つめる。もちろん、ルイにはあらゆる権利がある。薄情であるという権利さえも。なぜなら、愛というのはただに苦悩をも受け容れるという覚悟の上に成り立つものなのだから。しかし、彼女は彼のことをまったく信用しなくなるというところまではゆかない……。

彼女を絶え入らせるほどの悲しみを誰に打ち明ければよいのだろう？　彼女の代父は、聖職者という性質上、愛の打ち明け話をするのにあまり適していない——それに、高僧は、老いるに従って、色恋沙汰に打ち勝つようになり、重々しくなっていた。女性の話を聞くことができるのは女性だけである。

シャルロットは昔から親しくしていたマルサン夫人に悲しみを打ち明けたいと思う。宮廷の雰囲気にふれないで生きることができないマルサン夫人はブランケンブルクに滞在し、ルイ十八世の近くで暮らしている。シャルロット公女はマルサン夫人のそばに逗留しようと決める。内縁関係を続けている恐るべき義父、すなわちコンデ大公にブランケンブルクで再会することになる、と公女は知っているのだろうか？

第七章 ロシアにおけるコンデ一族

第一陣として、コンデ大公が別れがたいモナコ公妃を伴って出発した。大公と公妃は馬車に乗り、宿場の者に馬を換える用意をさせるため、従僕が一人彼らの先を進んでいた。

一七九七年十月二十二日、大公は、国王ルイ十八世と会談するためにブランケンブルクに立ち寄る。ルイ十八世は「彼の特徴である親切心と好意とをもって大公を迎える」。

異境を浪々する身の上だった君主は、そのころ、ブランケンブルクの一ビール醸造業者の家の二階に逗留していた。三部屋だけの彼の陋居《ろうきょ》が、王政主義の節を曲げない数人の人間から成る「宮廷」の中心となっていて、その数人のなかには「愛すべき、そして興味をひくマルサン夫人」の姿があり、夫人に心中を打ち明けにきたシャルロット公女の姿も見える。国王は、これら女性の存在に大いに満足し、「女性の存在は女性に対するフランス人の慇懃の作法を忘れるのを防いでくれる」と述べる。ブランケンブルクに麗々しい物腰がよみがえり、人々はほとんどシャンティイ城かヴェルサイユ宮にいるように感じる。夜分、国王は貴婦人たちとホイストのゲームをし、夜の集いは深夜過ぎまで続く。これら貴人たちは遅い時間に寝る習慣を捨てなかったのだ。コンデ大公の「宮廷」滞在は一大事である。彼はブランケンブルクに一ヶ月近くとどまり、その間、シャルロットは存分に彼の様子をうかがう。大公のほうは、妙齢の令嬢の地味な魅力の数々を品定めすると同時に、ルイが彼女に対して不実になる確率を見積ったにちがいない。

国王とコンデ大公との長い会談の目的はロシア皇帝に関することである。不安定かつ奇矯な性格のパーヴェル一世は前から彼らの心配の種だったのだ。皇帝は、あるときは惜しみない情誼をとめどなく表わすかと思えば、ころっとこの感情を忘れ、「二週間もすると、これ以上ないというほどの無関心の感情が情誼に取って代わるのである」。

この一風変わった君主に対し留意しなければならない行動について、ルイ十八世と重ね重ね話し合ったのち、大公殿下は、十一月十七日、「宮廷」を去り、旅程の半分は馬車で、半分は橇でというロシアへの厳しい旅路につく。

大きな氷塊を押し流しはじめているダウガヴァ河のほとりに位するリーガ[1]にいたったとき、大公はパーヴェル一世から歓迎の親書と、三〇〇〇ドゥカはすると思われる、裏にクロテンの毛皮のついた外套を受け取る。その外套は実益と趣味とをかねそなえた贈物である。何しろ、ロシアは凍てつく寒さなのだから。大公は数日リーガにとどまり、その間に、彼とその一行のためにロシアの軍服を仕立てさせる。

サンクト＝ペテルブルクに着したとき、コンデは、その先入観に反して、感動を覚えずにはいられない。豪奢に装飾をほどこされ、照明で光輝き、黄色と赤のお仕着せ姿のボーイのいる、都邑《とゆう》の最上級のホテルを自由に使うよう、皇帝が大公に取り計らってくれたのである。（少し経つと、皇帝は、玄関の切妻壁に「コンデ館」と掲示した館を提供する。）そのホテルではベッドのマットレスから布団にいたるまで、バラ色の繻子《しゅす》でおおわれていないものはない。「しかし」、とコンデ軍のエクヴィリー伯爵は言う。「ロシアでは、召使が動物並にみなされるので、フランス人の召使の誰一人として整ったベッドを見出しえなかった」。実際、ロシア人の召使はタイル張りの床や、階段の下に横になって眠るのだが。

着京後ただちに大公は、紋章をほどこし、六頭の白馬につながれている、そして、お仕着せ姿の騎馬の近習二人に先導された馬車に乗り、皇居を訪う。[2]

❖1＝**リーガ**…現ラトヴィアの都市。当時はロシア帝国領。

❖2＝**皇居を訪う**…そのとき、コンデ大公はロシアの軍服を着用していたが、せめてものプライドとしてフランスの聖霊騎士団の勲章をつけていた。

風変わりな皇帝は、遠い昔、シャンティイ城で受けた素晴らしい歓待を忘れておらず、フランスの大公殿下を心から礼遇する。大公が謝意を口にしようとしたとき、パーヴェル一世は、大公の手をとりながら、しかも、きわめて鋭敏にも次のように述べながら、大公の謝意表明を押しとどめる。

「事ここにいたり、実のところ貴殿はなお苦しみをお感じになっていらっしゃいましょうが、余はただただ喜びにひたっています。余のほうこそ貴殿のご訪問に感謝申します」

それから、皇帝はみずから、皇子を得たばかりの皇妃の居室に大公を案内する。

軍事パレード、閲兵式、舞踏会、レセプション、宴会、贅をつくした祝祭が続く。大公とモナコ公妃はシャンティイ城の華やかさに近いものを再び体験する。

第一節

進発するアンギャン

一方、アンギャンは、一七九七年十月十日、自身の後に絶望した女性を残して、ドイツを発した。[3] 彼は、手兵の幸福を気遣い、細かなところまですべてに心を配る指揮官として部隊を率いてゆく。歩兵部隊は小船でドーナウ河を下り、騎兵は河岸に沿って進む。住民たちは、傷痕だらけの兵たちの行軍を驚きとともにながめる。兵たちは歌を歌いながらそれら住民の国を通りゆく。

われらは行く、ダンギャン公の指揮のもと
若殿さまには愛とワインがお気に入り
若殿さまには栄光も大のお気に入り……

状況がどうあれ、若き指揮官は己が王族だということを忘れず、王族として諸々の社交儀礼に従う。彼はリンツ❖4にとどまり、皇帝フランツ二世❖5に謁《えつ》する。ウィーンに迎えられたアンギャン公爵はそこで特別に内親王マリー＝テレーズに目通りする。内親王ははかない春のただなかにいて、後代の語り草となるあの角目《つのめ》立《だ》った調子をまだあらわにしていない。隠遁生活にも似た彼女の暮らしの単調さを打ち破る公爵の来訪を喜んだ内親王は、無上の愛想をふくみながら親類の公爵をもてなす。

アンギャンはたいそう嬉しく感じ、祖父に書き送る。

「私は内親王殿下より大歓迎をいただいております。かくも素晴らしいこと、かくも素敵なことは他にございません。祖父上さまも、ご尊顔を拝されましたなら、内親王殿下に夢中におなりでございましょう」

❖3＝**ドイツを発した**…アンギャン公爵率いる亡命貴族軍はドイツ・コンスタンツから出発し、ミュンヘン、レーゲンスブルクを通り、オーストリア・リンツ、ウィーンからポーランド・クラクフ、ウクライナ・ドゥブノ、ルーツィクを経てサンクト＝ペテルブルクへ向かった。

❖4＝**リンツ**…ウィーン西方一四〇キロに位置するオーストリアの町。

❖5＝**フランツ二世**…オーストリア大公(在位一七九二年―一八〇四年)、ハンガリー王、ボヘミア王(一七九二年―一八三五年)。神聖ローマ皇帝(一七九二年―一八〇六年)。フランツ一世としてオーストリア皇帝(一八〇四年―三五年)。マリー＝アントワネットの甥。

ウィーン滞在を利用して、アンギャンは、妖精物語の城のような、森の尖峰や芝地に築かれた領主の古城の幾つかを訪れる。また、彼は、獅子心王リチャード一世[6]が投ぜられた牢獄にも案内される。「私だったら」、と彼は鉄の足枷にゾッとして言う。「このような牢獄につながれるくらいなら、死ぬほうがよい」アンギャンとその兵たちはアウステルリッツの野を越える。（ナポレオンはまだ世人にこの地名を知らしめていなかった。[7]）続いて、彼らは「その優美な風俗、騎士道的習慣からしてほとんどフランス風の」ポーランドを進む。アンギャンはポーランドがとても気に入る。彼は世に聞こえたヴィエリチカの鉱山[8]に出かけ、地下五八〇メートルまで下りる。地下には岩塩を切り削って町が造られていて、幾つもの通りや幾つもの広場があり、礼拝堂もあるのだ。

ロシアとの国境に接したガリツィア最後の町アフビツザール出立を前にして、アンギャンは、朝、窓から完全に氷結した湖を目にし、スケートをしにゆきたいと言う。彼の新しい従僕カノーヌが彼の供をする。

最近、公爵殿下に仕えるようになった二十五歳の大柄な青年ジョゼフ・カノーヌは、その長所によりたちまち他の従僕をしのぐ存在となった。戦乱で家運のかたむいたエノーのブルジョワ[9]の息子である彼は、アンギャンにとって大切な、そして、なくてはならぬ連れとなった。勝れた人物であり、慎ましい人物であるカノーヌについて、アンギャンが手ずから思い出〔原注　著者のコレクション〕を描写しているように、カノーヌは「疲れを知らずに歩き、かつ走ることができ、根っからの狩人、巧みな射手であり、泳ぎもスケートも上手で、腕のよい釣り人でさえある」。アンギャンはすぐと彼に愛着を持った。

その日、カノーヌは氷上に向かう公爵に供をし、試しに滑り方をしめしてみせる。けれども、アンギャンはそれを見習わず、優雅なアラベスク[10]を舞うつもりで軽く身を躍らせる。と突然、氷が割れ、公爵が穴のなかに消える……。

カノーヌはためらわない。彼は飛びこむ。

彼が水中に飛びこんだとき、アンギァンが湖面に浮かび上がってきて、無意識のうちに従僕にしがみつく。彼らは二人ともに湖の底へと消えてゆく。体をつかまれたカノーヌは公爵から懸命に身を振りほどいて、再び湖面に上がって呼吸し、それから、あらためて、意識を失っていた公爵のところにもぐってゆく。彼は、髪の毛をつかんで公爵を湖面にひき上げ、救助が来るまで公爵を支える。びしょ濡れの二人を穴から救うには何本もの綱と棒が必要だった。

翌日、アンギャンは麾下の軍兵を集める。軍兵の前で、彼は、カノーヌこそはわが命の恩人なりと讃える。これよりのち、カノーヌは公爵のそばを離れないし、もっぱら公爵の命令を受けて、それに従う。身分の違いにもかかわらず(ブルボン王家の若殿さまとその従僕との格差が大きいことは神がご存じだ！)、この日、二人のあいだに強い、男の誼《よしみ》が結ばれる。カノーヌは、公爵の死の日まで、公爵にかぎりない忠誠をつくすだろう。

一七九七年のクリスマスの日、アンギャン公爵率いる小軍隊がロシア国境に達する。翌年一月一日、小軍隊は、オーストリアの国々とロシアとを分けているブーク河[11]を渡る。ブーク河対岸の見わたすかぎり何もない平原に

❖6＝**リチャード一世**…イングランド国王(在位一一八九年—九九年)。一一八九年に第三回十字軍に参加し、帰国の途中、オーストリア大公レオポルト五世(在位一一五七年—九四年)に捕えられた。

❖7＝**この地名を知らしめていなかった**…アウステルリッツはチェコ南部の村。一八〇五年に皇帝ナポレオンが同地においてオーストリア・ロシア連合軍を破り、同地の名があまねく知られるようになる。

❖8＝**ヴィエリチカの鉱山**…古都クラクフの南東一五キロにあるヴィエリチカ岩塩鉱。

❖9＝**エノー**…ベルギー南部の丘陵地帯。

❖10＝**アラベスク**…片足で立ち、もう一方の足を後方九〇度に伸ばすバレエの踊り。

祭壇が設けられていて、その前にギリシャ正教の司祭がひとり立って待っている。フランス人兵士たちは、彼らをしかるべく歓迎したいと考えている聖なるロシアへの服従を誓うべく、一人ずつ挙手しながら行進する……。

一月七日、アンギャンはルーツィク[12]に達する。彼は、そこで祖父からの書状を数通受け取る。サンクト＝ペテルブルクでは、祖父が幾分心配しながらアンギャンを待っており、ロシア皇帝は、遠い昔、シャンティイ城で見かけた小公子に是非とも再会したいと思っている。皇帝は再三たずねる。「若公爵殿はあの自由闊達で、魅力あふるる様子をなおとどめておいでですか?」

右に「幾分心配しながら」と書いた。要するに、コンデ大公は孫の「現代的な」作法が皇帝の気にさわりはせぬかと案じているのだった。アンギャンは当世流に髪を額に垂らしていて、彼の言葉遣いは野営地生活の影響を感じさせるし、彼の屈託のなさは皇族たちの顰蹙をかいかねない。だから、祖父はアンギャンを戒める。「イギリス式の流儀、思想家風の面持、過度の無節操、非難がましい口調は当地で嫌われています。それゆえ、私は率直にあなたに申しましょう。額に垂らした髪、勿体ぶった半ズボン姿、長ズボン姿、極度に寛いだ態度は控えられたい。一言で尽くせば、あなたが軍隊でみずからに課してきたものとは正反対の挙止並びに礼儀作法をしめされんことを」

ルイを信じなかったのはコンデの誤りである。ルイは、貴人の集まる場ではつねに自己の身分にもどることができるし、自身がブルボン王家の人間だということを決して忘れてはいない。アンギャンは、サンクト＝ペテルブルクへの途上、髪の毛を上げ、きちんと軍服のボタンをかけ、シャンティイ城で身につけた社交界の儀礼を苦もなく思い出し、そして、皇居に参じた砌には、その第一歩から人々を魅了するのである。大公女たちは風采秀茂のフランス人に夢中になる。満足した祖父が、「みなが彼を見ている」と記しているように。

アンギャンがサンクト＝ペテルブルクを訪問したのは一七九八年二月であって、彼はそこが大いに気に入る。彼はあらゆるものに関心を持ち、何かと知りたがり、楽しみ、饗宴の渦にわれを忘れる。饗宴の渦のせいで、シャルロットに思いをはせることはほとんどなかった。

彼はロシア軍の総司令官であるスヴォーロフ元帥[13]と相識になる。この変人は、朝、指揮下の兵を起こすために雄鶏の鳴き声を真似し、素っ裸で庭を飛びはねる。アンギャンはこの人物をおもしろがってながめる。「馬鹿のように思われたいという元帥のこのわざとらしさ」は、しかし、終いにはアンギャンを苛立たせる。

大公女たちに取り囲まれたサンクト＝ペテルブルクでの生活は、コンデがアンギャンたちの軍隊に合流すると決めなければ、ワルツの素敵な踊り手をそこにとどまらせただろう。ロシア皇帝がすでに目に見えて厚情を失いつつあるから、コンデは皇帝の気分の急変を懸念していた。初めのうち、皇帝は友誼を惜しみなく表わしていたのに、今はそれを表わさなくなっていた。皇帝の無関心が邪険へと変化する前に、首都を去るにしかず。

コンデ大公、アンギャン公爵たちは、一七九八年三月六日に首都を後にし、雪に埋もれた、しかも、夜ともなればオオカミの遠吠えが聞こえるステップや村々を越えゆく。

❖11＝**ブーク河**…ポーランドとウクライナ、ベラルーシとの国境線をなす大河。

❖12＝**ルーツィク**…ウクライナの町。リヴィフの北東約一三〇キロにある。

❖13＝**スヴォーロフ元帥**…アレクサンドル・ヴァシリエヴィチ・スヴォーロフ元帥（一七二九年生―一八〇〇年没）。一七九九年、連合軍のイタリア派遣軍司令官に任命され、四月、トリノ、ミラノを占領する。

❖14＝**ドゥブノ**…ルーツィクの南東五〇キロの地。コンデ大公と麾下の兵はドゥブノに、アンギャン公爵と麾下の兵はルーツィクに陣した。

ドゥブノ[14]でルイの視界に現われる光景は惨憺たるものである。殺伐とした風景、死にそうな寒気、軍事行動の休止と憂鬱の気分、これらが兵士たちの士気をすっかり沮喪せしめた。兵士の大半が寝心地の悪い場所で寝につき、しばしば農奴の掘立小屋に複数の兵が雑魚寝しなければならない。いつものように活力旺盛のアンギャンは見世物やゲームを企画する。しかし、兵士たちの気力は萎えたままである。

アンギャン公子自身は、ドゥブノの領主ルボミルスキ公がコンデ一族の心まかせにと提供してくれたルーツィク近在の心地よい館に泊まる。アンギャンは夜会を催し、ポーランドの貴族を招く。アンギャンはワルツが好きなのだが、彼には不運ながら、みなはワルツを踊ることができない。ロシア皇妃がワルツを踊っているときに風邪をひいたので、ロシア皇帝がワルツを禁じてしまったのである。

この突飛な勅令は一連の冷遇すべての前ぶれとなる。以後、ロシア皇帝は、フランス人たちを警戒しはじめ、彼らの通信を監視させ、ヴォルテールやルソー[15]の著作を読むのを禁止し、加えて、不満げな兵士に鞭打ちの刑を科すようになる。彼は、フランス人の王政主義者たちが彼らとともに革命のウイルスをロシアに持ちこむのではないかと恐れているのだった！

アンギャンはどうしようもない不快を覚えはじめ、矢継ぎ早に父に書翰を送る。彼は、ブルボン公爵が精鋭部隊の司令官に任命されて、自分に合流してほしいと望みつつドゥブノに居所を用意させた。けれども、いかんともしがたい享楽家のブルボン公爵には、ロシアのステップに果敢に挑むためにロンドンを離れる気などほとんどない。[16]どのような口実を並べればよいかわからず、ブルボン公爵は、事をより簡単にすませるべく、父およびアンギャンからの執拗な書翰に無音を決めこむ。

「では、私どもは生涯別れて暮らすことになるのでございましょうか？　こうした見通しは私をたいそう苦しめます」、とアンギャンは嘆く。

アンギャンは孤独だと感じる。祖父は絶えず彼にがみがみ言い、彼の行動の一つ一つをこき下ろす。祖父は、コンデ一門の威名を赫々《かくかく》たらしめている孫を心より深く愛しているのだけれども。しかし、加齢と艱難《かんなん》のせいで、この頑なな性格の人間は一段と気難しくなってしまったのである。ルイの「イギリス式の」作法(今日で言うならば、「無造作な」言行)は、旧制度時代を生きてきた老公に決定的にショックを与える。老公は苛々し、説教し、叱責する。アンギャンは、老公に恭順だけれど、それでも、辟易してしまう。

彼は父に筆をとる。「私は二十六歳でございますが、祖父上さまは私をただただ子供扱いするばかりでいらっしゃいます。祖父上さまは私をお愛しくださり、私はそれを存じておりますし、私を仕合せにするためには何事も辞さないおつもりでいらっしゃいますが、しかし、私に対する祖父上さまの愛し方そのものが気まりなのでございます。祖父上さま仰せのところの無作法な言い回しに対する難詰の場面と、私への不信の場面とが、あたかも私が考えうるあらゆる軽挙妄動に出たかのように、絶え間なく続くのでございます」

結局、アンギャンはドゥブノで窒息しそうな感覚におちいる。胸の内を打ち明けられる人間がいてくれさえすれば……。ごく自然に彼の脳裡にシャルロットの姿がよみがえる。

アンギャンは望んだものはすべて手に入れることに慣れているあの魅惑の男性の一人である。いかなる諍い

❖15=**ヴォルテールやルソー**…ヴォルテール(一六九四年生—一七七八年没)。ジャン=ジャック・ルソー(一七一二年生—七八年没)。ともにフランスの啓蒙思想家。彼らの著書はフランス大革命に大きな影響を与えた。

❖16=**ロンドンを離れる気などほとんどない**…一七九五年のキブロン半島遠征後、ブルボン公は、アルトワ伯共々イギリスに暮らしていた。

も全然なかったように、彼は、快活に、情愛をこめてシャルロットに便りを送り、この世で一番簡単なことのように、父親同道で彼のもとへ来るよううながす。亡命貴族に対しこのうえなくご親切なロシア皇帝が、手許不如意にならぬだけの年金を父娘にご下賜くださるだろう、とアンギャンはシャルロットに請け合っている。

このように請け合うとは、ルイはえらく思い切ったことを言ったものだ。なぜなら、すでに述べたように、コンデ来訪の際にサンクト＝ペテルブルクで催したレセプション以降、皇帝の気持はすでに変化していたのだから。しかし、ルイは粗忽なのだ。加えて、シャルロットが何としてもこの不意の出発をもっともだと思ってくれなければならないということもあった。

ただし、この心ときめく便りを受け取ったとき、令嬢はあれこれ自問しない。ただ一つのことが重要なのである。つまり、ルイはその気まぐれな流儀でもって変わらずに彼女を愛しているということである。

彼女の代父の心寛い応接のおかげで、彼女——彼女とその父親——は経済的に困っていない。だがしかし——彼女には愛する男性のもとへ行きたいという強い願望があったうえ——、おそらく、人に養われている親類として暮らすことに嫌気がさしてもいたのだろう。ロシア皇帝から年金を受けたならば、ロアン＝ロシュフォール家の父娘は自立を取りもどすことができる。ルイは令嬢を待つ。かたわらに彼女がいてほしい、とルイは強く求める。躊躇という躊躇が消え去るにはこれで十分である。

シャルロットは父親と連れ立って旅立ち、ドイツとポーランドを経て、ルーツィクにたどり着く。ルーツィクで、アンギャンが彼女の手にくりかえし接吻する。彼女なしにはもう決してやってゆけぬということが、今の彼にはわかっている……。たとえ他の女性と結婚したとしても！　というのも、彼の結婚についての幾つかの計画——彼のフランス人の「恋人」の来着がそれらの計画を狂わせる恐れがなきにしもあらずだが——がとんとん拍子に進行中なのだから。

自身のチェスボードの上に好ましからざるこの歩《ふ》が現われたことに、コンデ大公は激怒する。（彼はこうした事態を予想してしかるべきだった。）ルイは相変わらず今にも何か軽率なことか、何か馬鹿なことをしそうだが、このたびの事態では、大公はルイの気がふれたと思う。

大公はルイに一筆書く。「あなたは、幸運な巡り合わせにより皇帝の御心に生まれたあなたへのご好意を反感に変質させかねぬ危険に身をさらしていますし、かてて加えて、あなたは、あなたの行く末を確乎たるものにしてくださる強力な後ろ盾を必要とするとき、結婚もせず、天涯孤独のうちに打ち捨てられかねぬ危険に身をさらしてもいるのです」

たしかに老コンデは正しい。彼はロシア皇帝について的確に判断していた。ロアン家の人々の滞在は、ルイ十六世とマリー＝アントワネットの悲運の原因となった「首飾り事件」を皇帝に思い出させる。さらにまた、アンギャンが「婚礼を挙げる予定」だと見せつけている関係は（おまけに、アンギャンはロシアの姫君の手を求めてもいるのだ）、パーヴェル一世に不快な思いをさせるのである。その結果、パーヴェル一世はロアン家の父娘に対し最低限の年金さえまったくみとめようとしなくなる。そして、その結果、シャルロットは借金をしなければならなくなる……。

アンギャンは、苦難と戦っている恋人を残して近々ロシアを離れなければならなかっただけに、茫然とする。

そう、大陸でまた戦火が燃え上がったのだった。

一七九九年三月十二日、フランス総裁政府がオーストリアに宣戦布告した。第二次対仏大同盟により、イギリス、ロシアがオーストリアと同盟関係にある。[17] 四月、スヴォーロフ元帥がロシア・オーストリア連合軍の指揮をとる。コンデ大公とアンギャン公爵はバイエルンへの進出指令を受けた。[18]

麾下の竜騎兵の先頭に立って駒を進める前、アンギャンは、経済上の問題で悩みをつのらせているシャルロットを助けようと、父に対し率直に書き送ることにした。

「それは、これまで父上さまにご相談申し上げなかった別の女性のことなのでございます。と申しますのも、私は、もう一方で大いに期するところがございましたし、また、そうしなければなりませんでしたから。(場合によってはありうるロシアの姫君との成婚のことをほのめかしているのだ。)どこから見ましても、さる女性——父上さまはそれがどなたかしかるべくお察しになられましょう。私はその女性のことを父上さまによくお話し申し上げました——が、私に大事があるたびにおしめしになった態度ほど気高く、感じがよろしく、優しく、どこから見ましても終始全き態度をしめしうる女性はいませんでしょう」

「真にいじらしいお心遣いにより、この某女性は私の心をお打ちになりました」

「私はこの女性を愛しております。愛人としてではなく、恋人としてでございます。五年を経まして、いかなる幻想も消え、いかなる官能の陶酔も脇に退きました今、私は、どちらか一方の死の日まで、私たちは偏《ひとえ》に信頼と親愛との絆により互いに結びついているだろうと完全に確信しているような気がいたします」

「人々はこれまでいろいろに思ったでしょうし、私の結婚までいろいろに思うでしょうが、私たちは双方とも別の方と交際したいと思っておりません」

「この某女性はこの世に何も持っていらっしゃいません。父上さまがご存じのように、また、父上さまご自身でご覧になりましたように、大革命勃発以来、彼女はお父君共々、叔父君より恩恵を受けて暮らしてこられましたが、叔父君ご自身行きづまっておられますため、おそらく今後はもう父娘の扶養が難しくおなりでしょう。以前、私は、部隊のロシア行に同道していただき、父娘をかくのごとき惨状からお救いする確実な方策を見出したように考えておりました。ところが、父上さまにはいつかその詳細をお聞きになりましょうが、ある不運の結果、父娘は、皇帝のご善意の外に置かれ、この国にやってきた亡命貴族のなかでほぼ孤立なさっているのでございます。年金受領のために書状や推薦状をしたためましたが、一切奏功しませんでした。私たちは進軍いたします。父娘は、いらしたときと同じ状態で——出費と負債は別でございますが——当地にお残りになります」

「この負債につきましては、一部、私に責任がございます。と申しますのも、父娘が当地への出立をご決意なさいましたのは、さらに、多くの人々の顰蹙をかう振舞、そうしたことをすれば評判を落しかねない振舞をするご決意をなさいましたのは、私の勧め、私の願いに従ってのことなのでございますから。私は己の義務

❖17＝**オーストリアと同盟関係にある**…一七九八年十二月二十九日、英露間に同盟が結ばれ、第二次対仏大同盟が成立した。オーストリア、オスマン帝国などは、翌年六月一日、大同盟に参加。九四年に革命戦争から離脱し、翌年、バーゼル条約によりフランスと講和したプロイセンは、第二次対仏大同盟に加わらなかった。

❖18＝**バイエルンへの進出指令を受けた**…進軍指令を受け、コンデ大公率いる貴族軍が一七九九年七月二日にドゥブノを発ち、ベリー公率いる貴族軍が四日に、アンギャン公率いる貴族軍が六日にそれぞれロシア国境を越えた。そして、プラハを経て、レーゲンスブルクからバイエルンに入った。アンギャン公爵は、同年六月四日にチューリッヒでマセナ将軍(一七五八年生—一八一七年没)の革命軍を撃破したオーストリアのカルル大公(一七七一年生—一八四七年没。神聖ローマ帝国皇帝フランツ二世の弟)と連合してフランスに攻め入りたいと切望していた。がしかし、その意に反し、彼ら亡命貴族軍は、実際には九月二十五日より三日間、コルサコフ将軍(一七五三年生—一八四〇年没)率いるロシア軍とともにチューリッヒでマセナ軍と激戦、敗北する。続いて、亡命貴族軍は、イタリアに進撃したカルル大公の要請を受け、十月上旬より、コンスタンツに出陣、アンギャン公爵の果敢な指揮のもと革命軍を撃退する。

として、また、叶いたまえと切望しつつ、父上さまにお願い申し上げます。父上さまがよしとご判断あそばすあらゆる方策を用いて、女性のお父君がイギリスから年金をお受けになれるようにしてくださいませ。女性のお父君は、われわれとともに軍務についていた傷痍の将官でいらして、結石の疾患にて身動きすることも馬に乗ることもままなりませず、退役なさいました。このお方はご自分に充てられた俸給をお納めになりませんでした。まさにお気遣いというほかございません。父上さまのご好意と私のそれとで、何らかのよい結果がもたらされるのではなかろうかと存じます。イギリスは非常に寛容でございますし、また、些少であれ、さる女性にとって年金は大事でございます。人が無から出発いたしますとき、尠少《せんしょう》のものも大したものになりますゆえ」

このように差し迫った書翰を読んだのち、ブルボン公爵は、日ごろの悠長さを振り払い、イギリスにではなく、ロシア皇帝に個人的に働きかけた。結局、ロシア皇帝は一〇〇〇ルーブルの終身年金下賜をみとめる。

第二節

ルイ十八世の錯覚

亡命により世間と疎遠に暮らし、さまざまの幻影を見て過ごすうち、次第に人を信じやすくなってしまったルイ十八世は、第一執政になったボナパルト❖[19]が彼の国王復辟《ふくへき》のために尽力してくれるものと真面目に考える。

ひとりアンギャンはボナパルトにだまされないし、彼はボナパルトという人物を見ぬく最初の人間となる。

「何人かの人間が」、と彼は書きとめている。「ボナパルトを王政主義者にしたいと考えている。私はと言えば、彼が王政主義者になるとしても、それは自分自身のためにそうなるにすぎないと確信している」

しかし、国王は、何がしかの金と何らかの名誉とを与えるだけでナポレオンを大喜びさせうると考え続ける。国王は記している。「余は彼の野心に対して大金を積むと決意した。事と次第では、余はブラバント[20]かニース伯爵領、さもなくば、アメリカにある大きな植民地一つを、彼に譲渡していたろう。何となれば(と述べて、国王は本心をもらす)、そうしなければ、余は、彼がフランスにとどまっているのを、就中《なかんずく》、余の軍隊の指揮をとっているのを不安のうちにながめることになったからである」(従って、ボナパルトがルイ十八世を警戒したのは間違っていない!)

しかしながら、第一執政は国王に対して明確な提案を行なうのを明らかに先延ばしにしたから、国王は先手を打ち、第一執政に宛てて書を送る[21]。

「貴下のような方々は決して人を不安にしません。貴下が顕職を受諾されたに関しましては、余は、はるか余人を超えてこれを貴下に謝するものです。フランスを救われたい。フランスにその国王を取りもどされたい。さすれば、国民は子々孫々まで貴下のご名声を祝するはずです」

この親書はボナパルトを激昂させた。彼はわめき立てた。「それでは、私はどうなるのだ。勝ち誇った亡

❖19＝**第一執政になったボナパルト**…一七九九年十一月、ボナパルトはブリュメールのクーデタを決行、執政政府を樹立して第一執政となり、権力を掌握した。権力保持をはかり、彼が終身執政になるのは一八〇二年八月二日。

❖20＝**ブラバント**…ヨーロッパ西部の旧公国。現在、一部はベルギー領、一部はオランダ領。

❖21＝**書を送る**…一八〇〇年二月二十日付。

命貴族に囲まれて暮らせというのか？　私の場所はどこにあるというのだ？　私には元帥杖と総督府が与えられるかもしれぬ。だが、実のところ、私はこれ以上のものがほしいのだ」

同様のことを、彼は歯に衣を着せずに言う。「この革命を利用しなければならない。革命で流された血を利用しなければならない」。己の果てしない野望を満足させるには「数百万フランではたりないし、いかなる公国ならよいのか、私にはわからない」

国王の書に対し、梨のつぶてが続く……。

驚きはしたものの、相も変わらずボナパルトに信頼を寄せている国王は、数ヶ月返信を待ったのち、あらためて前便とまったく同様に驕り高ぶった書を差し出す。

「貴下は貴重な時間を空費しつつあります。われわれはフランスに幸をもたらしうるのです。『われわれは』と申しますのは、この仕事のために、余は貴下を必要とし、余なくしては、ブオナパルテはその仕事をなしえぬがためです。将軍よ、ヨーロッパが貴下を注視し、栄誉が貴下を待ち受けています。余は、余の国民に一日も早く平和を取りもどしてやりたいと焦慮するものです」

事ここにおよんで、ボナパルトの激昂は一段とたぎり立った。

「見たまえ、ブルボンの一族ときたら、彼らの固定観念から絶対に脱け出さないのだ！　彼はわれわれを赦すと思わせるような書き方で自分の寛大さを語っている！　まあ、市民カンバセレスよ、もしブルボンの一族がもどってきたなら、貴公は失脚し、私は銃殺されるだろうがね」

一ヶ月経ったところで、ボナパルトは国王に返書を送ることにする。[22]　書面は短く、素気ない。

「貴翰、拝受いたしました。私は常々殿下並びに殿下のご親族のご不幸に惻隠《そくいん》の情を寄せてまいりました。殿下におかれましてはフランスご還幸《かんこう》を夢想なさるべきではございません。ご還幸なさるには一〇万の死屍を踏み越えて進軍しなければならないでしょう……」

続いて、ボナパルトは国王への献身を誓い、返書をしめくくる。

ルイ十八世は復位に失敗した。そこで、王弟のアルトワ伯爵が、自身のほうが利口だと確信して、直接ボナパルトのところへ一人の使者、というより、一人の艶麗な女性をつかわした。その女性使者とは、誇り高く、色香したたるギーシュ公爵夫人[23]である。

﨟《ろう》たけて、高ぶっていて、綺麗な爪の先まで階級的偏見がしみこんでいるこの亡命貴族社会の女王は、執政政府と王党派との芳しい仲介者の一人となった。

第三節

ジョゼフィーヌの床几

ギーシュ公爵夫人は極秘裏にパリに入り、そこにとどまった。執政政府の一同は、彼女が到着したその

❖22＝**返書を送ることにする**…一八〇〇年九月七日付。

❖23＝**ギーシュ公爵夫人**…フランスの名門貴族に嫁し、大革命下にロンドンに亡命。亡命中は近臣として国王に仕えた。夫のギーシュ公(一七五五年生―一八三六年没)は元近衛聯隊長で、ルイ十八世の

日に彼女の滞在と旅行目的とを察知した。フーシェ[24]からその報告を受けたボナパルトはにやりと笑い、彼女を休ませておくよう命じた。彼女がどのようなルートを通じてわが面前まで来るか、それを見たいものだ、と彼は興味津々だった。

人々がたぶん推量したように、そのルートはジョゼフィーヌ[25]のサロンにあった。ジョゼフィーヌは名門の貴婦人を迎えたくてたまらなかったから、訪問するよう、ただ単にギーシュ公爵夫人を招いたのだった。

公爵夫人はハンドバックのなかに自惚れをしまいこみ、控え目に身づくろいしてテュイルリー宮に参内《さんだい》した。ボナパルト夫人の私室に招じ入れられた公爵夫人は、ボナパルト夫人が勧めるより先に性急に椅子にかけた。ボナパルト夫人は公爵夫人に坐るよううながしていない。けれども、坐って悪ければ、公爵夫人なのだから、まあ立ち上がればすむ話だった……。

会話は心地よいものだった。ギーシュ公爵夫人はあらゆることを約束した。みずからに託された事柄を上回る事柄さえ約束した。曰く、ボナパルトが正統王朝の国王に玉座を返すなら、ボナパルトは公爵に叙せられ、聖霊騎士団騎士章を授かるだろう。さらに、彼は軍隊の最高指揮権を手にし、彼のために大元帥の官職が再び設けられるだろう。さらにまた、国王の額に王冠を置くボナパルトの像を天辺に飾った、白大理石の円柱記念碑がヴァンドーム広場[26]に建てられるだろう。ジョゼフィーヌに関して言えば、ジョゼフィーヌは折畳式床几《しょうぎ》[27]と、領地——たとえばシャンボールのような領地[28]——の下賜とを期待できるだろう——。

床几……、ジョゼフィーヌは目がくらむ思いだった。公爵夫人は、バスティーユ獄襲撃などまったくなかったかのように話をした……。厚情、好意が王妃のような二人の美しい手を伝って流れていた。二人ともまるでヴェルサイユ宮殿にいるような気がした。だがしかし、この話し合いに同席したオルタンス[29]は、名門の貴婦人が、その駆引きの手腕にもかかわらず、完全には隠しきれない、ちょっとした恩着せがましさを、親よりもよく感じとっていた。公爵夫人が宮殿を辞したのち、オルタンスは母親に言う。

「今、お母さまはフランス一の貴婦人でいらっしゃいますのよ。ギーシュ夫人がおしめしになった態度からしますと、公爵夫人たちがこぞってお母さまを見下すのではないかと心配になりますわ」

だが、ジョゼフィーヌは気も狂わんばかりに喜んでいた。テュイルリー宮に床几がとどけられるのだ！

一方、帰宅したギーシュ公爵夫人のほうはナルボンヌ伯爵[30]を前に柳眉《りゅうび》をさかだてていた。

「私たちはどこにいるのでございましょう？　パリがあのパリだとおわかりになりまして？　何という人の群れでしょう！　何という人間たちでしょう！　何という空気でしょう！　日曜日、ダンスを踊る山賊たちと一

❖24＝**フーシェ**…オトラント公爵ジョゼフ・フーシェ（一七六三年生―一八二〇年没）。一七九二年に国民公会代議員となり、ジャコバン派に属す。翌年、政府派遣委員としてリヨンで反革命派二〇〇〇人を大量虐殺した。九九年、ブリュメールのクーデタでボナパルトを支持、警察大臣に就任（一七九九年―一八〇二年。〇四年―一〇年）。

❖25＝**ジョゼフィーヌ**…マリー・ジョゼフィーヌ・ローズ（一七六三年生―一八一四年没）。ボアルネ子爵夫人だったが、ライン軍司令官の子爵は敗戦の責めを受け、一七九四年、死刑に処された。九六年、ナポレオン・ボナパルトと再婚。

❖26＝**ヴァンドーム広場**…十七世紀末、ルイ十四世がパリ中心に造営した広場。

❖27＝**折畳式床几**…国王や王妃の前で特定の貴族が坐ることが許された折畳式腰掛のこと。この腰掛に坐るのは、貴族にとってたいへんな特権だった。

❖28＝**シャンボールのような領地**…フランス中部・オルレアン南西の村。十六世紀建造の壮麗なシャンボール城がある。

❖29＝**オルタンス**…オルタンス・ド・ボアルネ（一七八三年生―一八三七年没）。ボアルネ子爵とジョゼフィーヌの娘。一八〇二年、第一執政ボナパルトの弟ルイと結婚し、〇六年、ルイのオランダ国王即位とともに女王となる。

❖30＝**ナルボンヌ伯爵**…ナルボンヌ＝ララ伯爵ジャック・アマルリ・ナルボンヌ＝ララ（一七五五年生―一八一三年没）。一七九一年十二月、陸軍大臣。翌年の八月十日革命直後に亡命し、一八〇〇年に帰国。

緒に森のはずれにいるような気分でございますわ……。私はあの卑しいボナパルト夫人との交渉にのぞみ、『千一夜物語』のように長々と話をし、お金や幾つかの公国、勲章や元帥杖、おまけに凱旋将軍の記念円柱まで持ち出さなければなりませんでしたの！　あのご婦人は有頂天になっていらっしゃると思いますわ。あなたはあのお方にお会いになられます？　あのお人よしのご婦人はご主人にどのようなお指図をしてくださるかしら？」

昔日の宮廷の雰囲気をまこと鮮やかに思い起こさせるこの公爵夫人の嘲笑を楽しんだナルボンヌ伯爵は、王党派側がいかなる体制をフランスに保証するか、ボナパルトはこれを確実に知りたがるだろうと答える——体制云々は公爵夫人を極度に憤慨させる話である。

「品性下劣なあの方たちの要求ときたら気違いじみていますわ。そうお思いになりませんこと？　あの方々には十分なものが与えられましょう。けれども、その他のことはあの方々の問題ではございません……。議会は別でございますが、万事八九年以前にもどらなければなりませんわ」

ナルボンヌ伯爵は忍び笑いをする。そして、彼は、高慢な女性使者はまさに言葉でボナパルトを丸めこもうとしているが、むしろ彼女はボナパルトに会わないほうがよいと考える。

そうこうするうちに、なお陶然としている(床几が贈られるのだ！)ジョゼフィーヌは夫に話をすることにした。彼女は女性使者からの夢のような申し出の数々を夫に話して聞かせる。ボナパルトは黙って聞く。「愛する友よ」、とやっと彼が言う。「あなたはすこぶる気立てのよい女性だ。だが、分別を欠いている。あなたはあの幽霊たち[31]が私を生かしておくと思っているのかね？　彼らにとって、私は何者か？　憎悪と恐怖の対象ですよ。さあさあ、私にまかせてくれたまえ。あなたは、先方が贈ると言っているよりもよいものを手になさるはずです。イギリスへの土産の品を急いでギーシュ夫人にお渡しなさい。夫人は明日の晩方にはもうパリにはいませんよ」

ジョゼフィーヌは涙をこぼし、ふくれた。彼女の床几が消え去ってしまったのである！　ギーシュ公爵夫人について言えば、彼女は、即時パリから退去すべし、とフランス当局より命ぜられ――強制退去命令だった――、悔しさで危うく死ぬところだった。サン＝ジェルマン街[32]全体が彼女の党派にくみしていた――がしかし、第一執政の命令に従い、厳重な警護のもとに一台の馬車が彼女をカレー[33]へと連れていった。

第四節

さまよえる恋人たち

ボナパルトが足音を忍ばせて自身の目的に向かって進んでいるあいだ、ルイ・ダンギャンとシャルロット・ド・ロアンは、山あり谷ありの戦闘と、戦闘のなりゆき次第で決まる宿営地のなかで曇りのない彼らの恋愛を続けている。アンギャン公爵がロシアから発進したのち、シャルロットはハンガリーへと去った。彼女の代父である枢機卿が、昔女帝マリア＝テレジアから拝領した立派な家屋敷をハンガリーに所有していた。シャルロットは、彼女がロシアでルイに贈った雑種の子犬を一緒に連れていった。彼女とルイはその子犬を見つけた村の名前を子犬

❖31＝**幽霊たち**…国王、王族、亡命貴族など、王政復活を目指す人々のこと。
❖32＝**サン＝ジェルマン街**…王政主義の高位貴族が邸宅を構えていたパリの屋敷街。
❖33＝**カレー**…フランス北部の港町。カレー港とイギリス・ドーヴァ港とを結ぶ船が発着している。

につけていた。モヒーロフという名前である。

（一八〇〇年、）シャルロットは三十四歳である。彼女の弟のアンリとジェトノックはすでにフランスでギロチン刑に処されていた。[34] 母親は、フランスでボナパルトに愛想をふりまき、彼に詩を捧げ（甘い言葉でジャコバン派革命家たちの歓心をそそった後に！）、ちょっと過大評価ぎみの評判をとっている。シャルロットの愛するルイは砲弾にさらされながら馬を駆ってヨーロッパを転戦している。だが、このころは、待つということが女性の心に快い。なぜなら、今や彼女は彷徨する公爵から愛されていると固く信じているのだから。ルイはしばしば彼女に便りをし、彼女は、それを読み、便りの語は逐一それを文字にする前に熟慮されたにちがいないと信じながら読み返す。

さらにまた、戦闘と戦闘との合間に、彼女は彼のもとにかけつけ、彼を抱きしめる。愛する男性に再会するためならば、何ものも大したことはない。厳しい気候も、険しい道も。無我夢中の時間のなかで「愛していますわ」という言葉が倦まずくりかえされ、幸福の前で言葉そのものが聞こえなくなるので、三つの音節[35]の最後の音節は無音になってしまう。

一八〇〇年の冬、シャルロットはオーストリアのリンツに逗留する。幾度か敗北を喫したのち、コンデ軍が冬営地をリンツに定めたからである。朝な夕なにルイを思ってやまないシャルロットは司令部の近くに住まう。彼女は、先ごろ彼女をおそった一番新しい不幸のせいで半ば孤独のうちに日を送る。非合法に帰国した彼女の弟アンリが、簡単な裁判ののち、軍法会議により死刑を宣告されたのだった。「捕えられ、獄に投ぜられ、それからすぐに裁かれたのだった」。[36] これと同じやり方がアンギァン公爵を有罪とする判決の際にもちいられるだろう。

リンツでのシャルロットの生活はルイの訪問で光がさす。ルイは、彼の祖父がオーストリアの王侯貴族への表敬として催す華々しい宴のためにきわめて忙しい。彼は狂ったようにワルツを踊り……、あまたのダンスの相手に言い寄る。あるときは、そのうちの女性の一人を田舎に訪ねるために、二週間の休暇を求めさえする。

シャルロットは目をつぶる。ルイのような男性は非難しても思いとどまらせることはできない、と彼女にはわかっているのだ。またたぶん、彼と最上の関係を持っているのを心ひそかに誇りに感じてもいるのだろう。

しかしながら、彼女の幸福は一本の糸でつなぎとめられているにすぎない。なぜなら、孫に王家の姫を娶せるために、今もってコンデがあらんかぎりの力をつくしているからである。この年、一八〇〇年、コンデは、ナポリ王妃❖37の姫君マリーア＝アメーリアに視線を向ける。アンギャン公爵とロアン公女との関係が人々のあいだで顰蹙をかっているのを知っているコンデは、ナポリ王妃側との仲介役をつとめるラブダン神父に次のように述べ、公爵と公女の関係について急ぎ神父を安心せしめる。

「この恋着は障碍にはならぬはず、とあえてお答え申します。『彼』はそのことを数度にわたり私に固く約束したのです」

アンギャンはじっと我慢する。彼は、みずからの身分が要請することに非常に従順である期間、祖父に対しあからさまな不服従を企てはしない。

❖34＝**ギロチン刑に処されていた**…亡命貴族軍に所属していた次男アンリと、フランス革命軍に所属していた三男ジェトノックがフランスで刑死した。

❖35＝**三つの音節**…「愛しています」のフランス語は〈Je t'aime〉

❖36＝**すぐに裁かれたのだった**…アンリは、一七九九年十月、一時帰国して逮捕され、形ばかりの軍法会議ののち、すぐに処刑された。

❖37＝**ナポリ王妃**…マリア＝カロリーナ（一七五二年生―一八一四年没）。ハプスブルク家の出で、マリー＝アントワネットの姉にあたる。夫は両シチリア王（フェルディナンド三世としてシチリア王、フェルディナンド四世としてナポリ王。在位一七五九年―一八一六年。フェルディナンド一世として両シチリア王。在位一八一六年―二五年）。

「私は、私の幸福につながると言われていることに、つまり適切にして条件に恵まれている結婚に、義務によって従うだろう。しかし、それは、いつの時代にもわれわれが甘受する悲しい犠牲となろう」

加えてアンギャンは語る。

「私は日々神に熱心に祈っている。よりよい条件の境遇をお膳立てすることなかれ、と。神がお膳立てなされば、比類のない純な幸福と、かつて存在したことのない、真情のこもった最善の状態とが終りを迎えるだろう」

ロシアでの露営や、人々と苦楽をともにした亡命がいかに公子の心を強くしたかがわかる。彼のかりそめの不実にもかかわらず、シャルロットは彼の生涯の女性であり続ける。

二人にとって幸いなことに、ナポリ王女との成婚計画は座礁に乗り上げる。ナポリ王妃マリア＝カロリーナが若公爵アンギャンを凡庸であり、関係を結べば、ナポリの評判を落しかねない結婚相手とみなすのである。

「まったく度をこす求婚でしたのよ」、と王妃は口をとがらせながら侍女に話すだろう。そして、やがてこの言葉が、話がまとまらなかったためがっくり肩を落していたコンデ大公の耳に入るだろう。

第五節

最後の戦闘

そのころ、ボナパルトは対仏大同盟に再び敵意を燃やしていた。いつものように言動が自己矛盾している彼は言う。「私は嫌悪感をいだいて戦争をする」。しかし、彼は加えて言う。「戦うこと、これが私の生き方だ」

一八〇〇年五月、フランス軍がアルプス山脈を越える。ミラノ、ジェノヴァがフランスの有に帰し、六月には名に負うマレンゴの戦勝がある。[38]さらに、モローがケール[39]からバーゼルにいたるライン戦線を突破する。こうして共和主義者たちがすべての戦線で勝利を収め、対仏連合軍がいたるところで退却を迫られる。

コンデ軍はロシア人とともに戦ったり、オーストリア人とともに戦ったりして苦労を重ねてきたけれども、今やロシア人とオーストリア人が敵視し合っているため、コンデ軍は最終的にはイギリスの禄を食んで戦うことになった。[40]イギリスはフランス上陸計画を準備しており、この計画が王政主義者たちを昂揚せしめているが、しかし、アンギャンはこの計画をほとんど信用していない。

❖38＝**マレンゴの戦勝がある**…ボナパルトの第二次イタリア遠征。それまでは対仏連合軍が各地域で勝利を収め、攻勢を強めてきたが、マレンゴの戦いで戦局が逆転し、フランスが優勢となった。

❖39＝**ケール**…ストラスブールの対岸にあるライン河沿いのドイツの町。

❖40＝**イギリスの禄を食んで戦うことになった**…ロシアのパーヴェル一世帝は次第にボナパルトの威勢に心酔し、一七九九年十月二十二日、対仏大同盟から離反、イタリアはじめ諸戦域から撤兵した。翌一八〇〇年十一月、帝は完全に反英・親仏政策に転じ、〇一年二月には、フランス人亡命貴族に対しロシア領からの退去を命じる。コンデ軍は、一八〇〇年二月二十三日より、イギリスから軍資金、食糧供給を受けるようになった。当時、コンデ軍は将校一〇〇七人、志願兵五八四〇人を数えた。

❖41＝**反革命をなしうると考えるとは!**…一八〇〇年春、イギリスはイタリアから南フランスに上陸する作戦計画を立てていた。コンデ軍は、この計画の支援を要請され、ウィロット指揮下のイギリス軍に合流すべくピエモンテ地方へと進軍した。しかし、イギリス軍内の意見対立や、オーストリア政府の反対意見があり、計画は実現にいたらなかった。ピエモンテ地方に進軍していたコンデ軍は、今度はバイエルン地方での戦闘指令を受け、再びアルプス山脈を越えて、五月二十二日、バイエルン地方に着した。

「何たる無分別か。フランスの海岸に幾千かのイギリス人を上陸させれば、反革命をなしうると考えるとは！」[41]

（ピエモンテ地方からバイエルンへもどったのちも、）アンギャンはずっと戦陣の前衛を志し、ルクールブ[42]師団を阻止すべくつとめる。ローゼンハイム[43]に陣取った彼は、共和主義者たちが命令に従って火を放った橋が川に崩れ落ちるまで、数でまさる共和派軍の攻撃をしのぐ。

だがしかし、アンギャンの幾多のヒロイズムは無に帰す……。

連合軍がコンデ軍に弾除けの任を負わせている戦線、その戦線のいたるところにアンギャンの姿がみとめられる。彼は、連合軍、共和派軍両陣営のフランス人が賞揚する武者ぶりをもって兵火に身を躍らせている。けれども、彼の士気は麾下の兵のそれと同じように衰えている。微禄のため、アンギャンは軍馬の売却をみとめざるをえなかったし、また、彼の聯隊では多くの兵が今もってロシアの軍服を着用しているありさまで、聯隊から離脱する兵が多数にのぼる。亡命したこれらフランス人は、自分たちがどこの国の人間なのか、もうよくわからなくなっている。

ボナパルトは、一七九七年四月、レオーベン[44]において第一次イタリア遠征を終結せしめる仮条約を結んだが、そのレオーベンで、（一八〇〇年十二月、）アンギャンたちコンデ軍の戦いが終る。

オーストリアのヨーハン大公[45]の指揮下にあったコンデ軍はレオーベンへと兵を退く。僻村レオーベンの手前八キロの地点でいつものとおり前衛に立っているアンギャン公爵が敵軍の来襲を待ち構える。

ある朝、オーストリア軍およびコンデ軍は、すでに共和派軍が進撃二日でウィーンに達する地点にあると知る。恐れおののいたオーストリア政府はモローに休戦を申し入れる。モローが休戦の条件を提示する。彼はイン河岸全域[46]をフランスに明け渡すよう求める。イン河岸全域を明け渡せば、コンデ軍の右翼を完全に敵軍の攻撃にさらすことになり、しかも、退路の遮断を敵軍に許すことになる。しかし、ウィーン政府は、もはやこうした危険を気にかけないし……、何と休戦条約の調印[❖47]を前もってコンデに知らせようともしない。コンデ大公は、調印の二日後、会見を求めてきた共和主義者たちの口から初めて調印がなされたことを聞かされるのである。かてて加えて、共和主義者たちは、ウィーンで結ばれた条約にもとづきレオーベンがモロー軍の占領地域にふくまれる、と茫然自失の大公に伝えるのである。

ウィーン政府はただ単にコンデに前もって知らせるのを忘れたのだった！

だがしかし、コンデ大公とアンギャン公爵は深く傷つき、聯隊にレオーベンからの即時撤退命令を下す。両公は急いで事にあたったものの、最後の屈辱を免れない。午前九時、レオーベン占拠の任務を課された共和派軍軽騎兵二五名が同地に入ってきて、コンデ大公が馬に跨る暇さえ与えずに、要塞に向かって戦闘隊形に並ぶ。それから、次のような光景をくりひろげる。すなわち、モローの軽騎兵たちは、馬上でじっとしたままコンデの将兵たちの撤退を見下ろすのである。

❖42＝**ルクールブ**…クロード・ジョゼフ・ルクールブ将軍（一七五九年生—一八一五年没）。

❖43＝**ローゼンハイム**…ミュンヘンの南東五〇キロ、ドイツの町。

❖44＝**レオーベン**…ウィーン南西一四五キロ、ムール川沿いのオーストリアの村。

❖45＝**ヨーハン大公**…（一七八二年生—一八五九年没）。神聖ローマ帝国皇帝フランツ二世の弟。カルル大公の弟。

❖46＝**イン河岸全域**…ドイツ・ローゼンハイム北方からオーストリア・インスブルックへと流れる河。

❖47＝**休戦条約の調印**…一八〇〇年十二月三日、モロー軍がホーエンリンデン（ミュンヘンの東三〇キロのドイツの村）でヨーハン大公のオーストリア軍を粉砕し、そののち、ドーナウ河沿いにウィーンに接近した。ホーエンリンデンですでに一万二〇〇〇の兵を失っていたオーストリア側は、休戦を申し入れ、同月二十五日、休戦条約が結ばれた。続いて、翌〇一年二月九日、仏墺間にリュネヴィル和約が成立する。

第六節

夢想の終り

一八〇一年五月一日、実現の見込みのない大義のために異邦で九年間戦に花を散らしてきた勇ましい王党派軍に弔鐘が鳴らされる。列強諸国は、アンギャンが苦しげに記しているように、王党派軍を「無用になった軍隊として」解散せしめること、そして、「平和を再構築すること」で合意していたのである。[48]

再びシャトーブリアンの著書を読まなければならない。

「亡命貴族軍の同胞たちは最後の別れを交わし、何処《いずこ》の地に身を横たえるか、それさえ知らぬまま、異なった道を歩いていった。出立の前、彼らはみな彼らの父、彼らの将軍たる白髪のコンデ老公の前にひざまずき、別れを述べた。名誉そのもののような聖《きよ》き軍隊を率いてきた長老は、彼ら息子たちのために神の加護を祈り、散り散りに去りゆく息子たちを涕涙《ているい》落ちるにまかせて見送った。そして、思いのこもった住《す》み処《か》が崩れ落ちるのを見つめる人間のように、己の陣地の天幕が下ろされるのを悲痛の面持で見つめた」[49]

(ついでに、当時、「長老」はまだ六十五歳だったということを記しておこう！……)

運のないルイ十八世は、ブランケンブルクに仮寓したのち、ミタウに竄逃《ざんとう》の場を得ていたが、フランス人にもうまったく好意をしめさなくなったロシア皇帝は、コンデ軍解散からほどなく、ルイ十八世に対してミタウからの退去を求める。[50] 王国を持たぬ君主は絶望感をただよわせ(真冬のことであり、道が雪におおわれ

ている）、ワルシャワに難を避ける。❖51

コンデ家の両公もまたまさに別れ別れに旅立とうとしている。断腸の思いのコンデ大公は今や休息を求める。彼は、渡英して令息と落ち合う計画を立てた。❖52 アンギャンは、祖父から同行を求められたのだが、丁寧に、しかし、きっぱりと祖父に否と答える。十年にわたる共同生活が彼らの関係を悲しいまでに角立《かどだ》ったものにしていた。ルイはもはや祖父と一緒に暮らしたいとは思わず、このことを父に次のように知らせる。

❖48＝**「平和を再構築すること」で合意していたのである**…ロシアは一八〇一年十月八日にパリ条約で、イギリスは翌年三月二十七日にアミアン条約で、フランスと講和し、第二次対仏大同盟が解消する。革命戦争は開戦から十年にしてここで終結する。

❖49＝**悲痛の面持で見つめた**…シャトーブリアン著『墓の彼方からの回想録』第一巻より。(*Mémoires d'outre-tombe*, Tome I, p.335.) コンデ軍は、一七九七年三月の時点で一万七〇〇〇の兵を擁したが、解散した一八〇一年五月一日、兵数は三〇〇〇名に減っていた。

❖50＝**ミタウからの退去を求める**…ルイ十八世は、一七九八年初頭、プロイセン国王フリードリヒ・ヴィルヘルム三世（在位一七九七年―一八四〇年）よりブランケンブルクからの退去を求められた。同年二月に同地を立ち去ったルイ十八世は、ロシア皇帝パーヴェル一世の好意により、三月以降、ミタウ（現ラトヴィアのヤルガヴァ）の城に日を送った。が、一八〇一年一月二十日、パーヴェル一世は、ミタウのみならず、ロシア全領土から去るべしとの書をルイ一八世に送った。

❖51＝**ワルシャワに難を避ける**…故王ルイ十六世の内親王マリー＝テレーズは、一七九九年六月十日、ミタウでアルトワ伯爵の第一王子アングレーム公に輿入れした。ルイ十八世の一行は、一八〇一年一月二十二日にミタウを去ったが、行方が定まっていなかったため、同道していたマリー＝テレーズが、漂泊の途上、叔母にあたるプロイセン王妃ルイーゼにワルシャワ滞在を懇願した。ルイーゼの説得により、プロイセン国王は一時的逗留という条件でワルシャワ滞在を許可した。ルイ十八世一行のワルシャワ到着は〇一年三月六日。一行はワジェンキの荒れ果てた館に身を落ち着けたが、プロイセンの監視が厳しく、軟禁状態となった。

❖52＝**計画を立てた**…コンデ大公はロンドンでブルボン公爵に合流し、そこに亡命生活を送る。

「思いやりのあるお言葉や優しいお言葉が一言なりと祖父上さまのお口からもれることは絶えてございません。人の自尊心を傷つけ、苦しめるような侮辱的かつ不愉快な言葉を思いつかれますと、喜んでそれを次々お口になさるのです。つまるところ、祖父上さまとご一緒に暮らすことは出来ぬ相談になってしまったのでございます」

ルイについて言うと、忍耐の十年を経て、「彼は祖国を捨てるのである」。

祖父と孫はウィーンで別れを交わす。神聖ローマ帝国皇帝の一家はよそよそしい様子でウィーンにコンデ大公とアンギャン公爵を迎える。フランス人の両公が、武を張るその存在により、新しい平和政策を危うくするにちがいないと考えていたからである。「彼らは私たちを疫病神とみなしている」、と屈辱を覚えたアンギャンが明かしている。

六月十一日、ルイは祖父に別れを述べ、それから、祖父と一緒に渡英しなかったことを父に詫びるために、なるほどと思わせる書翰をつづる。

「私はロンドンの魅力を恐れたのでございます。幾久しく自制してきた燃え盛る愛を恐れたのでございます。私は己を警戒しております。一方、実のところ、当地において、私はさるお方を愛しています。この愛は敬意と信頼に基づいております」

シャルロットは愛を勝ち得た。ルイは、彼の支援を必要とする何らかの政治的事態にそなえながら、エテンハイムに居を定めて、シャルロットのそばで暮らすと決めた。エテンハイムはフランスからわずか八〇キロに位置する。

10. エテンハイムのアンギャン公爵の住居
Jean-Paul Bertaud, *Le Duc d'Enghien,* Fayard, 2001.

11．アンギャン公爵処刑・判決を告げられる場面
Florence de Baudus et Nicole Garnier, *Le duc d'Enghien,* N°59, Le Musée Condé, 2002.Chantilly, musée Condé 所蔵

12．アンギャン公爵処刑・目隠しを拒んで返す場面
Jean-Paul Bertaud, *Le Duc d'Enghien,* Fayard, 2001.BNF ©Lauros-Giraudon

13. ヴァンセンヌ城塞の濠（アンギャン公爵は左の碑のところで銃殺された）
Élizabeth Mismes, *Le Château de Vincennes,* Éditions Du Patrimoine, 2010.

14. ナポレオン・ボナパルト(アンギャン公爵事件当時)
Florence de Baudus et Nicole Garnier, *Le duc d'Enghien*, N°59, Le Musée Condé, 2002. Chantilly, musée Condé 所蔵

15. アンギャン公爵の遺髪
Ibid.Chantilly, musée Condé 所蔵

第八章

エテンハイム

エテンハイムを訪れ、ロアン大公とアンギャン公爵の「宮殿」を見たいと思う旅行者たちはたいてい期待はずれに終る。ロアン枢機卿の住いは、いわゆる城というより、むしろ大きな司教館に近い。アンギャン公爵の住いと言えば、今日、ロアン゠シュトラッツと呼ばれる細い坂道にあり、同じ造りの家並にはさまれた、砂岩の階段のある質素な家である。枢機卿の住いも、アンギャン公爵の住いも、室内には昔の装飾が何一つ残っていない。ロアン枢機卿の館は男子校となり、枢機卿猊下が亡命貴族たちを迎え入れた昔の応接間は学校の食堂になってしまった。アンギャン公爵の家にしても、ドイツ人の借家人たちの住居となってしまい、狩りの獲物の剥製を幾つか飾った木製階段と、ルイの顔を映し出した寝室の壁面鏡とを除いて、やはりこれといったものがもう残っていない。

しかしながら、シャンティイ城のひと連なりの部屋や、善美をつくした室内装飾のなかで育った人物は、ほかでもない、華やかさのないこの幾つかの小さな部屋で、飾り気のないこの壁に囲まれて、その人生の残りの三年間を過ごすのである。[❖1] 一八〇一年の年内に来着予定の戦士ルイが安楽と休息とが得られるように、とシャルロットがすべてを整えた。体面をおもんばかり、彼女は枢機卿の館に住み続けるが、しかし、彼女とルイは二つの住いを頻々と行き来する。ルイと彼女は何度ロアン゠シュトラッツの石畳を歩いただろう……。

慎ましい生活が形をなす。公子アンギャンはそばに秘書官ジャックと、お仕着せを着た三人の従者、すなわちポーラン、フェロン、それにカノーヌを置く。公子が日ごと狩りに出かけるときに供をするのは嬖臣《へいしん》のカノーヌである。この嬖臣の日記がわれわれに教えてくれることなのだが、アンギャン公爵殿下は、常日頃、狩猟に熱中し、だいたいフライブルクの周辺に次々と幾つかの猟場を譲り受けるか、借りるかしていたという。(アンギャン公爵がフランスに連行される一ヶ月前の一八〇四年二月、公爵は、年間のある時期に住むという計画のもと、フライブルクに一軒の家を借りる。この計画に沿ってその家に滞在していれば、彼は独仏国境から遠ざかることになり、たぶん連行を免れただろうに。)

父親宛の書翰に、アンギャン公爵は言う。

「私は類を見ぬ追跡犬を二匹飼っています。とくにノロジカやノウサギの追跡に長けています。私の借りている地域では特筆すべき獲物もございませんが、日々、狩猟を楽しんでおります」

狩りに続く公子の主な気晴らしは園芸である。居宅の裏に庭があり、彼は長時間そこで過ごす。エテンハイム来住からこのかた、彼は、「小さな丘を耕し、イギリス風の庭を造る」仕事をカノーヌにまかせた。「カノーヌは庭師になった。そして、彼のご主人さまの見守るなか、ご主人さまのお指図のまま、ひとりカノーヌの手で大半の作業がなされた」

その庭で、アンギャンは手ずからバラの木を刈りこみ、花の種をまき(「私はすでに三色スミレの種子を三粒持っている……」)、茂みを平らにならし、苗を植えかえる。シャルロットもアンギャンと一緒に花に夢中になる。(それにしても、彼女は、彼の好きなことをことごとく好きになるのではないか?・)晩春から夏にかけてのうららかな季節、二人はつましい居宅を芳しい温室に変える。彼らは家のいたるところに花を飾るのである。

シャルロットは自分の夢がついにかなったと思う。ルイは彼女のものである。彼女は彼をこよなく愛しているので、二人が愛情を通わせるには一日があまりに速く流れ、一時間があまりに短く、一分があまりに

❖1＝**人生の残りの三年間を過ごすのである**…アンギャン公爵は、一八〇一年六月からグラーツ(レオーベンの南東約四〇キロ)やヴェネツィアで戦友たちと暮らし、同年九月末からエテンハイムに住まった。

速く消え去るように感じるほどである。

父や祖父と交わす通信において、ルイがやんごとなき姫君との家格、富の整った打算的結婚をなお考慮しているということ、もしこれがシャルロットの知るところとなったなら、彼女の胸は恐ろしいほどしめつけられるだろう。当時、シャルロットは、普通の交際について、また、日ましに強く彼女を虜にする相思相愛——相思相愛がどれほど彼女を虜にしたか、秘密結婚が最もよくそれを明らかにしている——について、ひそかなネットワークをルイのまわりにめぐらす時間をまだ持っていなかった。

エテンハイム来住から数日を経た九月二十九日、ルイは父に書き送っている。

「当地での私の生活はあたうかぎり経済的にして、同時に快調なものになりましょう。当地におきまして、私は変わらず好意をいだいているお方(シャルロットのこと)のそばに暮らしております。このお方は私の精神生活に益します。義務により、一段と重大な、しかし、おそらくあまり愉快でない関係を結ばねばならなくなる日まで、私は、私に残されている時間を有効に過ごす所存でございます」

数日後の十月、彼は再度この問題にふれる。

「祖父上さまが父上さまとのあいだで彼女(シャルロット)のことを話題になさったか否か、少なからず関心がございます。祖父上さまは久しく深刻な事態を警戒していらっしゃいました。私にとりまして侮辱的とも言える疑惑——と申しますのも、私は、強情のゆえに大馬鹿の青年になるやもしれずなどとゆめ祖父上さまが思し召すことなきようつとめてまいりましたので。大馬鹿の青年のなかで最たる者は、親族の許しのないまま、結婚の契りをなす者だと思われます——から祖父上さまが再び脱け出されたか否か、私は存じ上げません。私は、親族の許しのない結婚の契りなど思案したことがございません……」

エテンハイムの住いに落ち着いたこの同じ十月、アンギャンは友人のマラン伯爵に便りを投ずる。

「私は当地にて単調ながらも快適な生活を送っています。私の時間はよい具合に狩猟と親愛の感情とに二分されています。私は、必要なものがすべて入手できるストラスブールの町の近傍にしかるべく部屋を借りています」

この便りの最後の文言は、アンギャン公爵が「舞踏場でワルツを踊るために」不法にストラスブールを訪れているという噂(噂はいたるところに広まっている)の真実性を裏づける。ルイの友人の誰一人としてワルツを踊るためのストラスブール訪問を疑っていない。友人たちはルイの歓楽好みをよく知っている。祖父や父に対してシャルロットとの真剣な誓いを否定するのと同様に、ひとりルイだけが祖父や父にみずからの気晴らしを否定し続けるだろう。多くの人々と同じく、彼はきっと家内平和を斟酌して嘘を言うのだ!

第一節　思い設けぬ妹

自身の前に開かれている新しい人生の門出にあって、アンギャン公爵は愛情のこもった計画をあたためる。世界で一番愛する二人の人間、つまりシャルロットと父ブルボン公爵と同じ屋根の下で暮らすという計画である。

彼は父に宛ててつづる。「この世で最も愛するお二人、すなわち父上さま並びによき友——お会いになりましたら、父上さまにおかれましてもこの女性がお気に召すはず、と私は固く信じております——と私の時間を分かち合いたいという望みをいだきつつ拙宅の主だったところを整えることができましたら、どんなにか仕合せでございましょう」

エテンハイム来住後三年間、ルイは、このように微笑をさそってやまない、そして、無邪気さにみちみちた書翰——シャンティイ城の感じやすい小公子のころを思わせる書翰である——を父に差し出して倦むことがない。しかし、ブルボン公爵はエテンハイムにひきこもりたいと全然思っていない。それで、ルイは元気なくゲッソリして父に書翰をしたためた。

「……それでは父上さまは冬もイギリスに暮らすとお決めになられたのでございますね。今秋、父上さまをご抱擁申し上げる望みはもうないのでございますね……。私は、快適な住居、猟場、町の周辺を、要するに父上さまのお気に召すに相違ないと考えたところを、あるいは、父上さまが心地よいとお感じになるに相違ないと考えたところを父上さまのために探しまわる幸福を味わっていたのでございましたが……。父上さまがご存じの原始的生活を別にいたしますと、原始的生活はドイツにかぎる、と私は確信しております。ドイツには社交界がございませんから、いらしていただけましたなら、父上さまには当地近隣がお気に召しましょう。親愛なるお父さま、ご書面にてご通知くださいました残念なご決定に悲痛の思いをいだき、縷々《るる》申し上げまして父上さまのご決断に異を申し立てているようにお感じになられましたら、非礼をお詫び申し上げます。ああ！　父上さまにつきましては、神についてと同様に、御心のままにと申し上げましょう！　にもかかわりませず、私は悲歎にくれ、その御心が別の決定に傾かなかったことに心痛を覚えるでしょうが……」

「血縁内で万事がよりよく運ばないのは一体何ゆえなのでございましょう？　ある人間の幸福が間々他の人間の心配の種になるのは何ゆえなのでございましょう？　父上さまのもとに飛びゆきたいという願望と、当地を去りたくないという願望とを併せ持つ私は、一方の願望を叶えるために他方の願望を諦めなければならぬという境遇にあるのでございましょうね？　いずれにいたしましても、私は一方を叶えるために他方を諦めましょう。なぜならば、断言いたしますが、父上さまに再会し、抱擁し、お近くでお愛し申し上げたいと強く望んでいるからでございます。遠くからお愛し申し上げるのはたまらなく辛うございます。来春、父上さまにご来訪いただけぬ場合は私が御地に上がります。父上さまにお目にかかりにまいります。父上さまにも大いにお喜びいただけましょう。さようではございませんか？　親愛なるお父さま、お父さまのお気持をお聞かせくださいませ。長のご不在がその子供に対する父上さまのご愛情を弱めはしなかったと確信できましたなら、たいへん嬉しゅうございます……」

「……それにいたしましても、幸いと父上さまに再びお目にかかれましたら、お話申し上げたきことが幾多ございます。ご退屈にお感じのときには私を黙らせてくださいませ。さようでございます。私は胸につかえておりますことを次々と存分に父上さまにお話申し上げるでしょう……」

しかしながら、ブルボン公爵がロンドン出発を決意することがないまま幾つもの季節が流れてゆく。

父親宛ルイの書翰は語る。――お伝えいただきましたところによりますと、愛の糸がなお父上さまを御地にお引留めになっていらっしゃるのでございますね……。

「愛の糸」、アンギャンはこれを驚愕のうちに知る。つまり、当時、彼は異母姉妹の存在を知るのである。異母姉妹は名をアデールといい、コンデ一族がシャンティイ城に過ごしていたよき時代、ブルボン公爵が執心していた踊り子ミシュロ嬢がもうけた娘である。この秘密(これはアンギャンに対してのみ秘められていた事柄なのだった)を知り、繊細な青年アンギャンは衝撃を受ける。なぜなら、アデールはイギリスで非嫡出子《ひちゃくしゅつし》の父たるブルボン公と祖父のコンデ大公のもとに暮らし、両公は彼女に優しく愛をそそいでいるからである〔原注　非嫡出子の正式名はアデライド＝ルイーズ＝シャルロット・ド・ブルボンで、一七八〇年に生まれた〕。

アンギャンが父との別居を辛く感じていたこの数年、このように父はみずからの血をひくもう一人の子と一緒に、親に対するアンギャンの愛情を裏切っていたのだった……。

惨く、いたたまれないこの試煉はルイを深く傷つけるが、それでも、彼は受けた打撃を色に出さない。ブルボン王家の人間にとっては、非嫡出子であれば、騒ぐにたらないのだ。ルイは父に書き送る。

「ええ、無論、私は心より私の妹を愛します。どうぞ妹に関し少々詳細をお知らせくださいますよう。私に代わり、彼女を抱擁して差し上げてくださいませ。そして、彼女もまた私を愛するよう導いて差し上げてくださいませ」

ただし、ルイは、異母姉妹の存在を隠していた点で祖父には恨みをのぞかせる。

「祖父上さまは御状でこの人物について一切私にお話くださいませんでした。子に寄せる父親の愛情を考えますとき、この人物は私の興味をひきます」

父がアデールのために豪華燦然たる婚礼をとり行なったこと、さらに、結婚させたのに、父が彼女を自分のそばで暮らすよう取り計らったことを知ったとき、ルイの苦渋がよみがえる。

「貴公は」、とルイはマラン伯爵への便りに書く。「私の父がアデールを嫁がせたのをご存じでしょう。父は、自身の執務室の秘書官の地位を彼女の夫にお与えになり、そうすることで、愛するアデールを決して失うまいとなさいました。このたび、私の気にさわることが幾つか起こったというわけです。最も無分別なのは、われわれの年金供給者たち(イギリス人たち)に対し、アデールの婚前の姓にて正式に年金を求めたことです。これ以上父性愛にとらわれるのは不可能なほどです」

ルイは嫉妬しているのである。彼の叔母ルイーズ[2]は、ワルシャワの尼僧院の奥にあって彼の心痛を察し、アデールの結婚を知らせてきた兄の軽々しい態度をとがめる。(彼女の心の慈悲が許容する範囲内でとがめるのである。)ルイーズは兄に次のような返信を送っている。「愛しの友よ、それにいたしましても、御身は坊ちゃまのことを私にお話くださっていませんわ。ひょっとしてお二人は仲違いしていらっしゃるのでございましょうか? 女のお子さまがもう一人のお子さまを傷つけることなかれと祈りおります」

ブルボン公爵に石を投げないようにしよう。才気煥発で、勇敢な孫に対するコンデ大公の熱愛がおそらくブルボン公爵のうちに劣等感を生ぜしめたのだろう。ブルボン公爵にすると、征服の栄光を語ってやまない令息のそばにいるより、私生児の姫のそばにいるほうが心地よいと感じるのである。

❖2 = **彼の叔母ルイーズ**…コンデ姫ルイーズは、一七九三年三月二十八日まで父コンデ大公の戦陣に日を送ったが、革命戦争、ナポレオン戦争(一八〇三年―一四年)の戦火が激しくなってからはヨーロッパ各地の修道院を転々とした。トリノ、ウィーン、スイスのヴァレー、ロシアのオルシャ、ニャスヴィシの修道院を経て、ワルシャワの修道院に入ったのは一八〇一年七月。

アンギャンにとって、万事が決定的に悪い方向に進んでゆく。彼と祖父との交信は双方を苦しめるほど辛辣な調子になった。が、双方ともあまりに誇りが高いので、相手の軍門に降《くだ》ることをしない。

「私の趣味、私の活動、私の知識、これら諸事万端、祖父上さまのお気に副うものではございませんでした」、とルイは祖父に向けて刺《とげ》のある書翰を送る。

「かような書翰をよこしたからには自省するがよい」、と憤った祖父が答えてよこす。

ロンドンのコンデ家の人々と、エテンハイムのコンデとのあいだの溝がさらに広がってゆく。

マルス嬢に一目惚れする

第二節

一八〇二年四月、フランス執政政府の元老院は、ブルボン王家につらなる王族たちを除く亡命貴族に帰国を許可する旨の政令を議決する。[3] この政令は、一七九九年九月二十三日の時点で帰国していない人間と、「本特赦から除外されていた人間」、つまり永久追放とされていた人間とを亡命貴族とする、と言明している。

シャルロットは、これで自由にフランスに帰国できるし、パリに暮らす母と妹に再会することもできる。だがしかし、ルイを捨て去るなど、論外である。彼女はエテンハイムにとどまり、失われた故国を思う望郷の念と、愛の究極の証を恋人にしめす幸福とのあいだをただよいながら「永久追放に甘んじる……」。彼女とルイのまわりは混乱のきわみである。帰国を渇望する亡命貴族が群れをなして国境を越えているのだった。

亡命貴族のあわてふためいたこうした行動を前にして、アンギャンは憤慨する。

「みな帰国し、みな帰順する。往時は脱出が世の習いだったのと等しく、今日は帰国が世の習いなのだ。私のそばにいた人間もみな帰国せんと浮き足立っている。私を不快にする会話が私の周辺でかしましく飛び交っているのが聞こえる。利害、つねに利害、金子、つねに金子に関することが人々の口にのぼっている。私について言えば、私は、生涯、フランス共和国の敵として生きると固く決意している」

最もひどくルイにこたえること、それは、別れがたい彼の友二人、つまりジョンヴィルとシュフォンテーヌもまた彼から遠く去ってゆくことである。一八〇一年十一月、ルイは記している。

「シュフォンテーヌとジョンヴィルは、不快なやり方で——わけても、私が日々親切をつくしてきたその後のことなのだ——、しかも、帰国の途につくこと、共和国の維持につとめること、こういったことほど私の気にさわるものはないと十分承知しながら、フランスに帰還せんと私を見捨てた」

ルイは、ライン対岸で起きる事態の動向をうかがい、戦場に呼ばれるときを空しく待って、希望をいだい

❖3＝**議決する**…一八〇二年四月二十六日、元老院は、王族および反体制派一〇〇〇余人を除く亡命貴族の特赦を決議発令した。一七九二年から一八〇〇年までのあいだにフランスで作成された亡命貴族者名簿には一四万五〇〇〇人の亡命者の名が記載されていたが、大革命の期間、国外に難を逃れた亡命貴族の実数は一五、六万人とも、三〇万人とも伝えられている。

たり、絶望したりする。一八〇二年六月、彼は父への書翰に言う。

「現下、われわれが国境から離れねばならないといたしますと、それは遺憾でございます。何となれば、われわれは、国境での事態の推移に応じて、間もなく国境で何事かをなしうると考えているからでございます。親愛のお父さま、お父さまにおかれましては、私が己の戦略で夢中だということをご賢察でいらっしゃいましょう。隆盛のなかで野心を燃やし、権勢を誇り、横柄に構えているブオナパルテとかいう輩につきましては、リール伯爵(亡命中、ルイ十八世がもちいた偽名)なるお人より、かの面々(列強諸国のこと)のほうがよく認識していたと存じます」

一八〇二年春のこの時期、公子ルイはずいぶんと大人になっていた。この年の長い冬のあいだ、彼は、シャルロットのそばで過ごし、彼女の愛のみにつつまれて暮らすけれども、彼の身内の専制を感じざるをえなかった。彼の家族はルイとシャルロットの暮らしに加わらなかったのではないか? ルイの父はルイの義妹アデールと一緒に暮らしていたのではないか?…… そう、祖父が今なおルイに富貴の姫君を娶せて(祖父自身、モナコ公妃と同棲生活を送っているにもかかわらず)、マリオネットの糸をあやつりたいと望んでいるのだった。ルイは無性に苛々し、父に書き送る。

「祖父上さまは御文の末尾に以下のようにご付言しておられます。『あなたの父親と私は、あなたのために、現在のあなたの暮らしにまさる暮らしをヨーロッパで探しています』。祖父上さまは婚姻について仰せなのだろうと拝察いたしますが、しかし、驚きでございます。私に関する事柄が何か起こりそうな気配だとおっしゃるのでしたら、私はもはやこの問題に関する祖父上さまのお望みに副いかねます。婚姻の話が確かでございましたら、どうぞ父上さまから詳細をお知らせくださいますようお願い申し上げます。すでに久しい以前より、私はもはや子供ではございません。従いまして、婚姻の問題につきましては、私どもがみな合意のうえで事を進めるべきと存じます。祖父上さまに再三再四申し上げてまいりましたように、私は軽々に結婚に踏み切るつもりはございません」

同じころ、今度はロアン枢機卿が腹を立てる。彼の怒りは、コンデ大公と、それに、全ヨーロッパでシャルロットの評判を傷つけておきながら、彼女との結婚に踏み切らないアンギャン公爵とに向かって爆発する。ロアン家の名誉がかかっているのだ。だから、枢機卿は、コンデ家の人間が貴賤結婚とみなしているような結婚には同意しない、とはっきり言う。シャルロットにとって大いなる嘆きの種となるのだが、コンデ家とロアン家とのあいだにこうして不和が生じるのである。❖4

このような状況のなかで、アンギャンはまさに男性ならではの対応をする……、つまり、旅に出て、枢機卿の気持がおさまるまで、ひとときエテンハイムを離れると決めるのである……。この年、一八〇二年の七月、彼は、秘書官のジャック騎士と、忠僕カノーヌとを従え、スイス小旅行へと発つ。彼は、サン＝モールという名のもとお忍びで、これまでと同じに徒歩で、そして、毎夜、彼の大事な日記に一日の行程を書きとめながら山々をめぐる。

慎重を期する彼は——日記がシャルロットの手に渡らないともかぎらないから——、宿場で体験した心ときめく艶事《つやごと》については日記に書かないよう重々用心している。要するに、問題のその日、彼は、最新のパリ・

❖4＝**不和が生じるのである**…零落した王族のコンデ大公は、王家の血と富とを併せ持つ王女との縁組をアンギャン公爵に望んでやまなかった。財産を失った貴族のシャルロットは、家格、経済の点で、さらにはロアン枢機卿の親族という点でもアンギャン公爵妃にふさわしくない、と大公は考えていた。

モードで装った、目もあやな女性が駅馬車から降りてくるのを見る。あかぬけた化粧をした彼女の顔、鈴を転がすような彼女の美声、自立した女性の風情をただよわせる彼女の物腰がたちまち公子を虜にする。彼女は今をときめく女優のマルス嬢[❖5]である。ルイにとって何という僥倖《ぎょうこう》だったろう！　一人の女優、一人のパリ女性がその存在と一緒に都の最高の粋、都の芳香を運んできたのである。彼が自己紹介する。彼女は光栄に感じる。ルイは、旧制度時代の貴人の都雅と、当時の青年の屈託ない挙止とを併せそなえている。何ですって、王家の貴公子ですって！　彼女は今の愛人を、つまり、ぶっきらぼうで、不器用で、いつもせかせかしている、粗野な挙措の軍人をルイに取り替える。実際、その若い軍人は第一執政になって輝かしい地位を築いたけれども――というのも、その軍人とはボナパルトなのだ――、この日、マルス嬢はアンギャン公爵共々あっさりボナパルトを裏切るのである……。美人であるがために獲得した勲章を記す手帳に王家の貴公子の名を加えることに仕合せと誇りとを感じつつ。

　刺戟的な恋、浮薄な恋が続く……、がしかし、それは仮の間続いただけで、互いに心を残して、やがてマルス嬢はパリにもどり、公爵はエテンハイムに帰る。

　ちょっとした作り話がある。曰く、愛に溺れたルイは再びマルス嬢に会うためにパリに上った。ある夜、ルイがマルス嬢の閨房に忍び入っていたとき、ボナパルトが不意にやってきたので、ルイはカーテンのかげに隠れた。が、ボナパルトはすべてを見破り、すべてを察した。ドイツに帰ったルイは小さな軍服を着たコルシカ人を意地悪くからかってみせた。これを知ったボナパルトは、この日から、ブルボン家の青年に激しい憎悪をいだき続けた――。

　活力にみち、気性激しく、無鉄砲なルイは平気で暴走する男性だと著者は個人的に考えるけれども、しかし、右の話にあるような暴走はまったく信じがたいことだ。

第三節 枢機卿の死

(一八〇二年)八月二十日、罪など犯さなかった男の表情を装ってエテンハイムにもどったアンギャンは、ロアンの館が悲しみの空気に沈んでいるのを見出す。

枢機卿がひととおりでない心配事をかかえているのである。フランスがプロイセンと交わしたバーゼル講和条約[6]が、ドイツ諸侯の利益をはかってカトリック聖職者管轄地の国有化を定めた結果、老枢機卿ロアンはエテンハイムの統治権を失った。エテンハイムの統治権のおかげで、彼はなお権力を有すると幻想をいだいていたのだったが。彼は、いたく愛着していた館を去らざるをえないという強迫観念に悩まされて暮らし、新しく館の所有者となる辺境伯が彼に対して、「ただの一個人として」館に住み続けるのを許してくれればと願っている。

老人の悲哀にほろりとしたアンギャンは気の毒な枢機卿について数通の書翰に述べる。「枢機卿殿はおわ

❖5=**マルス嬢**…本名アンヌ・フランソワーズ・イポリット・ブート(一七七九年生—一八四七年没)。フランスの花形女優。執政ボナパルトの愛人でもあった。

❖6=**バーゼル講和条約**…第五章❖46参照。一七九五年の条約。

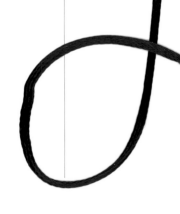

かりになっていらっしゃいません。ご自分がどうなるのかも、当地に残れるのかどうかもおわかりになっていないのです」。各人が憂いをかかえて、陰々滅々と年が暮れる。ルイは各人の胸にある憂いを次の数行で語る。「願わくは来る年がわれらの不毛の祖国に好ましい変化をもたらし、名誉ある帰還をわれらに可能ならしめんことを」

一八〇三年の年頭、枢機卿が六十九歳にして鬼籍に入る。

「当地において、私たちは衝撃——私個人の衝撃ではなく、私の愛するお方に関連する衝撃でございます——に大揺れする数日を送っております」、とアンギャンは書面で告げている。「ロアン枢機卿殿が九日間神経性にして炎症性の病を患われ、先達て不帰の客となられたのです。枢機卿殿はご立派に最期をお迎えになられました。よきキリスト教徒としての義務を果たされ、しっかり意識をお持ちになった状態で亡くなられまして、真に私たちを神へとお導きになられました。私と同様に、父上さまも枢機卿殿のご他界に驚かれましょう。彼のご他界はシャルロット公女にとりまして大いなる愁傷でございました。枢機卿殿は、肺が蝕まれた状態にありながら、従っていかなる希望もない状態にありながら、ご自分の最期に気づかれず、ご病気の快癒さえ信じて疑われず、そして、それをお言葉にして最後の二日間を過ごされました。これが不慣な女性の心をどれほど苦しめましたことか、父上さまにはお察しいただけましょう。その二日間に立ち会っていらしたなら、父上さまも彼女に心打たれましたでしょう。彼女は、ご自身ひどい風邪の趣だったのでしたが(今広がっている流行性感冒でございます)、昼も夜も枢機卿殿の枕辺を離れようとなさいませんでした。枢機卿殿は遺言を口述なさり、封印のうえ、それを司法に手交されました」

ロアン枢機卿猊下は十二年間亡命生活を送った。彼の善意あふるる人柄はストラスブール司教区のあるアルザス地方一帯に広まっていた。だから、執政政府も、アンギャン公爵述べるところの「革命以前の貴族の紋章を配した黒一色の布を張りめぐらした」ストラスブール大聖堂で荘厳な追悼ミサの儀式を行なうことにあえて反対しない。

公子アンギャンは、この状況の変化が祖父の関心をひくだろうという希望のもとに、シャルロットの新たな富について、今、長々と――そして、心なしか重々しく――祖父宛書翰にしたためる。シャルロットが富裕な結婚相手になるのである。

「故人の秘書がうっかり口にしまして知ったのでございますが、故人のお言葉(遺言のこと)は完全に公女に益するものだったそうでございます。彼女は幾久しく不如意の状況におありになるわけでございますが、彼女がついにそうした状況から脱し、突如、ゆとりある暮らしに身をお置きになるのを目にする――、この私の幸福を祖父上さまにはご想像いただけるものと存じます」。それから、公子は詳細を述べつつなお書き継ぐ。そして、代父の遺産に恵まれた、また、父親逝去の暁には、その遺産にも恵まれることになるシャルロットは「非常に裕福……」になると結論する。[7]「非常に裕福」というのは祖父の関心をひくであろう魔法の言葉だ。

しかしながら、頑固な老公は不満を口にし続ける。やりきれぬ思いのアンギャンは書きつける。

「私は祖父上のご恩情に値しない人間だったことはないけれども、しかし、祖父上がご恩情をおしめしくださる時を待つことにする」

❖7＝**結論する**…実際には、ロアン枢機卿は負債しか遺さなかった。また、後述のように、父の遺書はシャルロットを相続人に定めていない。

同じころ、シャルロットは、老齢の親戚にして友であったマルサン夫人を亡くす悲しみも味わう。不幸が相次ぎ、彼女は居を移さざるをえなくなる。というのも、枢機卿が住んでいた館は辺境伯の所有物になるからである。彼女は、健康を取りもどすために郊外に家を借り、それから、懸命に相続の問題ととりくむ。相続問題が片づくまで数年かかる。

第四節

王冠は金で売るものにあらず

ロアン枢機卿が世を去った一八〇三年二月、ボナパルトはルイ十八世を相手に運試しをする。ボナパルトは、喉から手が出るほどほしいと思っている王冠を盗みとるより、買いとるほうがよいのではないかと考える。それで、今回は彼の側から交渉を試みる。

王冠買いとりの目論見のために、彼はプロイセン国王と連絡をとる。プロイセン国王は、自身の最高の外交官の一人、すなわち属州ワルシャワの知事マイアー氏をルイ十八世のもとにつかわす。

ルイ十八世は、マイアー氏が策していることを予想だにせず、つねのとおり礼儀正しく氏を迎える。ばつが悪くなったプロイセン人はどう話を切り出したものかよくわからない。彼は、前置きの代わりに、第一執政が国王陛下にと用意しているちょっとした貢物を一つ一つ挙げる。ルッカ共和国、トスカーナ地方の幾つかの郡、二、三の公国、所有地全体で年六〇〇万の所得。

国王は驚き、疑いながら話を聞く。

「それで、その代償は？　ブオナパルテはまず無料で広量な人間にはなりませんからな」

うろたえたマイアー氏が述べる。

「陛下、私どもは、フランス共和国並びに第一執政ボナパルト閣下のために、陛下が諸権をご放棄あそばされるに相違ないと考えております[8]」

腹にすえかねた国王は、その肥満ではそれが精一杯という速さで急に立ち上がる。

「マイアー氏よ、余に対しかように不躾な申し出をなすにつき、あなたの御主君プロイセン国王がご同意なさるなど、ありうべからざることではないかね！」

マイアー氏は気力を取りもどした。すこぶる厳しい言葉がルイ十八世の口から発せられた。妥協しない意地っ張りをここで説得しなければならないのだ。

「陛下、この申し出はヨーロッパの全列強に委任されておりますことを、陛下のご親類のスペイン国王陛下やナポリ国王陛下も第一執政閣下との同盟条約にご調印あそばしましたことをおみとめくださいますようお願い申し上げます[9]……」

だが、国王はこれ以上マイアー氏の話を聞きたいと思わない。神授の王権を心の底から信じているこれらブルボン王家の人間が不幸におそわれたときに見せるあの驚くべき威厳——ルイ十六世をして毅然と処刑

❖8＝**諸権をご放棄あそばされるに相違ないと考えております**…フランス王位と、それに伴ってブルボン王家がフランスに有していた領地の放棄とを求めた。

台の下に立たせたのはブルボン王家の威厳だったし、銃殺刑執行小隊を前にしたアンギャン公爵を崇高に見せるのもブルボン王家の威厳にほかならない――、王家のあの威厳が、この瞬間、不幸なルイ十八世のうちに立ち現われる。実際、彼こそ、流謫《るたく》の身にして落魄《らくはく》した人間、そして漂泊者である彼こそ、ヨーロッパ諸王のなかでコルシカ人に楯突くただ一人の王となるのである。その結果、以後の彼の人生が台なしになるのも事実だが。

「もうよろしい」、と素っ気なくルイ十八世が言う。「話は終りました。フランス国王は、己のなすべきことをよく承知するゆえ、第一執政がフランス国王からもぎとりたいと思っている卑しい権利譲渡証書を与えかねます」

プロイセン人は一礼し、退出した。

彼が退出したのち、国王は顔を手にうずめ、流涕《りゅうてい》した。

それから、国王は筆をとり、敢然と拒否の回答文書をしたためた。

「余はブオナパルテ氏とその先人たちを一纏めにして語ることをせぬ。余は彼の資質、軍事的才能を評価し、かつ感服すべき幾つかの行動については彼に感謝してもいる。何となれば、わが国民を益する善行に関しては、余は今後ともこれを重視するからである。しかしながら、彼にして、もし余の諸権利に関し譲歩をうながさんとするなら、彼は誤算している。神が余および余の家族をいかようの運命へお導きになられるか、それは余の知るところではないが、しかし、神が余に与えたもうた身分に伴い、余に課された義務については承知している。キリスト教徒たる余は永遠の眠りにつく日までこれらの義務を果たす所存である。聖ルイ[10]の後裔たる余は、獄に投ぜられる日まで、国民をして余の権威に従わせうるだろう。フランソワ一世[11]の後継者たる余は、少なくともこの先祖と同様に述べるを欲する。『一切が失われたり。名誉のほかは[12]』

第一執政の不躾な申し出に対する国王のこの回答に表われている高潔な姿勢、品格には感嘆せずにいられない。

ルイ十八世は再び筆をとり、弟君のアルトワ伯爵に書をしたためる。国王は文飾のない書で弟に知らせている。（重大事に直面し、国王は彼本来の飾り立てた文体を忘れているのである。）

「親愛なる弟よ、あなたが篤信の王国で有する自身の権利をお売りになるのでしたら、買主をお知らせします。ブオナパルテ氏が、アンリ四世[13]の子孫が父から受け継いだ遺産の代金を支払うに十分足る富を持っ

❖9＝**ご調印あそばしたことをおみとめくださいますようお願い申し上げます**…スペインは一七九五年七月二十二日のバーゼル和約をもって、ナポリは一八〇一年三月二十八日のフィレンツェの和約をもって、それぞれフランスと講和した。

❖10＝**聖ルイ**…フランスの聖王ルイ九世（在位一二二六年—七〇年）。二度にわたり十字軍遠征に参加。軍功賞の「聖ルイ勲章」で知られる国王。

❖11＝**フランソワ一世**…フランス国王（在位一五一五年—四七年）。スペイン王カルロス一世（のちのドイツ皇帝カルル五世）とのあいだにイタリア戦争を続けたが、一五四四年、第四イタリア戦争に敗北、イタリアに対する要求を放棄した。

❖12＝**『一切が失われたり。名誉のほかは』**…ボナパルトからの申し出に対するこの回答文書は一八〇三年二月二十八日にマイアーに渡された。これを読んだプロイセン国王フリードリヒ・ヴィルヘルム三世は、同文書がボナパルトを激怒させかねぬと懸念し、穏当な文章への修正をルイ十八世に求めた。しかし、ルイ十八世は修正を断る一方で、亡命中のフランス王族に文書への署名を求めた。結果、文書は、原文のまま、連名の形でプロイセン国王へと、さらには同国王からボナパルトへととどけられた。署名したのはアルトワ伯、アングレーム公、ベリー公、コンデ大公、ブルボン公、アンギャン公のほか、オルレアン王家のオルレアン公（のちの国王ルイ＝フィリップ一世）、その弟二人モンパンシエ公とボージョレ公。

❖13＝**アンリ四世**…一五九八年、「ナントの勅令」を発布したフランス国王。第一章❖3参照。

ていると言っています」

王族はみな国王の回答文書に署名する。エテンハイムに滞在していたアンギャンは、署名に添えて熱い思いの書状を国王に呈する。

「陛下よりたまわりましたご宸翰《しんかん》確かに拝受いたしました。陛下におかれましては私の身体に流れる血をよくご承知でいらっしゃいますゆえ、陛下よりご要請のございましたご返状の趣に、陛下はいささかの疑念もお寄せになりませんでしょう。私はフランス人でございます、陛下。加えまして、私は、その神、その国王、その名誉の誓約に忠実な一フランス男子でございます。私のこの三重の長所にいずれ人々は羨望の念をいだきましょう。さて、アングレーム公殿下[14]同様、わが国王のご宣旨《せんじ》に衷心よりご同意申し上げまして、アングレーム公殿下のご署名に続き私の署名をなしますこと、何卒ご了承くださいますよう[15]」

わが身の浅慮をよく心得ているアンギャンは、己を戒めるように、同時に祖父にも文を書く。

「ボナパルトは、われわれの行為を無礼呼ばわりして、かかる行為を絶対に忘れないだろうし、許しもしないだろうこと、どうかご留意くださいませ」

第五節

焦燥感に駆られるアンギャン

ともあれ、この年、一八〇三年の夏のあいだ、アンギャン公爵は便々《べんべん》と日を送り、じりじりする。倦怠が彼を苦しめ、彼は祖父に書状を送る。

「私は鶴首して待っているのですが、人々がわが一身を必要とする計画についてもはや話を聞くことはございません。まるで私が存在しないかのようでございます。このように無用の人間でおりますのはやりきれぬことでございます」

彼は父にも書翰をつづる。

「愛するお父さま、何かのためにお役に立てますよう、私のために是非ともお計らいくださいませ。当地におきまして、私は、自分が無価値の人間であることを悲しんでおります！」

この「無価値の人間」という言葉が公子の書翰に頻々と出てくる。公子を慰めるにはシャルロットの愛だけでは十分ではないのだ。

❖14＝**アングレーム公殿下**…第三章❖16参照。アルトワ伯の第一王子。亡命貴族軍で戦ったのち、ある時期はルイ十八世のそばで、ある時期はアルトワ伯のそばで亡命生活を送った。

❖15＝**私の署名をなしますこと、何卒ご了承くださいますよう**…一八〇三年五月二十二日付。

❖16＝**現実的でない夢**…王政復古の夢。

❖17＝**カルマニョル服**…膝まである長い上衣と普通の上衣の中間の長さのジャケットで、革命軍が着用した。

アンギャン公爵は——現実的でない夢[16]をいだき続けているルイ十八世と同じく——、世の中がゆれ動いているということに気づいていなかったし、驚くほど激しい攻撃が彼の子供時代のフランスを転覆せしめるなどと思ってもいなかった。彼の身分、彼の受けた教育からすれば、浮浪者のような「カルマニョル服[17]を着た歩兵隊」に誇りを吹きこむ新精神をどうして理解できただろう。ちなみに、「カルマニョル服を着た歩兵隊」のがむしゃらな戦意が彼を驚嘆せしめ、ある日、彼は父への便りでそれを語るほどだった。「一回の攻撃(砲撃)で二〇歩幅の穴が空きましたが、何回攻撃いたしましても、彼らは退きませんでした……。彼らはもはや一七九三年の世に生きる人間ではございません。彼らは神でございます!」

いやまったく、ルイには新精神が、あの聞き慣れない平等の諸観念が理解できなかったのである。ある日、平等の観念について聞いたエカテリーナ二世も、「靴屋が靴以外のものを作れるようになるのかしら?」と言ったというが。ルイにとって真のフランスとは、それは往昔のフランスであり、さまざまの特権があるフランスである。その真のフランスを取りもどすべく戦わなければならない。フランス共和国の敵であれば、どの対仏同盟国と一緒に戦うかはどうでもよい!

心中ではイギリスを嫌っているけれども、無為に打ちひしがれたルイはロンドン政府に兵役を申し込む。意気軒昂で、焦燥感に駆られている彼は、老けはじめた年金生活者のように生きるより、アルビヨン[18]で軍務についたほうがよいと思う。だがしかし、(ルイ十八世を国王として承認していなかった)イギリスは、アンギャン公爵の兵役志願を拒否する。イギリスは、彼に年金を与えているから、これでみずからの義務は果たしていると考えている。

(一八〇三年)九月二十二日、ルイは重ねて祖父に筆を走らせる——執政政府の警察がルイを連行する際、彼の書翰の下書が残らず押収され、ボナパルトの読むところとなり、そして、それら下書のせいもあって、ボナパルトがルイの死刑判決に署名するにいたるということなど予想だにせず。

「私どもが背負う宿命的な家名は恥ずべき無為を断じて禁じているのではないでしょうか? まったく、沈黙のうちに煩悶し、切歯扼腕しなければなりません。しかしながら、私が己のなすべきことを承知し、支援されると確信していること、こうしたことが最高の重要性をおびるケースが考えられます。それが何らかの事件であれ、何らかの事故であれ、その場合には第一執政は滅びるでしょう。その場合、大胆な攻撃ができましたら、最も重大な結果がもたらされるはずです。私は、この辺りにまさしく幾許《いくばく》かの希望を見出します……。これは実現性のない夢でございますが、私はこの夢にひきつけられております。以上が、健康で熱意がありながら、三十歳にして無価値な人間だと絶望に沈む私を支えているものでございます。ひと月足らず前より、私は、ライン左岸に暮らす昔日の戦友たちから志願を受けております[19]。戦友と申しますのは将校や兵卒でございまして、彼らは、ただに再集結の場所を待ち受け、私の旗のもとへの召集令と、彼らの友を私の陣営に結集せしめる命令とを待っています。しかし、私は、なお機を待っている、私は何事も望んでいない、と彼らに答えざるをえません。また、フランスからの数通の便りは、私が

❖18＝**アルビヨン**…イギリスの古称。英仏はアミアン条約(一八〇二年三月)のもとで和を約した。が、一八〇三年四月にフランスがオランダ領ブラバントを占領するにおよび、同年五月十八日、イギリスがフランスに宣戦、戦争が再然した。そして、皇帝ナポレオン一世が失脚するまでの以後十一年間、ヨーロッパはまた兵火につつまれる。

❖19＝**志願を受けております**…かつてコンデ軍に属していた亡命貴族で、フランスに帰った将士がアンギャン公爵に対して亡命貴族軍の再結成を願い出ていた。

(国境に)至近の場所に居住しておりますにつき、なにがしかの懸念をもらしてきました。騎兵銃の銃撃に対し確実な予防策をとるのは難しいこと、これは祖父上さまもご承知でいらっしゃいましょう。従いまして、銃撃のことはさして気にしないようにしております。いやに狩猟を愛好すると言って連行されかねぬという点に関して申し上げますと、私は二、三人の狩師の同伴なしに町に出ることは滅多にございません。もっとも、私は籠居《ろうきょ》を決めこんでおります。若い娘たちを追いかけるには、私は年をとりすぎました。従いまして、私を簡単に捕縛する機会はさほどないと祖父上さまにもご納得いただけましょう」

「若い娘たちを追いかけるには年をとりすぎている」とはいえ、この年の暮、ルイは喜びにひたる。バーデン選挙侯の狩猟頭《しゅりょうのかみ》シーリング男爵が妻と一緒にエテンハイムにやってきたのである。夫妻は、かつて枢機卿が暮らしていた館に住み、亡命者たちに昔の気晴らしを思い起こさせるような宴をしきりに館で催す。シーリング夫人は根っからのドン・ファンの関心を大いにそそる。

「夫人はまだ若く、美しい面立ちで、さらに結構なことに歓楽がお好きである。このため、謝肉祭の間、私たちは何度か愉快なピクニックを行なうを得た。しかし、夫人が私たちとダンスをすれば、夫は狩りに行くよう私たちを追い立てるだろう……。夫は何ともはや自惚れがお強い」

それから、アンギャンは次のように日記をしめくくる。「エテンハイムは前より居心地がよくなった」

蝶のように移り気なルイを目にしてロアン公女の心痛がまた始まった、と察しがつく。

ロアン公女シャルロットが移り気な男性から得る恵みは、愛する男性のもとで火傷を負うという恵みばかりである。

第六節

秘密の結婚

息ぬきをしたものの、しかし、ルイは心からシャルロットに愛情をいだいていた。たしかに、彼の感情はシャルロットの感情にみとめられる激しさを欠いている。だが、彼が激しく愛するただ一人の恋人は「栄光」であるから、彼は彼女に独り相撲をさせていたのだ。しかし、それでも、愛ゆえに苦しむ女性が彼の心を打つ日が来る。というのは、彼は、もはや友としてではなく、みずからの妻として彼女を愛するようになり、結局、自分たちの状態の無節操を自覚するからである。

女性たちは必ずしも美しくなくてもよい。また、美しい女性たちは、自分の魅力が色あせるのを不安に感じなくてもよい。女性の勝利は美しさとは別のところにあるのだから。

シャルロットは決して計算しなかった。彼女はすべてを与えた。彼女は投げやりにならずに待った。彼女は、彼のために永遠の亡命をみずからに課した。比類なく麗しい愛に対し、ルイが報いるときが来たのだった。

だがしかし、シャルロットに報いるという考えと、一族との縁が断たれる結果を生む不服従の行動に出るという考え——王族であるルイはルイ十八世の承認なしには結婚できないし、また、コンデ大公が公子に一族からの追放を申し渡したのを知れば、ルイ十八世は絶対にルイの結婚に同意しないだろう——との板挟みに苦しんだルイは唯一可能な方法を選ぶ。すなわち、シャルロットと祝言を挙げ、コンデ大公が亡くなるまでこの貴賤結婚を秘密にしておくという方法である。

ルイとシャルロットが、彼らの友人であるストラスブール教区裁判官ヴァインボルン神父司式のもと、婚姻を結んだのは一八〇三年十一月である。内密にされた儀式に列席したのはテュムリー侯爵とグランスタイン男爵[20]、この二人の証人だけだった。数人の内輪の人間のみがこの貴賤結婚を知るが、しかし、念には念を入れて用心したにもかかわらず、たちどころに結婚の噂がヨーロッパに広まる〔原注　シャトーブリアンは一八三八年に次のように記している。「アンギャン公爵は、僧侶がつかさどるなか、秘密裡にシャルロット・ド・ロアン公女と結婚していた。今日よく知られているこの合法的な結婚は公爵の悲劇的な最期の衝撃を一段と大きくする……」[21]〕。

何人かの歴史家によると、公子は、逮捕される少し前、自身の結婚を伝えるために父に書翰を送る決意をしたという。そして、その書翰はロッシュ氏気付で氏に託されたが、諸々の出来事のせいで、公子の父に送付されることはなかったという。しかし、ロッシュ家に置かれたままになったこの書翰が氏の家で発見されることは決してなかった――しかも、歴史家たちにとって重大な謎の一つになっている公子とシャルロットの婚姻の合法性、これを証拠立てる公文書もまったく発見されていないのである。

だが、著者個人としては、アンギャン公爵は、祖父とのあからさまな絶縁を懸念し、祖父の死まで結婚を伏せておくと心に決めたのだと思う。祖父の長寿を予想させるものは何もなかった。(祖父は、一八一八年、心身がすっかり衰えて長逝する。)もっともなことながら、アンギャン公爵は、祖父が亡くなれば、国王も、父も、叔母ルイーズも、まして民主主義者の母も、ロアン公女のように勝れた女性との婚姻を合法化したにつき、彼を叱責することはあるまいと推定したのだと思う。

この婚姻を証拠立てる書証がないから、著者としてはシャルロット自身の言葉を聞くにとどめておく。高い徳性とゆるぎない信仰心とを持つ彼女について、人々は、手にする権利のない肩書を得るためにアンギャン公爵の死を自分に都合よく利用した、と冷たくあしらう。

だがしかし、著者の曾祖父母の兄弟であり、シャルロット公女の友人にして相談相手であった公証人のフィリップ・フーシェ氏にとって、公女は間違いなくアンギャン公爵の正当な未亡人であった。公女は氏によくこの貴賤結婚の話をした。そのうえ、いささかの疑念も著者の親族の脳裡をかすめることがなかったのであり、フーシェ氏は、「この結婚問題の真偽は明確でないと少しでも思い迷うのは公女の神聖な思い出を傷つけることだと考えていた」のである。立派な顧客の利害に心を配っていた氏はたぶん問題の婚姻証書を目にしたのだろう。しかし、われわれにとって不幸なことに、シャルロットの死に際し、氏は、その廉潔と細心から、婚姻に関する書類は公女の意向に副ってこれをすべて破棄しなければならないとして、抗しがたい義務を果たしたのだろう。

フィリップの息子で、著者の大叔父にあたるエルネスト・フーシェも、シャルロットが彼の父親にしばしば婚姻の話をした折のきっぱりした口調をみとめていた。エルネストはその話しぶりを進んで友人たちに語っていた。その友人たちのなかにはシャンポリオン家の人々がいた。元県立古文書館長のシャンポリオン＝フィジャック氏❖22は、シャルロットの会話が「きわめて明瞭かつ確乎とした言葉遣いでなされた」、と聞いたのを覚えている。

❖20＝**テュムリー侯爵とグランスタイン男爵**…前者はエテンハイムをよく訪れた亡命貴族。後者はアンギャン公爵の副官。

❖21＝**衝撃を一段と大きくする**…シャトーブリアン著『墓の彼方からの回想録』第一巻より。（*Memoires d'outre-tombe*, Tome I, p.558-559.）

❖22＝**シャンポリオン＝フィジャック氏**…兄ジャン・ジャック・シャンポリオン＝フィジャック（一七七八年生—一八六七年没）は古代学者。弟ジャン・フランソワ・シャンポリオン（一七九〇年生—一八三二年没）はエジプト学者で、ロゼッタ石の碑文を研究、ヒエログリフ解読の鍵を発見した。

ブルボン公爵とコンデ大公、この二人は秘密婚を絶対に信じなかった。ヴァンセンヌの悲劇的な事件[23]からしばらくのち、ルイの父は妻のバティルド公妃に手翰を投じた。

「おそらく、御身は私たちの不憫な子と、彼が親密にしていたシャルロット・ド・ロアン＝ロシュフォール公女との秘密婚の風評にお接しになられましたでしょう。ほかならぬ彼自身の書翰数通に基づき、私は確言いたしますが、彼は常々私にそれら風評は虚偽だと言っていました。加うるに、私は彼をよく知っておりますゆえ、私たちの承諾なしにかかる誓約をなすなど、私には信じがたいのです。私のこうした考えが間違いでないことを、このたび、まさに公女のお便りが再び伝えてきました。公女は、秘密婚の風評は根も葉もない噂である、と私たちに明言しておられます」

ブルボン公爵が右の手翰でふれているアンギャン公爵の書翰は一八〇一年以前のものであって、一八〇一年以降、アンギャン公爵がどれほど大人になったか、これはすでに見たとおりである。「巷の風聞」を確実に否定していると言及されているシャルロットの書翰について言えば、その書翰に記されているのは、彼女の婚姻の風聞ではまったくなく、アンギャン公爵がアルザス地方から失踪した件なのである。

仮にコンデ家の人々がシャルロットを彼らのただ一人の公子の妻としてみとめたとすれば、それは、同時に、彼女を彼らの財産の相続人としてみとめたことになること、これを忘れないようにしよう。というのも、秘密婚に関する法律は百年間で相当変わったからである。一六八九年当時の法令では、この種の婚姻は民事上の効力を持たなかった。しかし、一七九二年九月二十日に制定された新しい法律は、それまでの法令を廃止し、秘密婚を民事上においてさえ効力を持つ——つまり、相続問題でも効力を持つと定めた。アンギャン公爵との婚姻の証拠を提示すれば、シャルロットはシャンティイ城の相続人となり、コンデ一族の富の相続人となるのだった。

ところが、コンデ家の人々は、シャルロットのことをまったく意に介さず、アンギャン公爵が帰らぬ人となったのち、故人に供されていた年金の半分をモナコ公妃に、他の半分をブルボン公爵の非嫡出子アデールに移譲するよう、ロンドンの政府と交渉するのである。彼らにとって、シャルロットは縁のない女性のままなのである。では、このように除け者にされた令嬢が何としても嫁として……、また、相続人として生きようとすることなど、人々は想像できるだろうか。一方、彼女の無上の慎みがこうした態度を彼女に禁じた。他方、婚姻を明らかにすれば、彼女は、彼女への愛から親族と国王とに背いた人間の記憶を人々のうちにとどめかねなかった。以上の気高い理由こそ、シャルロットの気丈な沈黙を十分に説明するものである。


ひとたび良心にもとづく婚姻が結ばれると、ルイはあらためて軍務への復帰を考える。(それにしても、彼が軍務への復帰を考えない日が一日でもあったろうか?)結婚の二ヶ月後――そして、死の二ヶ月前――、再度、彼はイギリスに軍籍を求める。

「イギリス国王陛下[24]に私が感じております無類の焦燥をお知らせいただきたく、加えて、国王陛下に私の深甚にして真率なる敬意、忠誠心、感謝の念をお伝えいただきたく、アンギャン公爵はスチュアート殿[25]

❖23＝**ヴァンセンヌの悲劇的な事件**…アンギャン公爵が銃殺された事件。
❖24＝**イギリス国王陛下**…ジョージ三世(在位一七六〇年―一八二〇年)。
❖25＝**スチュアート殿**…ロンドンデリ侯爵三世チャールズ・ウィリアム・スチュアート(一七七八年生―一八五四年没)。イギリスの軍人。革命戦争時、オランダ、ライン・ドーナウ地域を転戦。のちに外交官として活躍した。

に願い上げます。他の多数の人間の前には名誉への道が開かれていますのに、私は、完全な無聊をかこち、懊悩しております。従って、軍籍が得られましたなら幸甚に存じますし、軍隊における私の活動は、ご慈愛あふるる陛下、並びに強力かつご立派な貴国にもご満足いただけるものと存じます」

この不注意な書翰がすでに重たいアンギャン公爵関連文書のなかに加えられる……。

第九章
陰謀

一八〇四年二月、執政政府の警察が、数ヶ月前より入念に準備されてきた大掛りな陰謀を見破る。イギリス政府[1]は、シュアンの大首領ジョルジュ・カドゥーダル[2]を使って第一執政を力ずくで拉致せしめ、海岸へ連行して、ジャージー島[3]に上陸せしめる、そして、そこからイギリス政府が第一執政をセント＝ヘレナ島[4]に放逐して生涯を終らせるという策をめぐらし、この計略のためにカドゥーダルに一〇〇万の為替手形を与えた。というのも、イギリスは、当時からすでにナポレオン・ボナパルトについてセント＝ヘレナ流罪の構想を練っていたのだから……。

太く逞しい猪首で、赤毛の大男のカドゥーダルは長い時間をかけて作戦を練ってきた。彼は、かつてルイ十八世復位を支援せんと国家に叛逆して、カイエンヌに配流となったピシュグリュ将軍[5]をフランスに呼び寄せた。カイエンヌから脱送し、イギリスに亡命していたピシュグリュは、カドゥーダルの求めに応じて、謀計に加わること、パリでモロー将軍に会うことに同意にした――ところが、ピシュグリュとカドゥーダルがブルボン王家の復帰を策していたのに対し、モロー将軍は、ボナパルトの成功に地団駄を踏み、ボナパルトの地位をわがものにと強く望んでいた[6]。こうした思惑の違いがあったうえ、さらに、フランスへの密航が遅れる旨、アルトワ伯爵より知らせがあったため、作戦開始が遅れる。ピシュグリュとモローが秩序を維持しているあいだにフランス王族が権力を奪取するという段取りだったから、王族がパリに来ないことには何も進まないというのが、つまるところカドゥーダルの要の考えである。アルトワ伯爵はフランス上陸を約した。しかし、彼の臆病がフランス来着を少なからず不確かなものにする。アルトワ伯爵の来着に先立ち、カドゥーダルの指図に従って、その同志のブヴェ・デュ・ロズィエ[7]が、アルトワ伯爵を――伯爵とその供回りとを――迎えるための隠れ処をパリ近郊に手配した。準備が完了した……、あとは「王族」の到着を待つばかりだ。

だがしかし、不運にもブヴェ・デュ・ロズィエと、カドゥーダルの二人の召使が逮捕される。陰謀を白状させるために、警察が彼らの指を万力《まんりき》にはさんでネジでしめつけ、指を砕く。（背筋が凍るようなこの拷問を命じたのはボナパルトだと思われる。）つきがない三人は自白する。とくにブヴェ・デュ・ロズィエがピシュグリュとモローとの密談を警察に明かしてしまう。

翌日の二月十日、モローが逮捕される。その日の午前中、レミュザ夫人❖8がテュイルリー宮に上がると、ボナパルトが幼いルイ❖9（オルタンスの子息）と遊んでいた。ボナパルトが妙齢のレミュザ夫人に声をかける。

❖1＝**イギリス政府**…当時はアディントン内閣。一八〇四年五月から第二次ピット内閣。

❖2＝**ジョルジュ・カドゥーダル**…（一七七一年生—一八〇四年没）。王党派シュアン（第五章❖46参照）の頭首。大革命時代にシュアン戦士を率いてヴァンデ叛乱（一七九三年—九六年）やブルターニュ叛乱（一七九九年—一八〇〇年）などを指導した。さらに、イギリス政府からの金と、アルトワ伯の賛同とを得たのち、一八〇三年八月十九日、イギリスからフランスに渡った。

❖3＝**ジャージー島**…イギリス海峡の島。

❖4＝**セント＝ヘレナ島**…南アフリカ北西沖にあるイギリス領の島。一八一五年、百日天下のワーテルロー会戦で英独連合軍に敗れた皇帝ナポレオン一世は、同島に流刑され、二一年、そこで没する。

❖5＝**カイエンヌに配流となったピシュグリュ将軍**…一七九七年、国家叛逆罪でカイエンヌ（フランス領南米ギアナの町）に流されたピシュグリュ将軍は、ここから脱出し、翌九八年、イギリスに亡命した。将軍の生没年などは第六章❖7参照。

❖6＝**強く望んでいた**…モロー将軍の生没年などは第六章❖6参照。フランス共和派軍の名将としての彼の声名がボナパルトとのライヴァル関係を生み、両者の離間を招いた。以来、モロー将軍はボナパルトを失脚させ、政治の実権を握りたいと思っていた。

❖7＝**ブヴェ・デュ・ロズィエ**…ブルターニュ地方の大法官の子孫。海軍士官で、アルトワ伯爵からも信頼されていた。

❖8＝**レミュザ夫人**…レミュザ伯爵夫人クレール・エリザベート（一七八〇年生—一八二一年没）。ジョゼフィーヌの侍女。十六歳の年にレミュザ伯爵（第十章❖13参照）と結婚。

「私が行なったことをご存じですか？　今し方、モロー逮捕の命令を出しました。おや！　驚いているのですか？　ものすごい騒ぎになりますよ……。みなはきっと私がモローに嫉妬しているのだ、逮捕は復讐だと言うでしょう。私がモローに嫉妬していると？　おやまあ、彼はその栄光の大部分を私に負うているのですよ！　それにしても、彼は弱く、思い上がっている。女たちの尻にしかれているし、いろんな党派が彼を追いまわしたからね」

数日経った二月十六日、ミュラ[10]の命令により、「ジョルジュ・カドゥーダルとピシュグリュ将軍とを首魁《しゅかい》とする悪党五〇名——彼らは内戦の穢れたる敗残兵なり——、首都に侵入」と書かれた指名手配のビラがパリの壁に貼り出される。カドゥーダルについては人相も書いている。「身長一七三センチ。馬鹿力があり、肩幅広く、気色の悪い大頭。どえらい猪首。鼻柱をそぎ落したような獅子鼻。血色よく、白い歯。赤い頬髯。腕をいっぱいに伸ばし、体をゆすりながら歩く」。人食い鬼のお伽噺を読んでいるような気がする。

二月二十八日、ピシュグリュが捕縛される[11]。三月四日、今度は、密謀の積極的指導者のポリニャック兄弟[12]およびリヴィエール氏[13]が捕縛される。そして、三月九日、ついにカドゥーダルが逮捕される。そのとき、彼は二輪馬車に乗り、軽率にも隠れ処に移ろうとしていた。

パリの街全体がこの事件と、事件で痛手を負ったこの伝説的人物の話でもちきりとなる。この赤毛の大男は、コリガン[14]の世界に生きている鬼と見まがうばかりだし、夜、白い大きなグレーハウンドを連れてブルターニュ地方の荒野にのみ出没すると思われていたのだから。

カドゥーダルに対する最初の尋問は簡潔で明確である。

「何のために上京したのかね？」

「第一執政を襲撃するためです」
「貴公の身辺には共謀者が大勢いたのですか?」
「いや、私はさる王族がパリにいらしてから第一執政を襲撃するつもりでしたし、王族はまだパリにいらしていませんから」
「では、計画は立てたが、フランスの旧王族のゴーサインを待って計画を実行するつもりだった、と?」
「さよう」
アンギャンが捕えられる罠が今ここに置かれた。

❖9＝**ルイ**…シャルル・ルイ・N・ボナパルト。のちのナポレオン三世(在位一八五二年―七〇年)。

❖10＝**ミュラ**…ジョアシャン・ミュラ(一七六七年生―一八一五年没)。ボナパルトの副官として従軍し、一七九九年に師団長。翌年、ボナパルトの妹カロリーヌと結婚。一八〇四年に元帥、〇八年にナポリ王となる。〇四年の陰謀事件のときはパリ守備隊総司令官。

❖11＝**ピシュグリュが捕縛される**…二十七日の夜、ピシュグリュは王党派工作員と自称するルブランなる人物の家に泊まったが、ピシュグリュとカドゥーダルの指名手配には賞金がかかっていたので、ルブランはピシュグリュを警察に売った。

❖12＝**ポリニャック兄弟**…ルイ十六世の廷臣だったポリニャック公爵の子息。兄ポリニャック公爵アルマン(一七七一年生―一八四七年没)。逮捕後、九年間、獄中生活を送る。弟ポリニャック伯爵ジュール(のちに大公)(一七八〇年生―一八四七年没)。逮捕後、二年の禁錮刑に処せられるが、刑期終了後、再逮捕され、一八一三年に脱獄。復古王政ルイ十八世のもとで駐ロンドン公使(一八二三年―二九年)、シャルル十世治下で内閣首班(一八二九年―三〇年)。

❖13＝**リヴィエール氏**…リヴィエール公爵シャルル＝フランソワ(一七六三年生―一八二八年没)。逮捕後、死刑判決を受ける。ポリニャック兄弟とリヴィエール公爵はアルトワ伯の親友であり、一八〇四年の当該事件ではアルトワ伯とカドゥーダルとのあいだで連絡役をつとめた。

❖14＝**コリガン**…ブルターニュ地方の民間伝承に現われる鬼。

密謀のトップにいるのはどの王族か？　ルイ十八世はミタウにもどった[15]し、アルトワ伯とベリー公[16]はロンドンにいる。ブルボン家の人間のうち一人だけが国境に住んでいる。アンギャン公爵である。

アンギャン公爵がたしかにエテンハイムに在住するかどうか、国務院議員レアル[17]がすぐさまバ＝ラン県[18]の警察に調査させる。最初の、そして至急の捜査がなされた。

「若公爵アンギャンは、コンデ軍解散後、叔父ロアン枢機卿宅に行き、ロアン大公の采地の一部なるエテンハイムに居を構えた。彼は、多年にわたり熱愛しているロアン＝ロシュフォール夫人と同地に居住。同夫人の母親は老狂女にしてパリ在住。同夫人は若公爵に伴い再々陣営に暮らしたことさえある。若公爵は父親および祖父の家庭と円満ならず。彼は、戦地でも常時自分の宿営地にとどまりおり、軍務上の必要があるときしか父親および祖父のもとへ行かなかった。彼が父親および祖父の渡英に同行しなかったについては右の事情のゆえなるべしという。以来、若公爵はエテンハイムを離れることなし。彼は、同地にて、イギリスより退役将官手当月額一五〇ポンドを得ている」

二度目の捜査は最初のよりきちんとしていて――騎兵伍長がエテンハイムに差し向けられ、同伍長が地方の宿屋の主人から話を聞きとった――、ルイにとって重大な事柄を明らかにする。すなわち、エテンハイムにおいて、ルイは謀叛人のデュムーリエ将軍[19]や、シュツットガルト駐在のイギリスの工作員スペンサー・シュミットを身辺に集めているというのである。

不運なことに――今後、気の毒な公子にこれでもかこれでもかと執拗に不運がおそいかかる――、捜査を担当した伍長は、宿屋の主人がドイツ語で発音した「テュムリー」を「デュムーリエ」だと勘違いしてしまったのだった。イギリスの密偵のシュミットなる人物については、こちらはただ単に公子の友人であるシュミット中尉と人違いしたのであって、シュミット中尉はロンドンの工作員とまったく関係がない。

この捜査報告書を読んだボナパルトは、不意に以下のような啓示を受ける。カドゥーダルが待っていた王族、それはつまりアンギャン公爵なのだ！　アンギャン公爵は、裏切り者のデュムーリエと固く手を結んで、デュムーリエのフランス侵略計画立案に力を貸した。フランス侵略計画に金を出しているのはイギリスであり、イギリスの関与はイギリス政府の犬スペンサー・シュミットの存在がしめしている。すべてつながる。すべて説明がつく——。しかしながら、伍長が急いで記したとんでもない捜査報告書は、一から十まで根も葉もないことを述べていたのである。

捜査報告書を読んだボナパルトはレアル〔原注　国務院議員レアルは教育を担当したほか、共和国内の平安および治安に関するすべての事件の捜査を担当した〕をどなりつける。「では、アンギャン公は国境から一六キロの場所にいて、軍事的陰謀を企てているというのか？　ブルボンの一族は、ひどく下卑た動物の血と同じように私の血を流させうると考えているのかね！　私の血はブルボン一族の血と比べて別に遜色はない！　彼らは私に恐怖を吹きこ

❖15＝**ミタウにもどった**…ルイ十八世にミタウからの退去を要請したロシア皇帝パーヴェル一世は、一八〇一年三月に暗殺された。帝位を継いだアレクサンドル一世（在位一八〇一年—二五年）は、即位から数年間、ボナパルトを敵視していたから、ルイ十八世にミタウ逗留を承認した。ルイ十八世の一行は〇五年一月末から再びミタウの城で亡命生活を送る。

❖16＝**ベリー公**…亡命貴族軍解散後、イギリスに亡命。

❖17＝**レアル**…ボナパルトは警察大臣のフーシェを疎んじて、一八〇二年五月、警察省を廃止、フーシェを元老院（上院）議員にした。同時に、国務院議員ピエール＝フランソワ・レアル（一七六五年生—一八三四年没）が警察を担当することになった。〇四年七月、警察省が復活し、フーシェが警察大臣に再任される。

❖18＝**バ＝ラン県**…フランス・アルザス地方北部。県庁所在地はストラスブール。

❖19＝**デュムーリエ将軍**…第六章❖8参照。

もうとしているのだから、私は彼らに恐怖をお返しする。私の手中に落ちる最初の王族を、私は情け容赦なく銃殺せしめよう」

第一節　歴史的な会議

翌三月十日、ボナパルトは政府首脳会議を招集する。出席者は大法官・法務大臣のレニエ[20]、外務大臣のタレイラン[21]、フーシェ、カンバセレス、ルブラン[22]、レアル、ミュラ。会議はピシュグリュの陰謀のあらましをレニエが報告するところから始まる。レニエは、ジョルジュ・カドゥーダルの逮捕に話を進め、フランス共和国の領土の外にまで根を張っている、とてつもなく広範な謀叛があることを「明快に」しめす。すると、すぐにナポレオンが、自分に向けて企てられた謀叛を暴かずにきた、と言ってレアルを手厳しく難じる。レアルは恥じ入り、ゲッソリする。

次にタレイランが報告を行ない、そのなかで、彼はイギリスの工作員たちの密謀を明かし、王家の人間たちの居場所を述べ、それから、アンギャン公爵の名前も口にする。「しかし、彼はアンギャン公爵を逮捕すべしとの結論を下さない」。(こう断言しているのはケラ夫人[23]である。)タレイランは概して、「第一執政閣下のお身のご安全を考慮し、用心のためにあらゆる措置を講ずる必要がある」と強く勧めるだけだったという。

右の言葉を、彼はいたって感情をこめて述べたので、カンバセレスが彼を小馬鹿にした……。

以上二つの報告が終わると、今度はナポレオンが話す。

「諸卿よ」、と彼は言う。「私は、共和国最高の重鎮として諸卿を招集し、刻下の事態を伝え、諸卿のご見解を聞こうと考えました。私に対してなされた許しがたい密計について、私はよくよく承知しています。諸卿も知ってのとおり、密計の加担者たちはブルボン王家の一人物の近々の到着を待っていた。その一人物とはベリー公だ、と諸卿はお聞きおよびかもしれぬが、それは違う。ブルボン王家の直系の継承者にして、一方また、いかなる軍事的名声も持たないベリー公を、密計の加担者たちが襲撃の機会に立ち会わせるわけがない。しかしながら、ヨーロッパ大陸に、しかもわれわれの国境のすぐ近くに、危険をものともせず、亡命貴族にとって大切な人物が一人いる。この人物は、かつてわれわれと戦を交え、われわれの勝利により、

❖20＝**レニエ**…クロード・レニエ(一七三六年生—一八一四年没)。一八〇二年から一三年まで法務大臣。

❖21＝**タレイラン**…ベネヴェント公シャルル・モーリス・ド・タレイラン＝ペリゴール(一七五四年生—一八三八年没)。元聖職者。大革命時、立憲王政派代議員として教会財産国有化法を提案し、憲法制定国民議会議長をつとめた。一七九二年から九七年までイギリス、アメリカに亡命。帰国後、総裁政府下で外務大臣(一七九七年—九九年)、執政政府下で外務大臣(九九年—一八〇七年)。〇四年に皇帝ナポレオンの侍従長。ナポレオン戦争を支持せず、外務大臣を罷免されたのち、第一王政復古(一八一四年)を支持。フーシェと並び、変節漢と言われる。

❖22＝**ルブラン**…第三執政シャルル・フランソワ・ルブラン(一七三九年生—一八二四年没)。第二執政カンバセレスが共和主義者だったのに対し、ルブランは王政主義者。執政政府は、第一執政ボナパルトを最高権力者とする三執政のトロイカ体制だった。

❖23＝**ケラ夫人**…ケラ伯爵夫人(一七八五年生—一八五二年没)。旧姓ゾエ・タロン。大革命時代、王党派の工作員として活動したタロン侯爵の令嬢。『回想録』を執筆。

今は浪々の身に甘んじている。この人物には陰謀に走るしか手がなかったのだ。諸卿よ、この人物はコンデ一族の嗣子《しし》アンギャン公です。この公子はみずから手を下して私の命を奪わんとしているのだ。彼は私の命を奪わんとして複数回パリに来た。これはわれわれの死闘です。彼を隠棲場所にて逮捕させ、パリに連行し、ぶっ続けで裁判を行なうのが得策かどうか、諸卿のお考えを知りたい。本件について、私の考えはまだ決まっていません。先に諸卿のご見解を聞き、参考にしたいのです」

第一執政の長広舌ののちに深い沈黙が続く。カンバセレスは「半分死んだような状態」である……。ついにフーシェが口を開いて、加担者たちとアンギャン公爵(フーシェはアンギャン公爵の威光を強調する)との共謀を告発する。フーシェは、コンデという名は魔法の名である、陰謀を終らせようとするなら、大胆な一撃を加えるしかないと述べる。さらに、裁判の審理後、もし公子が有罪にならなければ、そのとき彼を釈放すればよいと述べる。

次にタレイランが発言する。彼は、「アンギャン公子が知らぬ間に、公子のまわりで陰謀を企てる輩がいないともかぎらない。公子のような身分の人間の場合、その名において企てられていることをよく知らないケースが多々ある。陰謀を企てる輩は、公子のような身分の人間を、その人間に仕えるという口実を使ってだます。彼らは、こうした腹黒い方法によって公子のような人間に多大な迷惑をおよぼす」ということを明らかにしようとする。

タレイランはとくに、アンギャン公爵が中立の領土に居住しているという事実を強調し、公爵の身柄を取り押えにそこに行くのは「人権侵害にあたり、列強はそれを声高に非難しかねない」と強調する。そして、「公子が頻繁にフランス領に侵入しているという証拠が上がっているのだから、またフランス領に現われるのを待ったほうがよい」と言う。

重ねてケラ夫人の語るところによると、タレイランは、このように話すことで、第一執政がエテンハイムでの公子捕縛計画の実行を先延ばししてくれればよいと考えると同時に、タレイランみずから再び公子に危難を伝えたい――「すでにタレイランは、シャルロット・ド・ロアン公女を通じて、危機に瀕している旨を公子に伝えるよう計らっていらしたのだったが、連絡はうまくゆかなかった」――と望んでいたという。

右のシーンは、グルゴー将軍[24]およびモントロン将軍[25]が伝えているボナパルトの言葉と明らかに矛盾している。両将軍によれば、ボナパルトは次のように話したという。「アンギャン公爵は中立の領土にいるけれども、公爵を逮捕すべきだ、と私の大臣(ベネヴェント公タレイラン)が私に強く迫った。だが、私はなお躊躇していた。続いて、ベネヴェント公が、署名を求めて、私のところへ二度アンギャン公爵逮捕状を持ってきた。しかし、私が逮捕状への署名を決意したのはいよいよ逮捕が急を要すると確信するにいたってからだった」

レニエが再び発言する。彼もやはり、バーデン辺境伯の領土でアンギャン公爵を拉《らっ》するより、むしろ公爵がまたフランスに侵入するのを待つほうがよいと述べる。

そのとき、カンバセレスがかっとなって口をはさむ。

❖24＝**グルゴー将軍**…ガスパール・グルゴー将軍(一七八三年―一八五二年没)。副官としてナポレオン戦争を戦った。皇帝ナポレオン一世がエルバ島遠島となった際(一八一四年)に復古王政側にくみしたが、セント＝ヘレナ島流刑となったときは皇帝に随行した。『セント＝ヘレナ島日記』を執筆。

❖25＝**モントロン将軍**…シャルル・トリスタン・ド・モントロン将軍(一七八三年生―一八五三年没)。ナポレオン一世のもとで侍従長となり、一八一四年、復古王政側に寝返った。百日天下時、ナポレオン陣営にもどり、セント＝ヘレナ島に随行。ナポレオンの遺言執行者となる。『セント＝ヘレナ島俘虜史』を執筆。

「みなは、アンギャン公爵が第一執政閣下のお命をねらって武装している、と閣下に述べ、閣下に不吉な先入観をお与えになりました。私は、公爵が第一執政閣下のお命をねらっているというのは間違いだと思っております。完全に信頼しうる情報で知ったのですが、逆に、公爵の友人たちは、自分たちの謀計に距離を置いて暮らしている、と公爵を非難しているそうです。公爵は襲撃構想をすっかり断念しているように思われます。公爵は静かにおだやかにしています。加えて、私は断言いたしますが、公爵はこれまでただの一度も暗殺というものを考えたことがないのです。第一執政閣下暗殺を提案した卑劣漢を公爵が追い払ったということを、私たちは知っております。公爵が再びフランスに来るとしましたら、公爵は、名誉を重んじる人間として、軍隊の先頭に立ってフランスにやってくるでしょう。以上がフーシェ元老院議員のお申し立てに対する私の答です。

——さて、よしんばアンギャン公爵をパリに連行するとして、公爵をどうするつもりなのでしょう？　人質として彼の身柄を拘束するのでしょうか？　彼の無実が確認されましたら、彼を国外に送りかえすのでしょうか？　いいえ、みなはただ彼を殺すことだけを目的に彼を当地に連行してくるのです。なぜなのでしょう、おわかりでいらっしゃいますか？　フランスの利益と第一執政閣下のご利益とに鑑み、私は、執政閣下が私にお許しくださるならば、また、執政政体が私にみとめてくれるならば、武装している現場や、国境のこちら側で陰謀を企てている現場でアンギャン公爵を取り押えるのでないかぎり、公爵を逮捕することには反対いたしますし、裁判に付すことにも反対いたします」

カンバセレスが発言を終えた。とその刹那《せつな》、怒り心頭に発したナポレオンが人に知られた暴言を彼にあびせる。

「卿はブルボン王家の血を惜しむ人間になり下がったのか！　ヨーロッパの新聞という新聞がアンギャン公爵に注意をうながした後だというのに、卿は、策略でもって、公爵をわれわれの領土に侵入させうるとでもお考えなのか？　諸卿よ、諸卿は人情政治を行ないたいとお思いなのかね！　諸卿はいつも弱者が乞ういわゆる人権にこだわるのかね！　強者は人権など絶対に貴びはしない！　国家というのはこうした手加減や、役にも立たない配慮と関係なしに維持されるものなのだ。まずもって名前や家門に対する無駄な敬意を捨てなければならぬ。アンギャン公爵は、そうでないと言う人間もいるが、われわれの安泰を脅かす危険人物なのだ。彼は謀計をめぐらし、われわれに敵対して武装している。こんな人物に手心を加えてどうなるというのだ？　敵に出くわしたら、それがどこであろうと、敵を捕えなければならない！　バーデン辺境伯が怒るですと？　よろしい、辺境伯がわれわれに宣戦布告したなら、すぐさま辺境伯と兵火を交えよう！　私はフーシェ元老院議員の意見が適切で有益だと思いますし、彼の意見を採用すべく対処します。驚くのは、このような問題に関して意見の一致が見られぬことです！」

カンバセレスがあえてまた自分の意見を述べようとしたので、ボナパルトはそれを制する。

「世間から見れば、アンギャン公の死は私に対して企てられたことへの正当な報復にすぎなかろう」

ほかの証言者たちによると、ボナパルトはこのようにお見事な言葉を組み立てたのではなく、地団駄を踏みながら声高にただ次のように言い放ったという。

「いや、カンバセレス殿、私はやるぞ、やってやるぞ！」

全員、茫然として（フーシェは別だが）、退出する。いまだこのシーンにおびえているレアルは口走るだろう。

「私は自分の鬘をつけた。しかし、カンバセレスはそれよりもっと上等な鬘を探しにいった！」

やはりケラ夫人に従えば、問題のカンバセレスは、この歴史的な会議からややあって、その職務の辞任をボナパルトに申し出たということである。

「ああ、卿は私の言葉を恨みにお思いか」、と第一執政は応じた。「まったく、かの公子について気が気でないとご案じなのかね？」

会議のあった日の夜、ボナパルトはベルティエ[26]に命令を発する。

「市民大臣、請う、オルドネール将軍に命じ、今夜、駅馬車にてストラスブールへ向け出発せしめよ。将軍の任務の目的は、エテンハイムにいたりて町を包囲し、アンギャン公爵を拉致するにあり」

オルドネールは駅馬車に飛び乗り、休みなく駅馬車で走り、三月十二日の夜、ストラスブールに着す。彼は憲兵隊三部隊、竜騎兵三〇〇名の兵力を確保する。砲兵隊の数箇中隊はフランス領河岸にとどまり、介入にそなえる。

このように大規模軍隊が展開されていたとき、これをまったく知らないアンギャンは落ち着きはらって狩猟からもどってくる。

第二節　逮捕

これから述べる話は、アンギャンの従者カノーヌの手書き回想録『アンギャン公爵殿下の最後の日々』〔原注　著者のコレクション〕から抜粋したものである。これは、カノーヌが口述して、亡命貴族のボネイ侯爵が書きとった資料である。ストラスブールで数ヶ月間監禁されたのち、やっと獄から放たれたカノーヌが、ルイ十八世のもとにたどり着いた一八〇五年九月、ボネイ侯爵がミタウでルイ十八世に仕えていたのだった。この口述筆記のオリジナル原稿は、ボネイ侯爵夫人からその友だったシャルロット・ド・ロアン゠ロシュフォールに渡された。従者カノーヌは、アンギャン公爵が拉致されたときに見たこと、聞いたことを残らずその原稿で語っている。

（一八〇四年）三月十二日、第一報が若殿さまアンギャンのところにとどく。その知らせによると、ボナパルトが彼を拉致せしめるべく策動しているらしいという。知らせを受けて、アンギャンは肩をすくめる。カノーヌは「ひどくたじろぎ、こうした知らせを無視なさるべきではない、こうした知らせの重要性をご認識なさったほうがよい、と失礼ながら若殿さまに申し上げる。殿下は、事は自分ひとりにかかわるものである、君は狩りの供をする身支度をするように、と彼にお答えになった」

若殿さまは一日中狩りをする。

翌十三日、彼はエテンハイムにもどってくる。晩方、それでも不安を感じた彼は、見張りに立つようカノーヌに命じる。

「カノーヌはエテンハイムのすべての通りを、さらには町の外をも見張って夜を過ごした。彼は何も見かけなかったし、何の音も聞かなかった。翌朝、彼のご主人さまが衣服をつけたのち、彼はご主人さまに前夜の見張りの報告を行なった」

カノーヌは、騎兵を一人グラフェンハウゼンに見張りに出すよう、あえて再びご主人さまに懇願する。（いか

❖26＝ベルティエ…ヌシャテル公ルイ・アレクサンドル・ベルティエ（一七五三年生―一八一五年没）。ボナパルト将軍のエジプト遠征（一七九八年―九九年）に従軍したのち、陸軍大臣に就任（一八〇〇年―〇八年）。

にも、ボナパルトが送った「殺人者たち」はグラフェンハウゼンを通って、翌日夜、エテンハイムに到着するだろう。[27]）

殿下は苛立ち、彼に答える。「忠告されるのは好きではない」。従者の不安が殿下をいよいようんざりさせる。二人の密偵を見たように感じたカノーヌが、彼らの後をつけると申し出る。しかし、従者の度をこす熱意を真剣に受けとめない公爵は従者に尾行を禁ずる。公爵は狩りをしたいと思っていて、カノーヌがためらっているにもかかわらず、供をするよう命じる。

森の真ん中で、公爵は、カノーヌが銃にもたれ、「思案顔で、心ここにあらずといった様子をしている」のに気づき、優しくからかいながらカノーヌに呼びかける。

「お察しするところ、今日、狩りは旦那さまのお気に召さないと見えますが」

「さようでございます、殿下。今日は日がよくないように思われます、とカノーヌがお答えする」

二人がなお狩りをしていると、一人の農民が森を横切り、殿下に一通の手紙をとどけにくる。手紙は殿下の支持者（リノーの町長ロッシュ氏をさす）が差し出したものであった。手紙は、リノー近郊に軍隊の動きがあること、あわせて、少し前にライン左岸の船がすべて航行禁止になったことを伝えていた。手紙はまた、より重要な詳細につき申し上げたきことこれあり、日没にエテンハイムの向かいの小島に何卒お運びを、と若殿さまに強く頼んでいた。

「この報を受けるや、殿下は、獲物を追っていた犬を呼びもどされ、エテンハイムにお帰りになった」

殿下は当惑している。彼はカノーヌを島につかわそうとちらっと考えるが、しかし、思いなおす。ロッシュ氏は、密会の約束を守り、夜分の何時間か待つけれども、手紙を送ったのちに知りえたことを若殿さまに前もって伝えられぬ事態に肩を落として島から立ち去る。

「殿下は、近傍の家（シャルロットの家）に夕餉をとりに外出なさり、九時にその家へ迎えにくるようカノーヌに命ぜられた。カノーヌが九時にご主人さまを迎えに上がり、ご主人さまがご帰宅あそばした。それから、ご主人さまはご自身の部屋に続く部屋にベッドを二つ用意させられた。一つはグランスタイン氏用であり、もう一つはシュミット氏用だった。ご主人さまは、衣服をお脱ぎになったときに武器をお求めになり、弾薬と一緒にそれをテーブルに置かせられた」

「カノーヌは、前夜と同じように路上で見張りに立つのを許可してほしい、とご主人さまに願い出た」

「公爵がお答えになった。『いや、君は、三日間、昼夜かけまわっている。疲れているはずだ。君は外出せぬほうがよい』。公爵は、カノーヌに寝るよう重ねて仰せられ、ご自身の部屋のドアを開けておくようにとご命じになった。そのドアは、アンギャン公爵殿下のベッドからカノーヌのベッドが見え、カノーヌがベッドにいるのがわかるような位置にあった」

カノーヌは絶えざる恐怖に心乱しながら寝入る。

「五時少し過ぎ（三月十五日のことで、まだ夜明けだった）、殿下がカノーヌに向かって大声を発せられ、彼を起こした。

『急げ、銃をとれ！　やつらが門前にいるぞ！』

カノーヌはベッドから飛び出した。殿下がご自身の部屋の窓の一つをお開けになり、カノーヌが別の窓を開けた。二人とも銃を頬にあてて構え、いつでも銃を撃つことができる。

❖27＝**エテンハイムに到着するだろう…**フランスの憲兵隊、軍隊はリノー（エテンハイム北西一二キロ、独仏国境に接するフランスの町）で国境を越え、グラフェンハウゼン（エテンハイム北西五キロの村）からエテンハイムに入り、アンギャン公爵を逮捕する。

『誰が指揮をとっているのだ？』殿下が敵方に向かってお叫びになる。

誰かが答える。

『教えるつもりはない』」

殿下は無礼者を銃でねらっている。

「そのとき、アンギャン公爵殿下の部屋でお休みでいらしたお二方のうちのお一人（グランスタイン氏のこと）が、どんな抵抗も無駄だ、兵士たちがすでに家の壁を片っぱしからよじ登り、中庭は兵士で埋まっているとおっしゃりながら、殿下の腕を押えられる。このとき、カノーヌは、召使の部屋の窓からご主人さまを逃そうと考えた。その窓は人通りの少ない、しかもとても狭い小路に面していて、この小路からなら、兵士に見つからない、人目につかぬどこかの場所へ行って隠れるのは難しくないし、また、町がまだ完全に包囲されていなければ、田園に逃れるのも難しくない。だがしかし、若殿さまは逃走という考えを嫌悪なさる。カノーヌが叫ぶ。『さあ、殿下、われわれは最後まで身を守らねばなりません！』

公爵が仰せられる。『わかった。私についてこい』

二人は、通りにいる兵士たちに発砲すべく再び窓のところに走ってゆく。が、二人はひきとめられる」

「万事休すと思っていたカノーヌが、このとき、部屋をかけまわり、その部屋から公爵殿下に飛び降りていただけるのではとなお一縷の望みを持った。すでに召使二人がその部屋の窓から逃げおおせていたのだ。もし殿下が同じように窓からお逃げになっていたなら、殿下は兵士たちに見つかることも、捕えられることもなかった可能性がある。（殿下の召使二人は見つからなかったし、捕えられなかったのだから。）カノーヌは、この考えにご同意くださるようにと再度殿下に懇願した。というのも、抵抗という考えはもはや望むべくもなくなっていたからである。けれども、殿下はどうしても逃走に首肯なさらなかった」

「その後すぐから、ものすごい音を立ててドアが開き、憲兵をふくむ兵隊が部屋になだれこんできた。兵隊のある者は銃剣を前方に向け、ある者はサーベルを手にするか、銃を手にするかしていた」

「殿下の二人の副官❖28も、カノーヌとフェロンも身をもってご主人さまをお守りした。すると、かつて鬘職人だった、シャルロという名の憲兵隊長が、前日の密偵と一緒に進み出て、たずねた。『公爵はどの人間だ?』若殿さまがおっしゃった。『公爵の逮捕状を持っているなら、貴公は間違いなく公爵を知っているはずだ』『公爵を知らないから聞いているのだ』

こう言うのと同時に、憲兵隊長は彼の部隊にがなり立てた。『この人間たちをみな町の外へ連れてゆけ。そして、水車小屋のそばで私を待て』」

「それから、憲兵隊は、殿下が何とか肩にマントをかけるのももどかしげに、命令に従ってみなを連行した。殿下はズボンをはいておられたけれども、室内履きのままで、長靴もはいていらっしゃらなかった」

「われわれは町を横切った。通りという通りが歩兵隊の一団で埋まり、大勢の人が家々の窓から通りをながめ、泣いていた」

カノーヌが語っていないエピソード(慎み深さから、彼はロアン公女の名にふれないのだ)、それは、公爵の一行が通るとき、ロアン公女もまた家の窓から見ているということである。たぶん彼女は、公爵の姿をみとめたときに感じた悲痛の思いをなすすべもなく色に出していたのだろう。なぜなら、将校の一人が彼女に問うからである。

❖28＝**二人の副官**…グランスタインとシュミットをさす。

「奥さま、どれがアンギャン公爵なのか、教えていただけますか?」

可哀相な公女はただすすり泣くばかりだった。

カノーヌの回想録をまた読もう。

「町の門外に出ると、われわれは二つの水車小屋を迂回する小川のそばで歩みをとめられた。ついで、歩兵たちが小川にかかる細い板を渡り、板の真正面に待機する部隊のところへ行った。そのとき、われわれを取り囲む歩兵はしごく手薄になった。カノーヌは、小川の向こうにある道を教えようとして何度か若殿さまに合図を送った。ブドウ畑に達するには五分走るだけでよかった。誰よりも見事に、誰よりも長く走るアンギャン公爵殿下がうまくブドウ畑に達したら、歩兵らはたちまち殿下を見失うだろう。弾丸が殿下の耳元をピュンピュンかすめるかもしれないが、しかし、殿下はお逃げになるだろう」

「歩兵たちは逃走の企てに用心していたが、カノーヌの右のひらめきは、彼がご主人さまにしめした五番目か六番目の救済方法であった。しかし、これ以前にしめした救済方法は拒まれ、今回の合図は気づかれずに終った」

「そのとき、憲兵隊長がエテンハイムのブルジョワを一人(町長である)連れてやってきた。憲兵隊長は、どの人間が公爵なのか、何としてもそのブルジョワの口を割らせようとした。気の毒なブルジョワは大泣きし、何も答えなかった。ブルジョワが虐待されるのを案じた殿下は、そのとき、大きく強い声で仰せられた。

『私が公爵だ』」

「公爵を水車小屋のなかへ連れてゆくように、と命令が発せられた。それから、殿下のご側近の方々が到着するのが見えた。ご側近の方々は彼らの家で逮捕されたのだった。その人々のなかにはテュムリー侯爵さま、ストラスブール教区裁判官のヴァインボルン神父さま、その秘書のミシェル神父さまがいらした。そのとき、殿下が、肌着や幾つかの衣類を取りにフェロンを家につかわす許可をおとりになった」

続いて、殿下は農民の荷車に乗せられた。歩兵部隊が行進の先頭を行き、憲兵隊が荷車を取り囲んでいた。カノーヌはここでもまたモヒーロフの胸打つエピソードを語るのを忘れている。かつてシャルロットが公爵に贈った犬のモヒーロフは、ご主人がライン河で船に乗るのを見て、船に飛び乗る。モヒーロフは兵隊に蹴り落されるが、賢い犬は何と泳いで河を渡ろうとしたのだった。

一方、荷車の上で、公爵がそばにいたカノーヌにささやく。

「『われわれはこの先きっと森を通るだろう。そのとき、私は森に飛びこむから、私についてこい。われわれはライン河に逃げる。泳ぐときは君を頼りにする。（この細かな点は、公爵が泳げなかったことをわれわれに教える。）君にその力があるか？』『はい、殿下』、とカノーヌは申し上げた」

荷車が道を進み、若殿さまは彼を捕えた人間たちとおしゃべりをする。

「シャルロが若殿さまに聞いた。指揮をとっているのは誰かと窓から問うたのは何ゆえか、と。

若殿さまはお答えになった。『私は、無辜《むこ》の兵士ではなしに、指揮官を撃ちたいと思ったのだ』

『私です。あなたが銃でねらっていたのは』、と別の人間が答えた。

若殿さまが言いかえされた。『さよう、わかっていた。事によっては貴公はもう生きていなかったところだ！』

『別の窓から私をねらっていたのはどの人間か？』密偵が聞いた。

『私だ』、とカノーヌが答えた。『私は、貴公を殺せというご主人さまの合図をひたすら待っていたのだ』

『くそっ』、と密偵が言った。『貴公らはいかにも悪人風だ……』」

「行く道にはいかなる森もなかった。殿下は司令官宅の城塞で荷車からお降りになった。夕方の四時になっていた。扉や窓に大勢の歩哨が立つなか、殿下は大広間に入れられた。殿下のご側近の方々は夜遅くにようやく到着し、殿下と一緒にそこに入れられた。翌十六日の朝十時、ストラスブール城塞司令官ラヴァル将軍が姿を現わした。殿下のご側近の方々は、ストラスブールにおいて、翌日すぐ電報が来て、命令が発せられるなどといささかも予測していらっしゃらないように見えたし、また、若殿さまに関して証言をするつもりでいらした」（おそらくラヴァルは、公爵が城塞の客としてある期間そこにとどまると考えていたのだろう。）

「ラヴァル将軍は、室内からすべての役人を退出させて、アンギャン公爵殿下を大佐の住居に移し、その住居の最初の部屋に五〇名の監視を配し、さらに、若殿さまの監禁された部屋のそれぞれの窓の外に歩哨を置いて、窓のところに現われた者はすべて撃ち払えと命じた」

第三節

ストラスブールでの捕囚

カノーヌの回想録とともに、ここに公爵の日記が遺されている。短い文章で、とぎれとぎれに記されたその日記に、囚われの公爵はみずからの捕虜生活の様子を刻一刻書きとめている。ラヴァル司令官がやってきた十六日金曜日、公爵は記している。

「居場所を変えると知らされた。これからは食費や、たぶん薪、灯火の代金も支払わなければならぬ。廊下からであれば、テュムリー、ジャック、シュミットの諸氏の部屋と連絡をとることができるけれども、しかし、室外に出ることはできない。私も、私の腹心たちも。だが、私のいる棟の裏の中庭にある小さな庭園を散歩する許可を得られるだろうと告げられる。二人の監視と、一人の将校が私の部屋の扉に立っている。夕食後、グランスタインが私からひき離される。彼は中庭の反対側の独房に投ぜられる。この別離が私の不幸を一段とつのらせる」

公子の思いが不仕合せなシャルロットへと向く。彼は彼女の苦しみを察する。彼は彼女に宛てて筆を走らせる。以下はその書翰からある部分を抜粋したものである。

「ストラスブール城塞より　三月十六日金曜日

この便りは確実に御身に届けられるとの約束を得ています。私の現在の身の上についてはご安心を、と今ようやく御身に書くことができます。私に好意を寄せてくれた近隣の人々みなにもお伝えくださるよう願いつつ、寸刻を無駄にせず、ご安心を、と御身に書いているのです。私の唯一の心配は、この便りが届きましたとき、御身がエテンハイムにおいでにならないのではないか、御身がすでに当地へ向かわれているのではないかということです。御身に再会するを得るという幸は、私の境遇を御身にも味わわせかねぬという恐れを超えるものではありません」

「彼らはみな私に敬意と礼儀とをしめしてくれています。ただし、自由は別です。何となれば、私は自分の部屋から出ることができませんし、可能なかぎり部屋にとどまっていますので。私がそう望みましたため、昨夜、私の腹心たちはみな私と一緒に休みました」

「彼らは、私から押収し、私の面前で、私の封蠟《ふうろう》ですぐと密封した文書を精査するに相違ありません。私の見たところ、その文書は私の両親および国王の書状数通と、それに、私の書翰の写し数葉です。革命の期間中、私の名と私の考え方が私を危険にさらすことはありませんでしたから、御身もお察しのように、これらの文書が私を危険におとしいれる恐れは毫もありません。これらの文書は残らずパリに送られるのだろう思います。一方、彼らは、私が話したことに基づき近々私を釈放する旨、私に請け合ってくれました」

「彼らは、デュムーリエがこの近辺にいるに相違ないと考え、彼を探していました。彼らはわれわれが一緒に内談していたと考えているようでしたし、デュムーリエは第一執政の生命に対する陰謀の関係者とされているようです。これらは一切私の与り知らぬことですから、私は自由が得られるものと希望を持っています」

「私の腹心たちの情愛が絶えず私の目頭を熱くします。彼らは逃げることができました。彼らは私に付き従うよう無理強いされたわけではないのです。彼らは逃走を望まなかったのでした。私はフェロン、ジョゼフ、ポーランと一緒にいます。思いやりあふるるモヒーロフは一歩なりとも私から離れませんでした」

「さようなら。公女よ、御身に対する私の優しい、心からの愛情を、御身ははるか遠い昔よりご存じでいらっしゃいましょう。自由の身であれ、囚人の身であれ、この愛情はいつの日も変わらないでしょう」

人を信じやすい公爵はこの書翰を某大隊長に手渡す。某大隊長はそれをラヴァル司令官に渡す、――司令官は、書翰をエテンハイムで押収した文書に同封する。そして、文書一式はパリに郵送される。公女は公爵のこの書翰を決して受け取ることがないだろう。

第四節

国境を越える「アンギャン公妃」

しかも、公子が書翰をしたためたとき、公女シャルロットは、公子の予想したとおり、もうエテンハイムにはおらず、ストラスブールに来ているのである。公子が連行されたのち、彼女は、逮捕されるのを覚悟のうえで——なぜなら、彼女は「永久追放」の亡命者とされているのだから——、狂ったようになってストラスブールにかけつけた。彼女は、警察署長の居宅で大胆にも「アンギャン公妃」と名乗りさえする——彼女は、このときただ一度だけあえてこの身分をわがものと主張するのである。しかし、パニックは万事を正当化する。彼女は捕囚との面会を求めて特別の計らいを願う。が、特別の計らいは拒否される。しかし、彼女が現われたので、警察は彼女を文字どおり尋問する。シャルロットは、アンギャン公爵の妻である自分は夫と運命をともにするために来た、と簡潔かつ感動的な言葉で答える。

彼女は警察から解放され、もうどうしてよいのかわからないままストラスブールの町を数時間さまよう。はたと彼女に一つの考えが浮かぶ。それは、絶望から噴き出した考えであり、第一執政の足下にひざまずくというものである。けれども、パリに上るには旅券が必要だ。彼女は急ぎ県庁へ行き、通行許可証の交付を求める。しかし、通行許可証の交付が拒絶されたばかりでなく、逮捕されぬよう、至急また国境を越えて帰るべしと厳命されてしまう。

逮捕されたなら、公爵釈放のために力添えできなくなると考えたシャルロットは、不安と苦悩とで憔悴し、ライン河への道をもどることにする。が、今し方、彼女にはもう一つ別の考えが浮かんでいた。カールスルーエに行くという考えである。そのころ、スウェーデン国王[29]が義父のバーデン選挙侯の宮中に滞在しており、彼女は、バーデン選挙侯およびスウェーデン国王の権威がこのたびの事件でものを言ってくれればと途方もない望みをいだいたのだった。

公妃がストラスブールを立ち去った時分、公子は沈んだ様子で日記に書く。

「今朝、私は公女に便りをした。便りは司令官ラヴァル将軍を通して送った。返書は受け取っていない。私は従者の一人をフランス東部[30]によこすようラヴァル将軍に依頼した。おそらくすべて拒否されよう。四方八方厳戒態勢なので、誰とも連絡をとりえぬ。この態勢が続くとすれば、いずれ絶望が私をおそうだろう」

翌日、三月十七日土曜日、公子はまた日記に記す。

「私の便りがどうなったか、私は知らない。公女のご健康が心配でならぬ。私の書いた一言でもお読みになれば、健康を取りもどされるだろうに。何ともはや、私は不幸だ」

同じ日、公子は、家で押収された郵便物が臨時便でパリに送られたことを知る。

カノーヌに語らせよう。「十七日はどちらかと言うと一日静かに過ぎた。午後、シャルロ憲兵隊長とストラスブール教区裁判官がアンギァン公爵殿下のところに来て、殿下宅で押収された書類カバンに入っていた数々の文書を殿下に読み聞かせた。殿下は、文書はすべてご自身のものだとおみとめになった。それら文書のなかには殿下のご遺書もふくまれていた。殿下は遺書に何かを加筆するを得るや否やとおたずねになった。遺書の主は殿下だから、遺書は殿下に渡すと返答がなされた」

遺書において、公子は、コンデ大公から贈られた銀製食器と、なにがしかの財産とを使用人たちへ遺贈するとし、これ以外の遺産についてはすべてをシャルロット公女に遺すとしていた。公子は、押収された文書のなかに女友達からもらった手紙が数通あることに気づいた。それで、彼はシャルロに依頼する。

「それらが政府の目にとまらぬよう、極力秘密厳守として扱われたい」

しかし、シャルロは何も請け合えなかった。文書は残らず第一執政に送られていたからである。

「同じ十七日の晩方、司令官と大隊長が殿下のところにやって来て、先刻受けた命に従い、城塞に殿下の牢獄を設ける、殿下はそうしたいと思うときに城塞で散歩できると告げた。ついで、司令官は次のように加えさえした。殿下が庭いじりを好むのを知っている、何なら殿下の牢獄の庭を耕して時間つぶしをしてもよい、と。この報告に、殿下は満足げでいらした。殿下はカノーヌに仰せになった。

『よろしい。明日曜日、われわれはミサに行き、月曜日に働こう』」

夕食のとき、公子はおおむね快活にふるまう。

「『こうした事態は』、と殿下が友人たちにおっしゃる。『たぶん種々の思い違いの結果にすぎない。なぜなら、私は厳しく扱われているが、厳しく扱うのを正当化するものは私の行動にも交信にも何一つないのだから』。(この点に関して、公子はたいへんな勘違いをしている。とくに交信に関しては。)『私に起こりかねないはるかに悪いこと』、と殿下がお続けになる。『それは、イギリスとの和約がなるまで囚人として収監されたままでおかれることだ。わが友たちよ、貴公らについては近く釈放されるものと確信している』」

❖29＝**スウェーデン国王**…グスタヴ四世　アードルフ(在位一七九二年―一八〇九年)。

❖30＝**フランス東部**…ストラスブールの意。

その夜、公爵は「より満足げに」就寝する。

第五節

パリへの道

「三月十八日午前一時、誰かが扉を手荒くたたいた。カノーヌは若殿さまのベッドのそばに寝ていた。『誰かが扉をたたいている』、と若殿さまが高声でおっしゃった。『カノーヌ、開けてくれたまえ！』多数の憲兵と一緒にいとわしいシャルロが立っていた。

『さあ、公爵殿、われわれについてきてください』

カノーヌはご主人さまに衣服をつけて差し上げた。それから、カノーヌは肌着類の包みを作り、それを小脇にかかえた。そして、すでに勾引されていらしたアンギャン公爵殿下の後を追った。だが、カノーヌは、殿下は単身出発するのだと言われてしまう。

『それでは、誰が殿下のお世話をするのですか？』カノーヌは叫んだ。

憲兵隊長が言った。『彼には大勢の人間をつけますよ』

『しかし、その人間たちはお務めを知らないでしょう。私は、わがご主人さまにお供したく思います。ご主人さまから離れたくありません！』

殿下のお姿は遠ざかるばかりだった。カノーヌは憲兵をはねのけて進もうとした。が、彼は押しもどされ、銃床の力でもって嫌というほど手荒く扱われた。アンギャン公爵殿下がふり向かれ、この様子を目になさった。『もどれ、ジョゼフ。もどれ。君がしてくれたことをいつまでも感謝していると信じてくれ』、と殿下がジョゼフ・カノーヌに向かってお声をふり立てられた」

これが、主人のなかで最も立派な主人が使用人のなかで最も忠義な使用人にかけた最後の言葉であった。城塞を去る前、公爵は一人、また一人と腹心らを抱擁する。

彼は言った。「友たちよ、貴公らの運命のためにもう何もなしえぬこと、遺憾に思う。安心してくれたまえ。われわれはまた会えるだろう」

一方、カノーヌはなお記憶を呼びさます。

「殿下はご出発あそばされた。しかし、それからまた以下のような信じがたいご不運が殿下を待っている。ストラスブールから二八キロのところに、木々の繁茂するヴォージュ山地につらなる山の一つサヴェルヌ山がある。この山は恐ろしく険しく、恐ろしく高く、断崖に囲まれた山である。それゆえ、この山は並足で登らなければならないし、まさにたいていの場合、旅人は馬から降りる。数人の忠実なアルザス人が、アンギャン公爵殿下がこの山を通過なさるときに殿下をお救いするという計画を立てた。だがしかし、殿下は二十四時間早くストラスブールを出発させられ、計画は挫折した。数日後、やはりパリに連行されたミシェル神父さまは、用足しに行きたいと言ってサヴェルヌ山で馬車からお降りになり、神父さまを監視していた二人の憲兵からお逃げになって、二度と捕まらなかったのだが〔原注　仲間のプリュイヌ男爵が、自由に使うようにと救援者たちに二万五〇〇〇フラン渡した〕」

「かくして、アンギャン公爵殿下はパリへと向かわれた。われわれが知っているのは道中のことだけである。疲労すれば、殿下が時折弱気におそわれる瞬間を何とか生み出しうると考えたために相違ないが、憲兵たちは殿下に食事も睡眠も与えないままだった。また、殿下のご立派なお心はあらゆることに堅忍して動じなかったということ、殿下のご気概は断じて衰えはしなかったということも一般に知られている。そして最後に、殿下は目隠しされるのを拒絶なさり、起立の姿勢でご絶命あそばされたということも知られている」

涙のカノーヌがその忠節の代償をはらうよう、彼を独房にもどしてそっとしておこう。

第六節

シャルロットの風変わりな母

パリでは、第一執政をとりまいていた王政主義者たちのあいだにきわめて激しい動揺が広がっている。さまざまの風聞がもれ出て、人々は間近に迫った重要人物の逮捕について話している。

当代並びない佳人の一人であるケラ夫人のサロンに身を置いてみよう。ルイ十八世が王位に復辟したのちのある日に国王の寵妾《ちょうしょう》となるケラ夫人は、一八〇四年当時は二十歳のみずみずしい女性であり、すでに夫と離婚している。旧姓をゾエ・タロンといい、オメール・タロン侯爵❖[31]の令嬢である彼女は、賢く、派手に動きまわる女性で、執政政府の新しい社会の魅力にとらわれており、テュイルリー宮殿をよく訪う。宮殿では、ブルボン王家に対する彼女の愛着に話をおよぼして、ボナパルトがしばしば彼女をからかう。

三月十一日ないし十二日、オルドネール将軍が馬車でストラスブールへと向かっていた日、いまわしく、気がかりなあの日——、第一執政は、ジョゼフィーヌを訪問したゾエを呼びとめる。

「あのリヴィエールや、あのポリニャック兄弟がパリで何をしたかですって？　暗殺者たちと手を結んでいるのですから、彼らは人殺しではありませんか？　奥さま、よくお聞きくださって、あなたが毎日お会いになる人々にお伝えください。つまり、今後、私は私を脅かす者は何人であれ親殺しとみなすということです」

ボナパルトの怒りに動転したゾエは、夜、ボナパルトの言葉を父親に伝える。第一執政の怒りが首謀者にふりかかり、首謀者が他の人間たちの代償をはらうことになるのは明らかだ。それにしても、首謀者は誰か？

元法官オメール・タロンの頭に「突然」アンギャン公爵の名がひらめく。

「娘や、よくお聞き」、とタロン侯爵は言う。「不機嫌からもれ出た警告を聞き流さぬようにしよう。すぐにロシュフォール公爵夫人をお訪ねし、即刻かつ安全にご令嬢と連絡をとる何らかの方法があるかどうか、夫人にお伺いするがよい」

ゾエは、一刻も無駄にせず、父の言に従う。都合よくロシュフォール公爵夫人はゾエの屋敷の近くに住んでいる。自邸に客を迎え、第一執政に敬意を表して創作した五〇〇の詩句の作品を客たちに朗読している公爵夫人を、ゾエは見出す。というのも、シャルロットの母親は今やボナパルトの熱狂的讃美者なのである。

❖31＝**オメール・タロン侯爵**…タロン侯爵アントワーヌ・オメール（一七六〇年生—一八一一年没）。元王立裁判所判事で、ケラ伯爵夫人ゾエの父親。憲法制定国民議会代議員となり、国王の秘密警察の首長として活動。一七九二年の八月革命時に亡命したのちは亡命貴族側の工作員として尽力し、九九年に帰国。

もっとも、そのサロンで公妃殿下と呼ばれるのは嫌がっていないのだが……。

ゾエは、公爵夫人が詩の朗読を終えるのを礼儀正しく待つ。彼女は慧眼をもって公爵夫人を観察する。

「この奥方は、機智はあるものの、さほど分別がなく、ロアンらしく生きることにしばられる不幸や、ロアンの名を持つ者みなにしばられる不幸をあまり知らない女性だとのご評判でいらした。彼女は大革命時代を当時の人々とともに支離滅裂にお暮らしになった。彼女のご家族が家の古文書としてご保存なさらないような時事的な詩を作る、ご自分の「高い身分」を忘れる、よき共和主義の活動を行なう、そして、柔軟性——私の父はこれを柔軟性とは違う言葉で呼んだが——を発揮して、ついにご自分のお命——彼女はご自分のお命にとびきり法外な代金をお支払いになったから、命にたいへん執着していらしたのだ——を救うなどなさった。彼女の会話は、果てない物語で長引かないかぎり、たいそう楽しかった。私は彼女のご令嬢お二人を存じ上げていた。お一人は、かなりみすぼらしい結婚をなさったカスティーユ男爵夫人〔原注　同男爵夫人はシャルロットの姉妹ではなく、姪であって、兄シャルルの娘である。同男爵夫人は、（さほどみすぼらしい結婚をしたわけではなく、）南フランス・ユゼス出身の裕福な人物カスティーユ男爵フロモンに嫁いだ〕、もう一人はクレマンティーヌ公女である。同公女は、帝政時代に皇帝を崇拝なさり、ご自分の身分を顧慮されなくなった。王政復古以後は元の身分にかなう立場にもどられたという噂だ」

ロシュフォール公爵夫人がやっと最後の詩句を口にし、儀礼的な拍手喝采を受ける。客たちが退出し、ケラ夫人が訪問の目的にとりかかることができる。公爵夫人をしてエテンハイムに確実に通知を送らせうるか？

「公爵夫人は肘掛椅子で動揺なさりながら私の話をお聞きになった。彼女は、娘やその婿殿と直接手紙の交換をしていない、恐怖政治のあいだ、自分は用心してみずからの社会階級の明らかな非を償おうとつとめたので、娘は自分に見向きしなくなったとお答えになった。『私が慎み深かったものでございますから、シャルロットは私のジャコバン主義をとがめました。ですから、私たちはお互いにあまり便りをしないようになりましたの。クレマンティーヌとシャルロットとのあいだには時折手紙の往来がございます。娘たちから「義兄」[32]に何か知らせてほしいとお望みでいらっしゃいましたら、娘たちは喜んであなたをお手助け申し上げると存じますわ』。続いて、公爵夫人は何が問題になっているのかを知ろうとなさった。そして、密偵らしい人間たちのエテンハイム到着につき、公子に警戒をうながしたいのだと知ると、驚きの声をお上げになった。『――この件につきましてはあまりご心配なくあそばせ。アンリ〔原注　アンギャン公爵はアンリとも呼ばれていた〕は秀でた青年でいらっしゃいます。彼でしたら、この世のすべての密偵でもものともなさいませんわ。彼は「妻」〔原注　一八三〇年版では「義兄」「妻」の部分がイタリック体になっている。これは、貴賤結婚の噂がパリをかけめぐり、この結婚を信じるか否かが問題になったということを明かしている〕を愛しておいでになります。そして、花を育て、ウサギや小鳥の世話をなさっていて、ほかのことにかかわっていらっしゃいません。彼は、ご家族にあまり似ておられず、戦うことも、陰謀をめぐらすこともおできになりませんわ』」

帰宅したケラ夫人は徒労に終った訪問について父親に報告する。どうしよう？　どうやってエテンハイムと連絡をとればよいのか。突然、来客が告げられる。（無為に身をゆだねていて、かつてないほどゴシップ好きになっている貴族社会では、人が次々訪れる。）

[32]＝「義兄」…アンギャン公爵のこと。

第七節

タレイランの冷徹さ

訪れたのは重要人物であって、筆者のケラ夫人はこの人物の名を挙げていない。執筆した当時、「その人物はまだ存命だったからである」。しかし、彼女は、その人物が誰かわかるように書いている。「いつもそうであるように、また、そうあらざるをえなかったように、彼はようようサロンに入っていらした……」。当代にそぐわぬ、旧制度時代の優雅さを見せつつケラ夫人のサロンに現われたのは足の不自由なタレイランである。

みなはさまざまな出来事について話し、王党派の策謀や第一執政の憤怒について話す……、第一執政の憤怒に話がおよぶと、ケラ夫人が勇ましく攻撃に出る。

「第一執政閣下のご不満が、ご自身の権力のおよぶ指導者たちだけでなく、もっと遠くにいる指導者たちにまで向かうのを、あなたはご案じではいらっしゃいませんの？」

諸事万端承知していながら（なぜなら、この日は三月十二日であって、アンギャン公爵を逮捕すべくすでにあらゆる方策がとられていたのだから）、タレイランはそ知らぬふりをする。

「『はてさて、ご不満がどこに向けられるというのでしょう？　執政閣下はそう長い腕をお持ちではありませんから、イギリスへ向けられることはありますまい』

『けれども……、ライン沿岸まででしたら？』

『ライン沿岸？……』

『ええ、申し上げていること、おわかりではございませんか？　アンギャン公爵さまは今どちらにおいでになるのございましょう？』

『エテンハイムにおられると思いますが』

『そちらにおいでになります？　それとも、もうそこをお発ちになられまして？』

『存じません』

『ご存じではございませんの？』とケラ夫人は叫ぶ。『あなたがご存じでなければ、どなたがご存じなのでしょう？』

『私は万事を見とおす千里眼を持っておりません』

『そうだといたしましても、まあ結局は、万事を知るお方は万事を見とおすお方と同じでございますわ。執政閣下のお気持にはあのご高貴な公子さまに敵意がおありなのではないか、と私は心配でならないのです。あなたはどうお考えになられまして？』

『ありうることですな』、とタレイランが冷静にお答えになる。

『よろしゅうございますわ、あなたには嘘偽りなくいらしていただきたいのですけれど』、とあまり納得していないケラ夫人が声を上げる。『では、私はシャルロット・ド・ロアン゠ロシュフォール公女さまにお便りを差し上げたいと思うのですが、それを至急に、そして確実に公女さまにおとどけできますかどうか、あなたにおたずね申し上げますわ』

『ああ何と！　少々行きすぎじゃございませんか！』こうして完全にそ知らぬふりをするのを楽しんでいるタレイランが驚きを装われる。『抜け目ない外交官に私が命じることですよ！　シャルロット夫人に手紙を書くなどということは！　それにしましても、お手紙に何を書くおつもりですか？』」

ケラ夫人は率直に応じる。

「エテンハイムを去らなければ、公子さまは破滅なさると書きますわ」

「そのほかには何もお書きにならないのですか？　それで、お手紙の仲介するのは私というわけですかな？」

みずからを奮い立たせ、深刻な表情でケラ夫人が政府高官を見つめる。

「あなたが私のお願いを拒まれ、その結果、致命的な事態が起こりましたら、あなたは何と言ってお申し開きなさいますか？」

タレイランは姿勢を正し、真面目な顔つきになる。

「手紙を書くと思いつかれたのが遅すぎた、とあなたをおとがめするでしょうな」

ケラ夫人は手紙を投ずるという献身が無駄だと悟る。彼女はまた肘掛椅子に坐る。涙が流れる。

「あなたは逮捕にご同意なさいましたの？」と彼女は口ごもりながら聞く。

「『何にも同意しませんでしたよ』、といつものご自分に返ったタレイランが応じられる。みなは、『彼の』お惚《とぼ》けをおとどめし、より好意的な感情をいだいていただこうとした。が、うまくゆかなかった。彼はご自分のしたいようになさるのだ」

ケラ夫人はまだ自分の敗北をみとめていない。誰かがまだ公子のためにとりなしてくれる。そう、ジョゼフィーヌがいる。ジョゼフィーヌが気のよい女性であり、王政主義的心情を持っていることはよく知られている。翌日、ケラ夫人はデスポー夫人の最新流行の婦人服飾店に急ぎ、そこでボナパルト夫人に会うことができた。彼女は、アンギャン公爵のためを思い、数語、うまくボナパルト夫人に耳打ちした。（ケラ夫人はこう述べている。）ジョゼフィーヌがケラ夫人を落ち着かせて、胸に抱く。ジョゼフィーヌは第一執政に話をし、アンギャン公爵問題を「内々の家庭問題」にするだろう。

　ケラ夫人によると、ジョゼフィーヌとナポレオンとのあいだに目もあてられぬほどの険悪なシーンがくりひろげられたという。

「第一執政は厳しくお答えになった。『余計なお節介はしないでくれたまえ。あなたは帽子を作るとか、仕立屋や服飾商の勘定書の額をふくらませるとかしていればよいのだ。ふくらませすぎてもいけないが。国の統治は私の思うようにやらせてほしい』

けれども、ジョゼフィーヌはなおおっしゃった。『ボナパルト、お忘れにならないで。あなたはあの公子を独居房におつなぎになれませんわ。あなたが公子を死にいたらせようとなさいましても、それはできないことですわ』

『そんなことはない、彼が罪を犯したとすればね』

『彼は罪を犯していらっしゃいませんわ』

『彼は罪を犯した、と私が言ったら、黙って殺害させるのかね？』

『殺害だなんて、そんな行い、できっこありません。不気味な嘘でございますわ』

『くりかえして言うが、彼は殺人を企てているのだ』

『そんな馬鹿なこと！』

『彼は勾留されている者たちと結託して陰謀を企てたのだ』

『まあ、そうだといたしましても、お心の寛いところをお見せくださいませ。あなたのご栄光に赦しをお加えくださいませ。そうすれば、あなたは、血潮にまみれていらしても、完全に偉大になられましょう……』

『私は自分の利益に副って行動するだろう。あの人物は私の命運を左右する敵だ。彼は、その一族のなかでも、個人的に恐れなければならないただ一人の人間なのだ。好んで危険な企てに身をさらしうるただ一人の人間なのだ。彼は私を破滅させようと動いている。彼は私の死を望んでいる。そう、だから、彼のほうが死ぬんですよ！』」

レミュザ夫人と同じく、ブリエンヌ[33]も、『回想録』でほぼ同じシーンを語っている。ひとりロヴィーゴ公爵[34]だけが、ジョゼフィーヌがアンギャン公の危機を聞き知ったのはアンギャン公の落命後だから、ジョゼフィーヌが同公のために第一執政にかけ合うはずがないと述べている。主だった証人に従えば、ボナパルトの家族の他の人々、つまり、義理の娘オルタンス、三人の姉妹、二人の兄弟、さらに母レティツィア夫人でさえも、みな揃って銃殺の決断を考えなおすよう第一執政に願ったという。やはりケラ夫人がそのシーンを語っている。

「『ナポリオネ、私があなただったら』、とレティツィア夫人がおっしゃった。『じっくりと慎重に考えますけれど』

『母上、国家元首というのは人を罰するのであって、人に仕返しなどいたしません』

『そりゃ結構だわ、息子よ。ご立派な言い分ですこと。私の息子は私の家族の誰も殺めませんでした。同じように、国家元首として寛容であってくれたらもっとよいのに。寛容はコルシカに無縁の美徳だけれども……』」

後年、ナポレオン自身は、『覚書』[35]において、人をほろりとさせるこれらのシーンと食い違うことを語る。――彼は言うだろう。「ジョゼフィーヌにしろ、他の人間にしろ、アンギャン公爵を思って私に働きかけたというのは嘘の嘘である。逆に、内閣全体が満場一致で正当な報復手段に訴えるべしとの意見に同意していたし、就中、タレイランが最も熱烈に同意していた。というのも、タレイランの頭から離れぬ原則は、フランスの安寧を確乎たらしめんがため、ブルボン王家の人間を全員滅ぼさねばならぬというものだったからである」

第八節

レミュザ夫人の涙

御受難の主日[36]、レミュザ夫人がボナパルト夫人と一緒にマルメゾン宮[37]へと向かう。馬車に乗ったジョゼフィーヌは悲しげで、気がかりのふうつきであり、次のような言葉をもらす。

「重大な秘密をあなたに打ち明けますわ。アンギャン公爵を捕える任務のため、コーランクール氏[38]をフランス国境へ送った、と、今朝、ボナパルトが教えてくださいましたの。コーランクール氏たちは公爵さまをパリ

❖33＝**ブリエンヌ**…ルイ・アントワーヌ・フォーヴレ・ド・ブリエンヌ（一七六九年生—一八三四年没）。イタリア、エジプト遠征に従軍。一七九七年にナポレオンの秘書となり、一八〇四年、ハンブルク駐在公使就任（—一三年）。『回想のナポレオン』全十巻を執筆。

❖34＝**ロヴィーゴ公爵**…ロヴィーゴ公爵アンヌ＝ジャン＝マリー・サヴァリー（一七七四年生—一八三三年没）。一八〇〇年にボナパルトの副官、〇三年に将軍。〇一年より、第一執政直属の特別憲兵隊の司令官として秘密警察を指揮した。一〇年、一般警察の大臣に就任。『ナポレオン史のための回想録』を出版。

❖35＝**『覚書』**…ナポレオンがセント＝ヘレナ島で口述した『セント＝ヘレナ覚書』（一八二三年）をさす。これを筆記したのはラス・カーズ伯爵エマニュエル＝オーギュスト・デュードネ（一七六六年生—一八四二年没）。同伯爵は、ルイ十六世治下に海軍士官であり、一七九一年に亡命、翌年いっときコンデ軍に参加したのち、九九年までイギリスに亡命生活を送った。帰国後、第一執政ボナパルトの侍従、国務院議員を歴任し、皇帝に随行してセント＝ヘレナ島に渡った。

❖36＝**御受難の主日**…旧典礼では復活祭の二週間前の日曜日。現典礼では一週間前の日曜日。この年、一八〇四年の御受難の主日は三月十八日の日曜日。

❖37＝**マルメゾン宮**…パリ西郊にある城。

に連れてくるはずですわ」

レミュザ夫人は悲鳴を上げる。公爵はパリでどうされるのか？

「『そう、ボナパルトは公爵さまを裁判にかけるようお命じになるでしょう』、とジョゼフィーヌがお答えになる。『あの公爵さまがお命を落されることはないとの約束をボナパルトからとりつけるために、私はできるだけのことをいたしました。でも、ボナパルトのお心はもう決まっているのではとても心配していますの』『何ということでございましょう？　第一執政閣下が公爵さまを死に追いやられる、と奥方さまはお考えなのでございましょうか？』

『それを恐れていますの……』」

別の証言は、これほど立派なものではなく、ジョゼフィーヌは、アンギャン公爵の身を案ずるどころか、しきりに馬車の昇降口に頭を近づけて供の若い将軍を見ていたと伝えている。

翌十九日、ジョゼフィーヌは、第一執政に対する彼女の働きかけが無駄骨に終った、とレミュザ夫人に知らせる。「ボナパルトは申しましたの。女性たちはこうした問題に口出しせずにいるべきだ、アンギャン公爵はイギリスの復讐を利しかねない、公爵の名声を後ろ盾に、兵士らが決起せぬともかぎらない、公爵が死ねば、兵士らはブルボン王家と完全に袂を分かつだろう、休息をもたらす死は政治においては罪にはならない、と」

レミュザ夫人は泣きくれた――これは彼女が語っていることだ。彼女は、当時、ボナパルトを讃えていた。だが、このような大罪により、ボナパルトが「自身の純然たる栄誉」を穢すかもしぬというところまで考えていたわけではなかった。彼女はあらためてジョゼフィーヌに働きかけを願う。しかし、賭けはなされたのだ。

「すべて無駄でしたわ」、と翌日、ジョゼフィーヌはレミュザ夫人に言う。「アンギャン公爵さまは今夕お着きになります。公爵さまはヴァンセンヌ城に送られ、今夜、裁判にかけられるでしょう。ミュラがすべての事にあたっています。この事件でのミュラにはゾッとしますわ。ボナパルトを追い立てているのは彼ですの」

これらの証言にもとづけば、べらぼうに怒ったボナパルトが、そして、王政主義者たちに大打撃を与えて、恐怖におとしいれたいと思ったボナパルトが、アンギャン公は有罪か否かを問わず死ななければならない、公は他の全王政主義者のために犠牲をはらわなければならないと考え、公の銃殺を決断したということが明らかになる。

結局のところ、右のような考えはボナパルトの根本的な考えを表わしている。すなわち、彼にとって、人間の命は要するにほとんど値打がないという考えである。それゆえ、やはり渦中にいたジョゼフの証言は話半分に聞かなければならない。もっとも、ジョゼフの証言を引用するのは、ひとえにその証言がコンデ大公の輝かしい時代に言及しているからなのだが。ただ一つの強烈な思い出を通して、大公の時代が、今、マルメゾンで演じられているドラマにつながる。

❖38＝**コーランクール氏**…コーランクール侯爵アルマン＝オーギュスタン＝ルイ（一七七三年生―一八二七年没）。ライン方面軍で戦ったのち、第一執政ボナパルトの幕僚（一八〇二年）。ペテルブルク駐在大使（一八〇七年―一一年）を経て、一八一三年から一四年と、ナポレオンの百日天下時に外務大臣をつとめる。

第九節

ジョゼフの回想

さて、三月十九日の朝、第一執政の一声でジョゼフがマルメゾン宮に呼ばれる。ボナパルトの兄ジョゼフは急いで呼び出しに応じる。馬車を降りるや、彼は、窓の向こうで合図している義妹ジョゼフィーヌの姿をみとめる。間もなく、クレオル女性[39]があわてて控の間を通りぬけてジョゼフのほうに進み、愛情をこめて彼の腕をとる。

「まあ、ねえ兄上さま、何が起きているか、ご存じじゃございませんわね！　アンギャン公爵さまが逮捕されましたの。公爵さまはじき裁判にかけられます。ボナパルトが兄上さまを呼ばせられましたのも、兄上さまとこのことを話すためでございますわ。ボナパルトがどれほど穏和で善良な(？・)心ばえのお方か、私、存じております。けれども、私は彼のブレーンたちが怖いのです。ほら、今、彼はタレイランと一緒に散歩しておいでになり、この事件について話をしていらっしゃいます。あの足の不自由な悪人を、私がどのくらい恐れているか、兄上さまに言葉で申し上げられないほどでございますわ」(ジョゼフィーヌがタレイランを嫌悪していたのは正しい。)

「お願いでございます。タレイランの言葉の悪影響を打ち砕いてくださいませ。ただし、兄上さまが私にお会いになったことはおっしゃらないでくださいませ。兄上さまのお言葉が兄上さまお一人のお考えから出た、とボナパルトがお思いになりましたら、この事件について兄上さまが仰せのことはより重みを持つはずでございますから。さあ、お二人がいらっしゃいますわ。私は逃げます！」

彼女はそう速く立ち去らないので、視力のよいボナパルトは彼女の姿をみとめる。ボナパルトが親愛の情をこめて兄に言葉をかける。

「たいへんお待たせしました、モルトフォンテーヌ殿。[40] 兄上は誰にもお会いになりませんでしたか？ 私は、窓の向こうで兄上を待ち構え、じりじり動いていたジョゼフィーヌの姿を見ましたが。妻は兄上のほうへ走ってゆきませんでしたか？ 妻は事件のことを兄上に話しませんでしたか？」

ジョゼフは勿体ぶって嘘をつく。いや、ジョゼフィーヌに会いませんでした、今、参ったばかりです、と。

それで、ボナパルトは、デュムーリエとの共謀の嫌疑でアンギャン公爵を逮捕させた、公爵をじき裁判に付す、とジョゼフに知らせる。

ジョゼフは、突如、オータンの中等学校、優等生表彰式、そして、年少の「蛮人」の願いをかなえようとコンデ大公がしめしてくれた開豁《かいかつ》なとりなしを思い出す。

「ナポレオン、君は、コンデ大公の中等学校ご光来について書いた私の手紙を覚えているだろうか？ 大公が表彰してくださったとき、私がどんなに誇らしく感じたか、君は覚えているだろうか？ 暗誦するよう言われた牧歌調の詩句を、あのとき君に送った『コンデ、いと輝かしき名なり……』というカンタータのリフレインを覚えているだろうか？ オータンの司教は私を聖職者の立派な将来へと導いてくださっていたが、その将来を捨て、砲兵隊に入りたいという私の願いを大公がお受け容れくださったときのご厚情を覚えてい

❖39＝**クレオル女性**…西インド諸島、ギアナなどの旧植民地に生まれた白人女性。ジョゼフィーヌをさす。

❖40＝**モルトフォンテーヌ殿**…ジョゼフがモルトフォンテーヌ（パリ北東四〇キロの村）の城館に住んでいたため、ジョゼフを城館の名で呼んだ。

るだろうか？　当時、私への愛情から、君は君でどのようにして海軍を諦め、私と同時期に砲兵隊に入隊したか、覚えているだろうか？　ある日、君がコンデ大公のご内孫の運命に判決を言いわたさなければならないなどと、こんな運命にわれら二人を追いこんだのは誰なのだろう？」

ジョゼフが話すにつれ、ナポレオンの顔がゆがみ、彼の目から涙がこぼれる。（ある日、ジョゼフは某ジャーナリストに言うだろう。「何となれば、いいかね。わが弟ナポレオンの気質はかくも善良で穏和なのだから」。）

第一執政は兄の腕にもたれ、溜息まじりに言う。

「友よ、コンデ家にとって何という出来事、何という不幸だろう！　だがしかし、この逮捕から、コンデ家、国家、そして私自身にとってよい結果が生じないともかぎりません。というのも、この逮捕によって、私は、わが身の実際の姿をみなにしめす機会を得るのですから。私は相当強い人間ですから、ブルボン王家など恐れていないのです。アンギャン公が私に書状をよこして、私の善意にすがろうとしている、と私に話す者がいる。しかし、公が私に書状をよこしても、そうでなくても、公は、私のうちにただ公のためを思う善意と、彼を赦免したいという願望とを、いや、願望だけでなく、赦免の意志をも見出すはずだ。私は、アンギャン公の不運に親しみをこめて手を差し伸べることができたらと思っていますよ」

ここで、第一執政は自分の想像のなかに浮かぶ栄光の夢にほほえむ。

「いつか大コンデの子孫をあなたの弟の副官のなかに見出すことができれば、兄上も嬉しくお思いでしょう、そうではありませんか？……」自分の太っ腹にほろりとしたボナパルトは話を続ける。「公を副官にできたなら、私は嬉しいですよ。兄上に断言しますが、私の心は非常な善意と温情とによって公を受け容れますよ」

ジョゼフは常々ボナパルトを向こう見ずな男とみなしていたが、ブルボン家の人間を自分の副官として仕えさせるという弟の「案」を聞いたとき、どう思ったか、ジョゼフはそれを私たちに述べていない。注意深いジョゼフは、ボナパルトが、自分の助言者たちが自分に対し将来どれほど寛容たりうるか見積るのを聞く。カンバセレスはボナパルトに憐憫を表わすただ一人の人物である。「他の人間以上に公然と古い過去を断ち切ることで、何としても新たな復古王政への転向が本物だとしめそうとする」タレイランは、逆に、血も涙もなく容赦なしにボナパルトを語る傾きを見せる。

「しかし」、とボナパルトはしめくくる。「私はこれら欲得ずくの助言に身をゆだねはしない。私は人間の言葉から人間の心を読むことができるのです」

それから、彼はジョゼフに対し、第一執政はアンギャン公の事件を善処する意向との噂をジョゼフの周辺に流すよう言って、ジョゼフを帰す。モルトフォンテーヌの御殿に帰ったジョゼフはボナパルトに言われたとおりのことをする。彼の御殿では数人の客が待っており、客のなかにはスタール夫人[41]もいた。

さて、胸にぐっと来る右のシーンは、ジョゼフが、ボナパルトの思い出を清めるのが一番の得策だと考えた時期(一八三〇年ころ)に書いたものだが、諸々の事実を注意深く調べると、右のシーンは事実と矛盾する。ミュラ宛の命令口調の書翰(後段に掲げる)と、レアル宛のそれで、第一執政は「迅速に裁判に付すべし」と記しているのだから。同様に、三日後に国務院で行なった演説において、第一執政は「長々と続く訴訟、格式ばった裁判」(「傍聴者のいる裁判」をほのめかしている)を避けるよう確言しているのだから。

❖41＝**スタール夫人**…スタール＝フォルスタイン男爵夫人アンヌ・ルイーズ・ジェルメーヌ(一七六六年生―一八一七年没)。フランスの女流文学者。元財務総監ネッケルの娘。一七九七年に亡命先のスイスから帰国したが、あまりに熱烈な自由主義思想の持主だったため、ボナパルトと対立する。

一八〇四年の三月二十日を迎えようとしていた夜、すでにボナパルトは、謀計をめぐらしたとしてアンギャン公爵を告発、逮捕にいたったものの、謀計のかどで公爵を告発したのは誤りだと知っていた。しかしながら、公子はもう護送されていた。加えてまた、エテンハイムで押収した数々の文書がまぎれもない陰謀の存在を物語るものでないとしても、それでも少なくても、それらの文書は公子がイギリスから金を支給されていたことを明かしている。だから、公子の釈放は論外である。イギリスから金の支給を受けているという一点があれば、有罪判決を十分正当化できるし、有罪判決は王党派の種々の陰謀をタイミングよく終らせるだろう――。ナポレオンの頭のなかでは、アンギャン公爵はすでに葬り去られていたのだった。

これから、一八〇四年三月二十日の一日の経過を時間を追ってたどってみよう。

第十章 最後の数時間

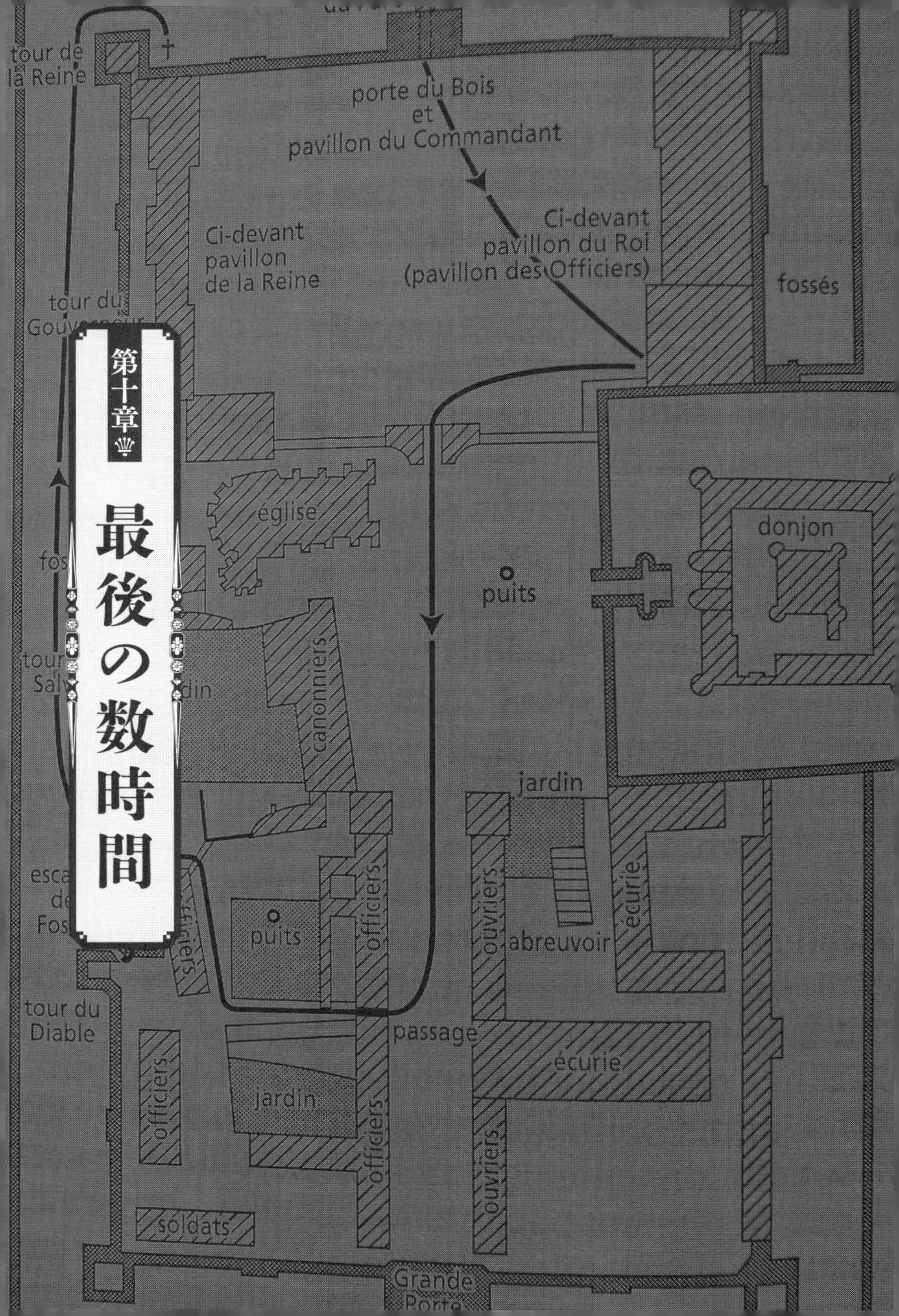
tour de la Reine
porte du Bois et pavillon du Commandant
Ci-devant pavillon de la Reine
Ci-devant pavillon du Roi (pavillon des Officiers)
fossés
église
donjon
puits
canonniers
jardin
officiers
puits
ouvriers
abreuvoir
écurie
jardin
tour du Diable
passage
écurie
officiers
jardin
officiers
ouvriers
soldats
Grande Porte

三月二十日火曜日、午後三時。六頭立て駅馬車がラ・ヴィレット市門に到着し、パリ外周道路にさしかかる。駅馬車の窓から、ルイ・ダンギャンが食い入るようにパリの通りをながめる。この二日間、彼は、宿駅で用意された食事を馬車のなかで食べ、疲れ、ガタゴトゆられ、馬車で走っている。彼のパグ犬のモヒーロフが彼の足のあいだにうずくまっている。

駅馬車がバック街の外務省(タレイランがここで執務している)の前でとまる。警察官のペテルマンが命令を受けるべく駅馬車から降りる。命令の待ち時間はひどく長い。

その間に、ボナパルトはマルメゾン宮で捕囚パリ到着との報告を受けた。マルメゾン宮は大わらわだった。第一執政がパリ守備隊総司令官ミュラへの指令を秘書に書きとらせている。その指令とは、特別軍事法廷の政府委員を任命すべし❖1、その政府委員全員に対し即時のヴァンセンヌ城塞集合を厳命すべし、さらに、第一執政直属の精鋭憲兵隊の分遣隊を、同憲兵隊司令官サヴァリー指揮のもとヴァンセンヌ城塞に送り、法廷を守護させ、かつ、場合によっては死刑を執行せしめるべし、というものである。

ボナパルトはミュラに向けて書いている。「夜間のうちに裁判を終了させるべき旨、特別軍事法廷政府委員に伝えられたい。加えて、私の確信どおりに死刑判決が出た暁には判決をただちに執行し、受刑者をヴァンセンヌ城塞中庭に埋めるよう命ぜられたい〔原注　ミュラはこの書状の原本を保管していたが、ナポリで彼の財務大臣をつとめたモスブール伯に預けられた彼のいろいろな文書と一緒にこの書状の原本が盗まれたため、この書状は議論の的になった〕」

ボナパルトは、馬で発つサヴァリーにミュラ宛の右の重要なメッセージを託す。

バック街では、警察官のペテルマンが外務省から出てきて、ヴァンセンヌへ行くよう駅馬車の御者に命じる。

駅馬車がパリを出るあいだ、ボナパルトは、マルメゾン宮でメッセージを口述し続ける。今度、書きとらせているのは国務院議員レアルに宛てたメッセージである。

「囚人がほどなく着京すべし。ただちにヴァンセンヌに赴きて、囚人に対する尋問を行なわしめよ。貴君には検事を伴いゆき、彼をして急速事を処理せしむるよう訓令されたし。貴君らが行なうべき尋問の条々は以下のとおりとする。『汝は祖国に対し武器をとれりや？　汝はイギリスの軍籍を望みしや？　（その他）』」

国務院議員マレ❖2がレアルの執務しているマラケー岸にこのメッセージを持ってゆく。メッセージを受け取ったレアルは、すぐさまヴァンセンヌ城塞司令官の市民アレルに向けて指令を書く。

「第五区　午後四時半　秘密警察にて

いまだ貴君にその氏名を伏せざるをえぬ一名の者が貴君管下城塞に送られる。貴君には、同人の安全をはかって予防策をとったうえ、同人を空房に投ぜられよ。政府の方針に基づき、同人に関する一切の事柄はこれを極秘にすること、また、同人が何者であるか、いかなる理由により勾留されたか、これを同人に問うことあたわず。貴君自身、同人が何人かを知らぬままにしておかれたい。さらに、ひとり貴君だけが同人と連絡をとることとし、本官より新たな命令があるまで、同人を誰にも会わせぬようにされたい」

❖1＝**特別軍事法廷の政府委員を任命すべし**…シャトーブリアン著『墓の彼方からの回想録』第一巻によれば、軍法会議の政府委員は以下の七名だという。ユラン将軍（ボナパルトが裁判長に指名）を筆頭に、ミュラが指名したギットン大佐（胸甲騎兵第一聯隊司令官）、バザンクール大佐（軽歩兵第四聯隊司令官）、ラヴィエ大佐（戦闘歩兵第十八聯隊司令官）、バロワ大佐（同第九十六聯隊司令官）、ラブ大佐（パリ守備隊第二聯隊司令官）、市民ドータンクール（精鋭憲兵隊副官）。

❖2＝**国務院議員マレ**…バッサノ公爵ベルナール＝ユーグ・マレ（一七六三年生―一八三九年没）。駐イギリス公使（一七九二年）、駐ナポリ公使（九三年）ののち、五百人議会議員となり、一八〇〇年、第一執政ボナパルトの秘書官。帝政時代に外務大臣（一八一一年―一三年）。

レアルは、使者にこのメッセージを託し、ヴァンセンヌにつかわす。

マルメゾン宮では、将校や伝令がひっきりなしに出入りして、せわしない状態が続いている。執政官親衛隊擲弾兵司令官のユラン将軍[3]が姿を見せる。ボナパルトは彼を特別軍事法廷の裁判長に任命し、今夜中に囚人に判決を下すべし、と彼に通告する。

第一節

ヴァンセンヌ城塞にて

午後五時半。アンギャン公爵を乗せた駅馬車がヴァンセンヌ城塞に入る。守衛から知らせを受けたアレル司令官がいやに動揺した様子で姿を現わす。司令官は、送致を告げるレアルの封書を今の今受け取ったばかりなのだ。不意をつかれた彼には新たに送致されてくる人物のために部屋を用意する時間が物理的になかった。彼は、捕囚に挨拶したのちにそのことを詫び、それから、彼自身の住居[4]で休息せしめるべく捕囚を上階へと導く。

階段を上っているとき、礼儀深いアンギャンは、アレル夫妻の二人の子供をヴァンセンヌに連れ帰ってきた老齢の還俗尼僧ボン夫人——夫人は二人の子供に勉強を教えている——を通すために脇に寄る。ついで、彼は、司令官の住いのなかで唯一暖房された部屋、つまりアレル夫妻の部屋に入る。その部屋のアルコーヴ[5]の奥に体調のすぐれぬアレル夫人が休んでいる。物音を耳にした夫人は、夫が炉辺に坐らせようとしている青年を見るためにカーテンを少し上げる。未知の人物が司令官へ礼を述べる。その声の響き、鷲鼻の顔が、若い夫人の記憶のなかにおぼろげな思い出を呼びさます。彼女にはそれがアンギャン公爵さまだとわかる！不思議な運命の巡り合わせであって、アレル夫人は要するに公子の乳姉妹だったのである。彼女はシャンティイで何度か公子を見かけたことがあった。

同時刻、パリでは、ボナパルトの指令をたずさえたサヴァリーがミュラ邸に参着し、その邸宅を去るタレイランと張り出し玄関の下ですれちがう。ミュラが気がかりな顔で指令を読む。「特別軍事法廷政府委員をしてヴァンセンヌ城塞に集合せしめ、一晩中被疑者の裁判にあたらせるべし」。ミュラは、裁判を行なうよう指名した軍事法廷政府委員の各家々にベルティエを送る。みずからの役割の最初の部分を果たしたサヴァリーは、この後、挨拶をしてミュラ邸を辞し、憲兵隊部隊の指揮をとり、ヴァンセンヌに率いてゆく。

もうほとんど日が暮れている。城塞では、アレル司令官が捕囚用に別棟の部屋を用意させ、火をおこさせた。朝から何も食べていなかったアンギャンは食事をとりたいと言う。アレルが街角の仕出し屋に部下をやり、パーミセル入りブイヨンと子牛腿肉の蒸し煮とを注文させる。公爵はやはり腹をすかせていた犬のモヒー

❖3＝**ユラン将軍**…ピエール・オーギュスタン・ユラン将軍（一七五八年生―一八四一年没）。一八〇八年、伯爵に叙せられ、パリ要塞司令官就任。二三年、アンギャン公爵の軍事裁判について記した冊子『アンギャン公を裁くに際し共和暦一二年に設置された軍事法廷について公平な人々に向けた説明』を世に送る。

❖4＝**彼自身の住居**…ヴァンセンヌ城塞には北に位置する正門「村の塔」、南に位置する裏門「森の塔」、東に位置する「礼砲の塔」、以上三つの大きな城門がある。「森の塔」の上階が「司令官の館」と呼ばれていて、司令官の住いになっていた。

❖5＝**アルコーヴ**…ベッドを置くための壁のくぼみ。

ロフとその食事を分け合う。人に親切な公爵はアレルに話しかけ、とても幼いころに祖父コンデ大公と一緒にヴァンセンヌに来たことがある、と思い出を語る。公爵は、勾留が長引くと予想して、アレルに狩猟熱を明かし、自身の腹心とともに狩りをする許可が与えられたなら、逃亡するような真似はせぬ、とアレルに約束する。アレルは困惑し、沈黙する。

すっかり夜の帷が降りたとき、旅で疲れきっていたアンギャンはベッドに横たわり、眠りこむ。

夜の八時半。サヴァリーが部隊を従えてヴァンセンヌに到着した。彼は憲兵を城塞のすべての出口に配置せしめる。特別軍事法廷裁判長に任命されたユラン将軍はすでに城塞に到着している。砦の周囲に武力展開されているのを見て戸惑い、少なからず不安を覚えつつ一人、また一人と城塞にやってくる軍法会議政府委員を、ユラン将軍が出迎える。アレル司令官は複数の椅子をテーブルの後ろに置いて、自分の住居の広間❖6を法廷用にしつらえた。雨の降る三月のこの夜は寒い。到着した政府委員たちは、暖炉で炎を上げている薪の火のそばに暖をとりにゆく。

特別軍事法廷の政府委員全員が着座すると、ユラン将軍が発言する。「武器を手にした状態で」国境で捕縛された亡命公子を裁判に付すこと、これが指令である……。何人かの委員が質問する。彼らは、この事件に関する書類を検討したいと考えたと思われるが、しかし、第一執政は関係書類の閲覧を禁じていた。関係書類がない。弁護人もいない。証人もいない。警察担当の国務院議員レアルもいない、そんな裁判なのである。

マルメゾン宮では、人にその心の底をのぞかせないボナパルトがレミュザ夫人とチェスに興じている。タレイランはリュイヌ公爵夫人邸の夜会に出席している。アンギャン公爵逮捕の噂が広がっていて、客の一人がタレイランを呼びとめる。

「彼をどうしようというのでしょう？」

「銃殺されるでしょうな」、とタレイランが冷たく答える。

ミュラは気分がすぐれず、寝床に入っている。レアルも同様だ……。よく眠るために、彼は来客を門前払いにさえしていたという。彼は、ヴァンセンヌに行かず、ユランと、軍法会議検事をつとめる精鋭憲兵隊副官のドータンクールのもとにボナパルトの口述した尋問文をとどけさせただけだった。もう一つ別の説によると、この夜、レアルは、時々自分の時計を見ながら、そして、「今、あのことが起きている……」とぼそぼそ言いながら、甥とホイストをしていたという。ヴァンセンヌに行っていることが非常に重要だったのだけれど、眠っていたにしろ、そうでないにしろ、レアルはヴァンセンヌに行っていなかったのである。

今午後十一時である。深い眠りに落ちている公子の部屋に三人の将校と二人の憲兵がやってくる。物音を聞き、角灯の光で目がくらんだ公子は幾分ぼうっとしてベッドに坐る。

「おや、何だ、こんなに早く？　まだ日が昇っていないが……」

裁判にかけるために法廷が公子を待っているとの説明がなされる。

「それほど急いでいるのか！」公子が思わず声を上げる。「数時間後だったら、諸君に好都合だったろうに。私にとってもそのほうがよかったのだ！　もっとよく眠れたはずだから……」。将校たちは公子が衣服を身につけるのを待つ。それから、一同は階段を下りて中庭に出る。中庭では、まだ眠りたいと感じ、頭もぼんやりしている公子を夜間の湿気が身震いさせる。将校たちは、公子をして、森の塔の方角に向けて、雨

❖6＝**住居の広間**…「司令官の館」にある広間を特別軍事法廷として使うようにした。

の水たまりが点在する中庭を横切らせる。アレル司令官の住いに連れもどすのだ、と公子は見ぬく。

第二節

出廷したアンギャン

広間と隣り合った部屋では、主任検事ドータンクールが小卓についていて、そのそばに法廷書記の任務を与えられた市民ムーランがいる。捕囚が予備尋問のために出頭するのはこの二人の前である。姓、名、年齢、生地、住所を聞かれた捕囚は、アンギャン公ルイ・アントワーヌ・アンリ・ド・ブルボン、三十二歳、パリ郊外シャンティイ生まれ、一七八九年七月十六日以降フランスを離れている、と答える。彼はドイツでの生活、家族、革命下における対仏戦争、それからエテンハイムへの移住について話す。

「『貴殿はピシュグリュと面識がありましたか?』

『一度もお会いしたことはないと思います。彼と付合いがありませんでした。彼がもちいようとしたとされている下劣な手段、その手段が事実だとしての話ですが、その下劣な手段を考えますと、私は彼と面識がなかったことに満足しています』

『デュムーリエと付合いはありましたか?』

『さらに付合いがありませんでした。一度たりともお会いしたことがありません』」

尋問が終ると、公爵は調書への署名を求められる。そのとき、アンギャンは、第一執政[7]に会見を願い出るべく、調書の下に数行書く許可を求める。

公子は、ボナパルトに対して政治的嫌悪感をいだいていたとはいえ、戦士としてのボナパルトについては何かにつけ称讃してきた。ボナパルトと一対一で正々堂々と会談すれば、必ずや状況が好転するはず、と公子は考えていた。公子は自分自身の心を尺度にして他の人間の心を判断するのである。

ドータンクール副官は少し逡巡したのちに許可を与え、アンギャンは調書の下方に以下のように記す。

「本調書への署名に先立ち、私は至急第一執政閣下との特別会見を要望します。私の名前、私の身分、私の思考、加うるに私の置かれている酷な状態からしまして、第一執政閣下は私の要望を拒絶なさるまいと存じます」

公子が部屋を出る。ドータンクールは、特別軍事法廷政府委員たちにこの最初の尋問調書について報告に行く。第一執政と会見したいという捕囚の要望はたちまち騒然たる議論をひきおこす。政府委員の幾人かは、要望がボナパルトに伝えられるまで裁判を延期する案に賛成する。しかし、サヴァリー——彼は裁判への熱意を表わしたくてじりじりしていた。(しかも、この日に会ったミュラを通して裁判を迅速に終らせよとのボナパルトの意向を聞き知っていた)——が、かくなる要望はボナパルト将軍をうんざりさせるだろう、これ以上四の五の言わずに、本来の裁判に移るべきだと主張する。

翌二十一日の午前一時。政府委員がそれぞれの席につく。被告を入廷させるべしとの命令が憲兵たちに

❖7＝**第一執政**…ボナパルトは、アンギャン公爵より三歳年長、三十五歳であった。

発せられる。

この時刻、労働者である市民ボンタンが城塞の濠の奥で穴を大きく掘り広げている。その穴は、大鐘楼の隅の、普段汚物を流している場所にあって、彼の同僚の人夫が前日午後、ごみ溜めとして掘りはじめた穴である。[8] 穴を掘り広げるために寝床から引っぱり出されたボンタンはこの夜間のわけのわからぬ仕事にたまげた。濠のあちこちを次第に埋めつくしてゆく憲兵を目にし、彼の驚きに不安な思いが混じってくる。シャベルの土を投げ捨て、穴のまわりに小山を造りながら湿った土を掘る庭師の周辺に聞こえるのはひそひそ話やカチャカチャ鳴る武器の音だけである。

市民ボンタンが一所懸命アンギャンの墓を掘っているあいだ、目に見えて色蒼《いろあお》ざめたアンギャンが軍法会議に出廷する。

第三節　判事たちの前で

軍事法廷となった広間にアンギャンが入った。共和国の政府委員たちは、彼らにとっては消え去った世界を象徴する特権身分然とした青年を好奇の目でながめる。ヴェルサイユ宮殿やシャンティイ城に日を送り、国王のそばに暮らした人間の一人、そう、公子がここにいるのだ。

公子は次のように細かく描写されている——明るい栗色の髪および眉、うりざね顔の美形、褐色に近い灰色の明眸、ほどよい大きさの唇、鷲鼻(ブルボン家の例の鼻)、少々尖った端正な顎。これが公子の身分証明を作成した書記の描いた公子の姿である。

書記が描きえぬもの、それは、公子という人間の全体から立ちのぼるあの本物の気品と、ものに動じない自信である。

アンギャン公爵の品位と剛毅に深く感銘した司令官アレルは、以後しょっちゅう思い出すだろう。「横柄なところがなく、無上の威厳にみちたあの品性……。公爵のすべてに対し人々は大いなる敬意をはらわざるをえなかったし、公爵のすべてが人々とのあいだに近づきがたい距離感を作り出していた」

公爵は坐るよう言われ、尋問が始まる。ボナパルト自身が政府起訴状に起草した容疑を、裁判長が大声で読み上げる。

「アンギャン公爵ルイ・アンリ・アントワーヌ・ド・ブルボンは以下容疑により起訴されているものである。
一、被告は武器をとってフランス共和国と戦った。
二、被告は、フランス国民の敵なるイギリス政府から金銭の支給を受けて兵役についた。
三、被告は、前記イギリス政府の工作員複数を迎え入れ、彼らを自分の味方につけた。あわせて、被告は、フランスにおける工作の実行手段を彼ら工作員に与えた。さらに、被告はフランス国内外の安全を

❖8＝**ごみ溜めとして掘りはじめた穴である**…ヴァンセンヌ城塞の人夫や庭師ボンタンは、城塞裏門「森の塔」の東角に建つ大鐘楼「王妃の塔」のすぐ下の隅の濠に穴を掘った。アンギャン公爵はこの穴のところで銃殺され、この穴に埋められる。

脅かすべく、工作員とともに陰謀を企てた。
四、被告は、フランス人亡命貴族や、イギリスに買収された人間を集めて、フライブルク並びにバーデン両国のフランス国境で結成された部隊の指導者となった。
五、被告は、イギリスを利する陽動作戦を展開せんとして周辺地域の蜂起を企図し、ストラスブールにおいて敵と共謀した。
六、被告は、第一執政の生命を危うくせんとして、イギリス人たちが企てた陰謀の煽動者の一人にして、加担者の一人であり、陰謀が首尾よく運んだ暁にフランスに侵攻せんと目論んだ」
起訴状が読み上げられるのを聞いたアンギャンは憤然とする。たしかに、この起訴状には多くの事実が述べてある。だが、それら事実を、公子は不名誉なものとは考えていない。幾星霜にもわたる亡命の全期間、彼が熱意と忠誠とをかたむけて守ってきたもの、それは彼の国王であった。また、フランス国王を守るための戦いに列強が介入したにしても、列強は列強でしかるべき理由があって戦ったのである。

アンギャンは陰謀の告発に対し断固抗議する。彼は、暗殺計画などというものについては、嫌悪感をいだいてすべてこれをつねに拒絶してきた(祖父と同じように)。彼はただに戦士としてしか剣を抜かなかった。しかり、たしかに彼はイギリスに兵役を求めた。それは、この大国が、国王のために戦うのを可能ならしめたからである。しかり、たしかに彼は共和国フランスに対し弓を引いた。

「ご覧なさい。私はブルボン家の人間です。私に対し弓を引いたのは貴公らなのです。私はわが一族の諸権利を支持していました。コンデ一門の人間たる者、武器をとらずして、フランスに帰還できましょうや。さよう、私の出自、私の見解は私を永久に貴公らの政府の敵とするのです」

軍法会議の委員たちは茫然自失する。四人がこれ以上見事にみずからを断罪するのをみな一度も目にしたことがなかった！　いくたりかの委員が、慎重に言葉を選んで返答するよう公爵に言って、公爵の意とは別に、「廉潔の士たる公子」を救おうとする。

「軍法会議委員諸氏の立派なご意向はわかります。しかし、そのご意向のおっしゃる抗弁を行なうなど、私の欲するところではありませぬ」、と公爵は答える。

凛然たる公子と、委員の共和主義者たち、両者のあいだにはいかなる対話も成立しえない。ルイ・ダンギャンがカドゥーダルの陰謀に加担していなかったとしても、それでもやはり、彼は意識の上で罪があるとみなされる。彼が裁かれるのはこの意識に関してなのである。

「被告人を連れてゆきたまえ。退廷させたまえ」

審議は簡単である。

「被告人に対し万票で有罪判決下さる。被告人に対する法の適用条項は……」

書記に判決を書きとらせていたユラン将軍は、ここでどぎまぎし、判決申渡しを中断する。どのような法に準拠すればよいかわからないのである。彼は法律家ではないのだ。まあ、しようがない……、後刻、彼は判決文を完成するだろう。一番肝腎なのはできるだけ早く判決申渡しを終えることである。もう夜もふけているのだから。

「……よって、被告人に対する法の適用条項は……法……条とする……。これをもって、特別軍事法廷は被告人に対ししかるべく死刑を宣告せり。本判決は即時執行さるべきものとす……」

判決文に署名がなされて適法となるのは刑の執行後のことであって、アンギャン公爵は署名のない判決文によって銃殺されるのである。

ここで裁判長ユランに語らせよう。

「判決文に署名するや、[9] 私は第一執政閣下に向けて短翰の筆をとった。軍法会議の満場一致の判決を代弁する人間として、私は、愚翰において、公子の表明した会見の要望を第一執政閣下にご報告申し上げるとともに、厳正な立場に置かれているわれわれには回避しえぬ刑罰執行をご延期くださるよう懇願した。そのとき、ずっと軍事法廷内にいた一人の人間――わが身を守るためであれ、その人物を告発すべきでないと考えるのでなければ、私はその人物の名を今すぐ明かすのだが(問題の人物はサヴァリーである)――が私に近づいてきて、『何をしておいでですか?』とたずねた。私は答えた。『軍法会議の判決と、受刑者の要望とをお伝え申し上げるため、第一執政閣下に書面をしたためています』。その人物は私のペンを取り上げながら言った。『貴殿の仕事は終りました』。裁判で私に関係のあることは以上である」

第四節

ヴァンセンヌ城塞の濠のなかで

ノワロ中尉に導かれて部屋にもどったアンギャンは中尉と話しはじめる。アンギャンは寛ぎたいのだ。ノワロは、その昔、フランス王国のナヴァール聯隊で軍職についており、叔父のクルソル伯爵の屋敷で若公爵アンギャンに会ったのを思い出す。旧制度時代のさまざまの思い出が火の消えた部屋にひらひらと舞う。ノワロもまた公子の魅力にとらえられる。書くものがほしい、と公子がノワロに頼んだとき、ノワロは「若殿さまのお望みになるものを差し上げて、おいたわしい若殿さまをお慰めしたい」と思い、頼みを聞き入れる。

アンギャンは急いでシャルロットに一筆したためる。彼はシャルロットの苦しみ、悲しみを察している。自身の不安がいかに大きくとも、ルイは可哀相なシャルロットを安心させるための数行(永遠に消えることのない数行)に力をつくしたにちがいない、と著者は確信できる。

シャルロットへの短箋を急いで書き終えると、すぐまた錠がきしみ、アレル司令官が憲兵班長のオーフォール共々姿を見せる。ついてくるよう、司令官が丁寧に公爵に言う。アンギャンはシャルロットへの便りをポケットに入れ、オリーヴ・グリーンのフロックコートのボタンをかける。一同は部屋を出て、階段を下り、中庭に出る。雨が降りしきっている。

幾つかの角灯のかすかな光でわずかながら吹き散らされる闇のなかで、公子は大鐘楼に通されるのを知る。大鐘楼のなかに地下へと続く螺旋階段の最初の数段がみとめられる。司令官らが公子をその階段へと導く。ルイはふと不安にとらえられる。彼は地下牢を、身の毛がよだつ地下独房を頭に浮かべ、ブルボン王家の人間であるがゆえの罪の報いとしてそこに投ぜられるかもしれぬと考える。かすかに震える声で、彼は聞く。

「どこへ連れてゆくのだ？　独房ですか？　教えてくれたまえ」

「いいえ、残念ながら独房へではございません」憲兵班長オーフォールが忍び声で答える。

「私を生き埋めにしようというのなら」、と公子はしわがれた声で言葉を継ぐ。「死ぬほうがずっとよい」

❖9＝**判決文に署名するや**…本書第十四章序文で、処刑前、実際には判決文に署名していなかったことが明かされる。

アレル司令官は今度は自分が答える番だと思う。

「さあ」、と彼が弱々しい声で答える。「どうぞ私についていらしてください。勇気を奮い起こされますよう」

アンギャンは司令官の言ったことを解すまいとつとめる……。

今や万事が悪夢のなかの出来事のように展開している。公子が階段を下りると、小さな扉が開く。雨なお降りやまず、いまだ夜である。アンギャンたちは濠の奥にいる。アンギャンは濡れた草を踏む。憲兵の小隊が城壁に沿って立ち、どっしりした二つの鐘楼[10]のまわりで曲線を描いている。いきなりアンギャンに向けられた角灯が彼の目をくらませる。そうこうするうちに、二〇歩ほど先に不動の一隊が立っているのが見分けられるようになる。罪人として銃殺されるのだ、とアンギャンは合点する。

一人の曹長が銃殺隊から離れ、アンギャンに近づく。曹長は角灯で判決文を照らし、大声で判決文を読み上げる。

「被告人に対し満票にて有罪判決下さる。……よって、被告人に対する法の適用条項は……法……条とする。これをもって、特別軍事法廷は被告人に対ししかるべく死刑を宣告せり。本判決は、守備隊分遣隊監視のもと、被告人に対し代読ののち、主任検事の申し出をもって即時執行さるべきものとす。上記年月日、ヴァンセンヌ城塞にて法廷を開廷、閉廷、即時刑罰執行」

雨と風が判決文を激しくゆするので、曹長はやっとのことで読み上げている。誰も話をしない。

今、アンギャンはもうじき自分が死ぬのだと悟っている。彼の若さが死にあらがう。が、彼は落ち着きはらっている。声を励まし、彼は第一執政に会わせるよう求める。

曹長は否定的に頭をふる。

重ねてアンギャンが言う。

「私の最後の頼みを聞いてくれる人間ありや?」

血の気の失せていたノワロ中尉がすぐと進み出る。アンギャンが彼の耳元で数語ささやく。ノワロが兵士たちに向かって問う。

「憲兵諸君、諸君のなかに鋏を持っている者がおるか?」

憲兵たちは各々自分のポケットを探る。一人が鋏を見つけ、ノワロのところへ進み出て鋏を差し出す。ノワロがそれを公子に渡す。それから、ルイが一房の髪を切る。(あと数分の命しかない人間が、人前で感情をさらけ出すことなどしない人間が、こうしてみずからの髪を切る行為ほど心打つものはない。)ついで、ルイは、指にはめていた指輪を抜き、髪と指輪を先刻大急ぎで書いたシャルロット宛短箋に納め、短箋をノワロに手渡す。

「これをシャルロット・ロアン=ロシュフォール公女殿にとどけさせてください」

さらに、ルイは、おびえて彼の脚に身を寄せているモヒーロフを押し離す。彼は、エテンハイムからずっと彼を追ってきたこの犬を思う。

「ここにはお前しか友がいない」、と彼はつぶやく。「お前は私に残されたただ一つのものだ。誰かがお前の世話をなさんことを」

今、アンギャン公爵は自身がキリスト教徒であることに思いいたる。彼は司祭を呼ぶよう求める。城塞の跳ね橋[11]からからかい半分の声が上がる。

❖10＝**二つの鐘楼**…「王妃の塔」と「森の塔」をさす。

❖11＝**跳ね橋**…城門「森の塔」の濠にかかる橋。

「こちこちの信者として死にたいのか？」❖12〔原注　声を上げたのはサヴァリーだ、と数人の目撃者が語っている〕」

もはや天からも地からもいかなる救いも来ないと知ったアンギャンは瞬時ひざまずく。しかし、身体を屈した状態で死につきたくないから、素早くまっすぐに身を起こす。彼はなお言葉を口にする。苦しげに。

「さあ、死ななければならない。フランス人の手にかかって！」

アンギャンは兵士たちに決然と顔を向ける。闇のなかで憲兵たちが肩に銃をあて、狙いをつけるのを、彼はかすかに見分ける。

「曹長、発砲を命じろ」、と先ほどと同じ声が叫ぶ。

曹長が帽子を脱ぐ。これが合図だった。

一斉に銃が火を吹き、弾がアンギャンの胸を突き破り、アンギャンの顔を打ち砕く。


上階にある、軍事法廷の広間に隣接した玄関ホールでは、裁判の政府委員たちが迎えの特別馬車が来るのを待ちながら小声で話をしている。「突然……(これはユラン将軍が述べていることである)、銃弾の爆発音が聞こえてきた……。すさまじいその音はわれわれの心の底に響きわたり、戦慄、恐怖でわれわれの心を凍らせた」濠では、憲兵たちがアンギャンの遺体をひっくり返し、彼の血まみれのフロックコートを脱がせる。彼らは、フロックコートのポケットから時計一箇と、手帳一冊と、為替手形数葉を取り出す。だがしかし、彼らは、あえてアンギャンの遺体を直接探ろうとしないし、彼の指輪や耳飾りを取り上げようともしない。彼らは遺体を穴まで引っぱってゆき、顔を上に向け、頭を脚より低い状態にして穴に捨てる。それから、シャベルで何杯もの土をかけて穴を埋め、その上に石を一つ置く。みな、早く作業を終えたくてたまらない。朝の三時をまわっているのだから。

午前五時、ボナパルトが安眠できずに目を覚まし、ジョゼフィーヌに話しかける。

「今、アンギャン公が死んだ」

ジョゼフィーヌがわめき、わっと泣き出す。

ボナパルトがなだめる。「さあさあ、眠りなさい。あなたはまったく子供なんだから」

夜が明ける。一睡もしなかったアレル司令官が国務院議員レアルに報告書を書き、自分の任務を終える。

「三月二十日午後五時三十分にヴァンセンヌ城塞着の人物、同夜のうちに軍法会議にて判決を受け、翌朝三時、銃殺刑に処されて、小官の指示した場所に葬られしこと、謹んでご報告申し上げます」

この日、二十一日の午前中に、アレル司令官はレアルから返信を受け取る。

「夜間にアンギャン公爵に対し下された判決文、並びに判決にかかわる尋問調書を本官に渡されよ。本書面を貴君にたずさえゆく使者に右文書を託されんことを願う」

ややあって、マラケー河岸でじりじりしているレアルからまた書面がとどく。

「第一執政閣下に謁見のためマルメゾン宮に赴かんとして、本官は元アンギャン公爵の判決文、尋問調書を待ちつつあり。これら文書の受領が何時になるか、請う、連絡を」

この間、サヴァリーがマルメゾン宮に参じ、やつれた表情のジョゼフィーヌに迎えられる。

❖12＝**こちこちの信者として死にたいのか？**……大革命下の一七九〇年七月十二日、聖職者民事基本法が成立し、以来、フランスは非キリスト教の国となった。執政ボナパルトは、革命で荒廃したフランスに秩序をよみがえらせる方策として、一八〇一年七月十六日、ローマ教皇と宗教協約を結んだ。これにより、フランスは再びキリスト教国となったが、アンギャン公銃殺時の〇四年当時はキリスト教を否定する人間がまだ多数だった。

「おやまあ、つまり万事休すなんですの？」

「はい、奥方さま、彼は今朝亡くなりました。大いなる気力を奮い起こして、私は彼の死をみとめなければなりません」

あちら、ヴァンセンヌ城塞では、犬のモヒーロフが悲しげに鳴きながら新しい土の盛られた小山をひっかいている……。


今や大勢の人間がマルメゾン宮にやってくる。執政官たち、大臣たち、将軍たち、常連客などである。パリからまっすぐやってきたレミュザ[13]が、首都に処刑の噂が広がっていた、人々はあまねく憤怒に駆られていると話す。（ここで使われている「人々」というのは貴族たちの小さな社会をさすと解釈しなければならない。いわゆる大衆はアンギャン公爵の名前まで知らないのだ！）

レミュザがジョゼフィーヌに言う。「奥方さまにはまだ第一執政閣下に大事なご助言をしていただかねばなりません。世論を鎮めるには一刻の猶予もございません。このたびのことは酷薄な性格から起きたのではなく、計算から起きたことなのだということを、第一執政閣下がご説明あそばす必要があります。その計算の正確さを測りますのは私の権限外でございますが」

ジョゼフィーヌはこのことを夫に伝える。ボナパルトは一瞬沈黙したのち答える。

「もっともだ」

第五節

ボナパルトのまやかしの悲憤

やはりマルメゾン宮にかけつけたジョゼフの言を信じるならば、ボナパルトはあの上辺の冷静さの裏でただならぬ悲憤を感じていたという。

ボナパルトは声を張り上げてうそぶく。「私が存在するということをしめす絶好の、そして、崇高な機会が奪われてしまいました！　大コンデの子孫を私の副官に任命できたなら申し分なかったでしょう！　しかり、私は、大コンデの子孫をわが軍の軍務につかせるに十分なほど勢力を持っていた。しかし、それもう水泡に帰した。取り返しようのない打撃です」

もの思いにふけりながら、さらにボナパルトは言いつのったという。

「何事からも立ちなおらなければなりません。もし私がコンデ一族の手の者に虐殺されていたなら、大コンデの子孫は必ずや武器を手に先頭を切ってフランスに攻め入ったでしょう。しかしながら、事件の責任は引き受けなければならない。責任は他の人間にあると率直に言うにしろ、他人に責任を転嫁するのは明らかに卑怯に通じますゆえ、責任転嫁したのではと思わせておくわけにはゆきますまい」

ジョゼフが伝える右の最後の文言は真偽が疑わしい。ボナパルトは、卑怯がみずからを利するとなれば、

❖13＝**レミュザ**…レミュザ伯爵オーギュスト・ローラン（一七六二年生―一八二三年没）。元会計法院検事。一八〇二年に官房長官、〇四年に皇帝ナポレオンの第一侍従就任。

卑怯をいとわぬ人間である——ボナパルト自身が、ある日、タレイランに向かって歯に衣を着せずに言う。

「卑怯が何だというのです！　卑怯が私を利するなら、私はいささかも臆さずに卑怯なことを行なう。率直に言って、私は卑怯な人間なのだ。根っから卑怯な人間なのだ……。貴公に誓って言うが、私は、世間が不名誉な行為と称していることを行なうのにいかなる嫌悪感もいだいていないのだ……」

心胆を寒からしめるこの言葉こそヴァンセンヌの悲劇的事件の一切を説明するものである。

第六節

さまざまな反応

正午ごろ、一方、パリでは、容色勝れた一人の貴族が、リヴォリ通りのマルサン館のところまでぶらぶら歩いてくる。その貴族はシャトーブリアン氏であり、ほどなく皇帝となるボナパルトが先達てヴァレー共和国駐在代理公使に任命した人物である。[14]シャトーブリアンは、不意に、喉をからして叫んでいる新聞売りの声を聞く。町行く人々が歩道で足をとめている。

「ヴァンセンヌの特別軍法会議、ルイ・アントワーヌ・アンリ・ド・ブルボン——一七七二年八月二日、シャンティイ生まれ——に死刑判決」

シャトーブリアンは蒼白になり、急ぎ帰宅し、「アンギャン公が銃殺されてしまわれた」、と妻に言う。それから、ヴァレー代理公使の辞表を提出するために机に向かう。彼の高貴高潔な魂に第一執政に対する憤りが沸々とこみ上げる。

ただし――動乱の時期だったから――、彼は辞任の本当の理由を述べず、妻の不安定な健康状態を表向きの理由にする。

「市民大臣閣下、先刻、シャトーブリアン夫人の健康状態につき、医者数人が下した診断によりますと、夫人は、私をしてその生命を危ぶませる状態にあるとのことでございました。かような状況のもと、妻から完全に離れることも、また、妻を旅の危険にさらすこともなしえませず、執政閣下よりたまわりました信任状をここに謹んで執政閣下にご返付申し上げます❖15(云々)」

シャトーブリアンは、それまでにタレイラン大臣から受けた恩恵に感謝を述べて、書状を結ぶ……。こうして提出された辞表は何ら耳目を驚かせはしないが、しかし、偉人シャトーブリアンは人生を惜しむのである……。

夜分、マルメゾン宮での晩餐の席で、人々はふさぎこみ、ぎこちない様子をしている。ボナパルトは深い沈黙のうちに食べ物をかっこむ。彼をつつむ無言の非難に苛立ったボナパルトがやにわに息巻く。

「少なくとも、『彼らは』われわれのなしうることを知るはずだ。そして、今後、『彼らは』われわれをそっとしておいてくれる、私はそう願っている」

❖14＝**任命した人物である**…シャトーブリアンは、一八〇四年一月、ヴァレー共和国(現スイス南部の州)の代理公使に任命された。

❖15＝**ご返付申し上げます**…『シャトーブリアン書簡集』第一巻より。(F.-R.de Chateaubriand, *Correspondance générale*, Tome I, Gallimard, 1977, p.322.)シャトーブリアンは外務大臣タレイラン宛書状(三月二十二日付)によって辞任を申し出た。

食後、彼は、女性たちが腰かけ、男性たちが半円を描くように立っているサロンを大股に行きつもどりつしはじめる。彼は、一時間のあいだ、ヴァロワ王朝およびブルボン王朝の政治を分析する。そして、いつかしら、彼の全精神につきまとっている人物、すなわちアンギャン公爵に話題をおよぼす。

『あの輩は』フランスを混乱させ、私を殺めることで大革命の息の根をとめようとしたのだ(!)。私は大革命を守らねばならなかったのだ。アンギャン公は他の人間と同じく陰謀を企てた。それなのに、彼は陰謀を他の人間になすりつけた。ロンドンの日付を記入し、ルイの署名をした書をもって王国復活をなしとげることはできませんよ」(ボナパルトは、正統の国王ルイ十八世が王位を要求した昔のあの書状に「我慢」できなかった。)

「私は血を流した」、となおボナパルトは続ける。ただし、逆上せずに。「私はフランス大革命を体現しているのです。私は大革命を持続せしめます」

しかし、二ヶ月後、彼は帝位に即いて大革命を絞殺することになる。❖16

「アンギャン公爵事件を過去のものとする」ために、公爵処刑の翌日夜、ボナパルトは断固オペラ座に出かける。彼の姿をみとめると、観客は席を立ち、盛んに拍手を送る。それはまさに彼のまたとない輝かしい勝利の一つである。

数日後、彼はサン=クルー宮殿❖17に身を落ち着け、みずからの絶対的権力のプランについて考えをめぐらす。

❖16＝**帝位に即いて大革命を絞殺することになる**…ボナパルトは、アンギャン公銃殺の二ヶ月後の一八〇四年五月十八日、皇帝ナポレオン一世として帝政を布く。戴冠式は同年十二月二日。

❖17＝**サン=クルー宮殿**…パリ西郊にある宮殿。

第十一章 訃に接するシャルロット

アンギャン公爵処刑の三日後、レアルは警察の報告書を受け取る。

「アンギャン公爵夫人が、彼(公子アンギャン)のパリ移送を知るや、パリをさしエテンハイムを発った旨、今や疑いなし。該奥方はシャルロット公女と称されるロアン＝ロシュフォール夫人。公子は、昨年、同夫人と結婚。同夫人の母親は老狂女にしてパリ在住」

レアルは間髪を入れず同業の警視総監に書面を送る。(アンギャン公爵の遺書を読んでいたレアルは秘密婚についてよくよく承知している。シャルロットはまさしく正式な未亡人なのである。)

「親しき同僚よ、ロアン＝ロシュフォール夫人――昨年、アンギャン公爵が結婚した女性にて、シャルロット公女という名のもと公爵と同居したる女性――がパリへと出発した由、報告を受理せり。同夫人がすでにパリに到着したか否や、宿泊先がどこか、当方はいまだこれを把握せず。夫人の老母のパリ在住は判明。母親は名をロアンといい、少々気がふれているとの風評あり。貴官には、母親の住居を特定し、息女がそこに滞在するや否や確認されたく、また、母親宅滞在の場合は、息女逮捕に向け適切な命令を下されたくよろしく願う」

ところが、シャルロットはパリに向かっていなかったのである。エテンハイムにもどった彼女は、不安で死にそうになって、囚われのアンギャン公爵の消息を待ち望んでいたのだった。

御受難の主日[1]の二週間後のことである。シャルロットは、ロアン家に残された、内部にバロック様式のエテンハイム礼拝堂がある小さな館で聖週間[2]のお勤めをしている。復活祭の礼拝式[3]で彼女が唱える祈りの言葉ほど魂に悲しく響く言葉はなかった。「ああ神さま、願わくはこの苦しみを遠ざけたまえ!」

復活祭の火曜日の四月三日、悲報が彼女を打ちのめす。やにわに、彼女はゴルゴタの闇[4]につつまれる。恐ろしい闇のなかで、驚きが尾をひく。かくも惨い打撃を受けても事切れなかったという驚きである。ここで、友人のエクヴィリー夫人[5]に寄せた彼女の痛々しい文を読まなければならない。文に見える言葉の一つ一つが苦悶の叫びであり、愛情の叫びである。

「親愛の伯爵夫人よ、私はなおこの世にありますけれど、それはひとえに苦しみが永久の眠りをはばんでいるからでございます。あのお方は、たったお一人で、支援、救援もなく、弁護人もいないまま、不安に打ちひしがれ、空腹に苦しめられながら難儀な旅をなさいました。そののち、このご不幸なお方に、彼らは、消耗しきったお体に必要な休息の時間を与えず、ご不幸なお方が幾度かうとうとなさるくらいの短時間のうちにそそくさと判決を下したのでございます……。ああ、何という蛮行でございましょう！　最後、あのお方は、愛の手でその涙をぬぐわれることもなく、その瞼を閉じられることもなしに、その身全体を遺棄されてしまわれました。ああ！　あのお方を追いかけてゆくためにあらゆる手をつくさなかった、とわが身に惨たる責めを負わせているわけではございません！　あのお方をお救いするとはゆかないまでも、せめてあのお方のお命の最後の瞬間をおだやかなものにして差し上げるために、できましたなら、私の命を喜んで危険にさらしていただろうことを、神さまはご存じでいらっしゃいますもの。ああ、ですけれども、彼らは、この悲しい最後のお慰めをなすのを私に拒絶したのでございました。手を合わせてお願いいたしましても、身を屈してお願いいたしましても、無駄でございました。あのお方と運命をともにするを得ませんでした。彼らは、私にこの

❖1＝**御受難の主日の二週間後**…一八〇四年の四月一日。

❖2＝**聖週間**…復活祭に先立つ一週間。

❖3＝**礼拝式**…復活祭の前か後の一週間のうちに聖体拝領の式がある。

❖4＝**ゴルゴタ**…エルサレム郊外の丘。イエス磔刑の地。

❖5＝**エクヴィリー夫人**…第七章序文に読めるように、夫のエクヴィリー伯爵はコンデ大公指揮下の亡命貴族軍で戦った。

心痛む人生を残し、消えやらぬ無念と、消えやらぬ苦悩とをしいるほうがよいと考えたのでございます。あれこれわが身を責めましても、せんなきことでございます！　あのお方が私に思いをお寄せにならなかったならば、あのお方は当地においでにならなかったでしょう。あのお方は決してご親族とお別れにならなかったでしょう。あのお方はなおこの世にいらっしゃいましたでしょう。ですけれども、愛さぬことなどできましたでしょうか？　私が、あのお方を狂おしいまでにお慕い申し上げた私が、あのお方の人生を踏みにじり、あのお方の最期を早めてしまったのかも存じません。こう考えますと、何ともはや胸張り裂ける思いになりますけれど！」

「私はひとり、ただ父とは一緒なのでございますが、ひとり当地に日を送っております。家にひきこもり、身も世もあらず項垂《うなだ》れております。どこかへ出かけますと、少しは気が晴れましょうか？　あのお方のおそばにいらした方々も当地にいらっしゃいますし、あのお方の品々もまだここにございます。本当にあのお方のご遺書[❖6]を手にすることができましたらと願いつつ、私はご遺書が届けられますのを待っております。あのお方はたぶんご遺書にて私の人生を定めておいでになりましょう。私の人生があのお方のものだとよくご存じでいらっしゃいましたので。彼らが私に残した日々を興味も目的もなくひきずって生きるとしましても、このようなことはどうでもよろしゅうございますわ。と申しますも、親愛の伯爵夫人よ、御奥さまはよくおわかりでいらっしゃいましょう、幸福も希望も、すべてあのお方次第だったのでございますから」

第一節

コンデ一族の絶望

数日後の四月十日、今度はコンデ一族が訃報に接する。

三月二十六日、アンギャン公爵が亡き人となってすでに六日経ったこの日、コンデ大公は、悲劇的事件をつゆほども知らぬまま、何か虫の知らせで心配になり、孫に一筆投じていた。

「あなたが少々ドイツの奥に移ってくれたらと願っています。われわれはいかなることも行ないかねぬ人間を相手にしている旨、心されよ❖7」

四月初め、コンデ大公とブルボン公爵は、アンギャン公爵連行の報を受けていたものの、アンギャン公爵がまだ生きていると思っていて、そのころ、ロンドンの政府に何度も働きかけ、政府当局による第一執政との交渉を要請していた。

四月十日、最初にアンギャン公爵の訃報に接したのはアルトワ伯爵であった。

伯爵は、コンデ老公が一門の最後の嫡嗣《ちゃくし》たるこの孫にいだいている熱烈な愛情を承知している。それゆえ、伯爵は、老公訪問を前に、人生で味わう最大の苦悩のうちに数えられる苦悩を覚える。

コンデ大公を前にして、伯爵は心乱れ、前置きを探す。

❖6＝**ご遺書**…第九章第四節にあるように、アンギャン公爵の遺言は他の文書と一緒にフランス憲兵隊に押収され、パリに送られた。

❖7＝**心されよ**…ボナパルトの脅威を前に、コンデ大公は、フランス国境に近いエテンハイムを離れ、国境から距離のある地に暮らすようアンギャン公に勧めていた。

「従兄よ、私が兄、甥、妹、義姉の死に[8]涙せねばならなかったのをご存じでいらっしゃいましょう……。私たちに共通の不幸を、大公殿はつねに私と分かち合ってくださいました……」

伯爵は話を中断する。伯爵の顔の変わり様、彼の声の震えがすでに事情を伝えているのであって、老公は、地の底で呻くような嗚咽をもらしながら秘書官のコンティ騎士の肩の上に倒れる。

それから、言語に絶する意志の力が老公を立ち上がらせる。老公はアルトワ伯爵の手をとって詫びる。

「殿下、お許しを。ルイ十六世の崩御このかた初めて流した涙でございますれば」

コンデは深い、そして、あれこれ求めるところの多い愛情をもってあの孫を慈しんでいたし、つとに自身の思想や希望の一切をもっぱら孫に託してきた。コンデのひき裂かれた心から絶叫が噴き上がり、彼は、ヨーロッパの全君主に宛てて激しい抗議文を書きはじめる。

「私は本事件を歴史に訴えるものでございます！　私は全世界に復讐を願うものでございます！」

一方、ルイ十八世は、先ごろナポレオンも金羊毛勲章[9]を受勲するにおよび、以下の親書を添えて自身の金羊毛勲章をスペイン国王[10]に返上する。

「親愛なる従兄殿よ、大胆不敵と富によって帝位に上り、非道にもブルボン家のアンギャン公爵の血で帝位を穢したかの大罪人と、余とのあいだに相通ずるものは皆無であります。宗教は虐殺者を赦すよう余を導きます。しかしながら、余の国民の独裁者は終生余の敵であらねばなりません」

同様に、スウェーデン国王グスタヴ＝アードルフも「騎士団の定めにより、余はアンギャン公虐殺者の戦友たることに同意しかねます」と述べて、黒鷲章[11]をプロイセン国王に返戻《へんれい》する。（ボナパルトも黒鷲章を受勲していたからである。）

だがしかし、幾つかの例外を別にして、ヨーロッパでは誰もアンギャン公爵の復讐をしようと思わない。ひとりロシアが喪に服す。プロイセン国王はベルリンで喪に服したが、しかし、表立った服喪はしない。ローマでは、教皇が深い哀悼を表わすものの、同時に、ボナパルトに書をしたため、陰謀を免れたことに祝意を表する。ウィーン、フィレンツェ、ナポリ、ミュンヘン、ドレスデン、シュツットガルト、マドリッドは押し黙ったままである。各国とも人食鬼のごとく暴虐なボナパルトの怒りをかうことのないよう用心しているのだ。ひとりアンギャン公爵の家族だけが公爵の非業の死を嘆き悲しむだろう。

ブルボン公爵について言うと、彼は諦めきれない。当分、彼は落涙を抑えることも、隠すこともままならない。彼は滂沱《ぼうだ》の涙をしぼりながらくりかえし言う。「いや、いや、私は断じて諦めきれぬだろう！❖12」

遠方ワルシャワの尼僧院では、ルイーズ・ド・コンデが祈りを捧げている。彼女もまた甥が勾引されたとの知らせを受けてはいたが、愛し子の死については知らぬまま、この子が「怪物」の毒牙から救われますようにと深く頭を垂れて神に祈っていたのである。

❖8＝**兄、甥、妹、義姉の死**…兄ルイ十六世、義姉マリー＝アントワネット、妹エリザベート王女の刑死と、甥の王太子（ルイ十七世）の獄死をさす。

❖9＝**金羊毛勲章**…スペイン王国の最高勲章。

❖10＝**スペイン国王**…カルロス四世（在位一七八八年―一八〇八年）。ブルボン王家の血縁。スペインは、フランス大革命時代、対仏大同盟の一員として革命軍と戦ったが、その後のナポレオン戦争時は皇帝ナポレオンに味方してイギリス、ポルトガルと交戦した。

❖11＝**黒鷲章**…プロイセン王国の勲章。ナポレオン戦争時、スウェーデンは対仏大同盟に参加した。

❖12＝**断じて諦めきれぬだろう！**…十一年後のナポレオンの百日天下のあいだ（一八一五年三月二十日―六月二十二日）、ブルボン公爵は、ナポレオン打倒のために、王党派ヴァンデ軍を従えてナポレオン軍と戦う。

ルイ十八世が、細やかな気遣いをして、四月八日、エッジワース神父[13]を、つまりルイ十六世の聴罪司祭であり、断頭台の下までルイ十六世に随行した神父をルイーズのところへつかわせる。同神父だけがルイーズにいとわしい知らせを告げる言葉を見出しうるだろう。

だが、エッジワース神父は自身の力を過信していた。コンデ姫ルイーズが甥を思って祈りを唱えている尼僧院独居房への入室を許されなかったから、彼はあえて入室しない。ルイーズが心を許している尼僧サント＝ローズ[14]が、気をしっかり持って独居房に入り、アンギャン公爵の名をささやきながらコンデ姫に十字架を差し出す。ルイーズは悟る。彼女の口からものすごい悲鳴がもれる。彼女は、彼女の祈禱室の真ん中で激しく涙にむせびながら床にぐったり倒れこむ。

床から起き上がったとき、彼女が一番に行なったのは家族に便りをすることであった。「最愛のみなさま、私はみなさまのお胸にわが身を投げます。みなさまのご悲歎は私の悲歎でもございます！」

魅力あふるる故人が集めた愛情を理解するには、同一の苦悶のなかで一体となったこのコンデ一統が交わした切々たる書翰を読まなければならない。ルイーズ宛コンデ老公の手翰に見えるのは腸《はらわた》を断ち切られたような呻吟であって、その呻吟は彼の冷静な風采の裏に奥底深くひそむ感受性を明かしている。

「わが子よ、愛するアンギャンよ……、完全に万事休すです。私にはもう息子がいないのです……。私は、アンギャンの父たることを誉れに思い、彼の父たることに幸を覚えおりました……。彼らは私の子を暗殺しました……。私はもはやアンギャンに会えないのです……。彼は私のせいで落命したのです……。わが息子よ、おお、わが愛し子よ！」

ルイーズからの手翰が伝えてくるのは崇高な諦念の調べである。この聖女は甥の死刑執行人ボナパルトのために日々祈ることをみずからに課す。誇大妄想に身をゆだねているボナパルトには、ワルシャワの尼僧院で、毎朝、他の尼僧に混じってひざまずいた一人の尼僧が健気に彼の名をつぶやいていることなどまったく思いいたらない。

第二節 シャルロットの最後の闘い

一方、エテンハイムのシャルロットは一つの考えしか持っていない。アンギャン公爵が彼女に宛てて書いた最後の手紙を入手したいという考えである。彼女は、仲介を願ってスウェーデン国王に訴えかける。グスタヴ＝アードルフは、パリ駐在代理大使を通じて、ヴァンセンヌでの処刑の詳細を知ることができた。しかし、形見を未亡人に渡すのは論外である。手紙、髪の房、金の指輪はレアルの抽斗《ひきだし》の奥にしまいこまれている。ボナパルトにすれば、シャルロットに遺品をとどけさせるのはそう面倒なことではない。が、にもかかわらず、執政政府の警察は、単に遺品のみならず、最後までアンギャン公爵についてきた犬についても公

❖13＝**エッジワース神父**…エッジワース・ド・フィルモン（一七四五年生—一八〇七年没）。エリザベート王女の聴罪司祭をつとめたのち、一七九一年、ルイ十六世の聴罪司祭となった。大革命下、イギリス、ドイツに亡命したのち、ミタウのルイ十八世のもとで暮らした。

❖14＝**尼僧サント＝ローズ**…一七六四年、フランスのアミアンに生まれ、九二年に亡命した。

女への返却を禁じて、さらに一段と残酷性を強めるのである。（モヒーロフはアレル要塞司令官夫人に預けられ、それから数ヶ月ののち、ベティズィ侯爵に飼われる。）

アンギャン公爵がどのように死についたか、スウェーデン国王から委細を伝え聞いたシャルロット――死の委細は彼女にとってどれほど惨いものだったか――は国王陛下に礼状をしたためる。

「何と痛ましいのでございましょう、お詳しくお知らせいただきました場景は！　あのお方のお苦しみを思い、私はすっかり心挫けましたが、とは申しましても、陛下にお打ち明け申し上げます。あのお方は毅然と、また、勇敢に残虐な最期にお堪えになられたそうでございますが、私はあのお方の強いご意志、ご勇気をしみじみ誇らしくお感じしたのでございました。ごく些細なところにも強いご意志、ご勇気をお感じいたしました。あのお方の人生のあらゆるご行為を特徴づけていたご高潔な精神、ご崇高な精神を、私は思い出したのでございます」

彼女は遺品の問題に話を転ずる。

「謹んでお伺い申し上げますが、あのお方のご遺書を入手いたしますにつき、幾許かの望みをなおいだきおりましてよろしゅうございましょうか？　あのお方はご遺書で私の人生をお定めになっているはずなのでございます。私の人生があのお方のものでありますこと、また、私が人生に堪えてゆかれる唯一の手立ては、果たすべき義務をあのお方が私に残しておいでだと考えることにありますこと、これらをあのお方はよくご存じでいらっしゃいました」

スウェーデン国王は、まことにもって嘘偽りのないシャルロットの苦悩に憐れを覚え、遺品譲渡を重ねてフランスに要求する。今度はタレイランが口述筆記させた返書が寄せられる。返書はつっけんどんなものだった。

「われわれはスウェーデン国の諸問題に一切介入しませぬゆえ、遠国のどなたかがわが国の問題を云々することなきようお願い申し上げる次第でございます」

この拒絶のせいで、シャルロットはいよいよもって絶望の底に沈む。

「あのお方がお望みになられたことを、私は長《とこ》しなえに知らないままでございましょうし、あのお方の最後のお望みは叶えられぬままでございましょう。この先どうしましたらよろしいのやら、察しのつかぬ始末でございます」

それでもやはり、彼女は、アンギャン公爵の銃と肖像画とをスウェーデン国王に贈って、寛仁《かんじん》な国王に謝する。グスタヴ＝アードルフは、銃を納めはしたものの、しかし、肖像画については、未亡人に遺された最後の財産を受け取るわけにはゆかぬと述べて、これをシャルロットにもどす。

ひとりきりになり、孤立して暮らし、途方にくれているシャルロットは、みずからの感じている喪の愁傷と同じく深い愁傷を味わっている人々に思いを寄せる。彼女はブルボン公爵に文をつづる。

「あのお方のお父上さま、あのお方がご崇拝なさっていたお父上さまのお胸に、私の辛い哀惜の念と、肌を刺すような私の涙とをお預け申し上げますのは何という慰めでございましょう。私は幾度となくお見上げいたしたのでございますが、あのご不幸なお方は、お父上さまが私にご好意をお持ちくださるだろうとご期待なさってては微笑んでいらっしゃいました」

彼女は、返信を受けることのないまま、一度ならずコンデ大公にも文を呈した。コンデ大公は終いには彼女に向け筆をとることにする。が、彼の書には、その礼儀正しさにもかかわらず、彼が彼女にいだき続けている根強い恨みが表われている。（読者は、彼が彼女を「お嬢さま」と呼んでいることに気づくだろう。）

「私の極度の痛苦と、加うるに、お嬢さま、あなたを危険に巻き込みはせぬかという危惧とがございましたゆえ、一再ならず御文を頂戴しながら、これまで御文にご返事できずにまいりました。先般私の経験しました惨たる死別ののち、私がいかなる状態にあったか、あなたには容易にお察しいただけましょう。

ああ！　私の悲運の孫を蘇らせるためとあらば、私は己の命を譲ろうものを！　いかなることも行ないかねない人物を警戒せねばならぬ、と私が幾度も彼に予告しましたこと、あなたはご存じでいらっしゃいましょう。事件は、当然のことながら、あの人物がいかなることも行ないかねぬ人間であることを立証しました。われわれがその死を歎じてやまぬあの子にとって、居を卜《ぼく》すことで不幸を避けるのは全く以て造作なきことだったはずです。（ルイをエテンハイムにひきとめたシャルロットを直接難じているのである。）しかしながら、実際にはそうならなかったにせよ、あなたに落度はおありでないこと、これはよく承知しております。不幸に関しあなたをお責めする気は微塵もありません。あなたのご悲痛と私のそれには某《なにがし》かの相違がありましょうが、私の悲痛に対しあなたがおしめしくださったお気持と同じ気持を私もいだきおりますこと、お信じください。（私はあなたのお口の堅さ、実のあるお心を疑ってはいませんが、）あなたのお聞きおよびの家族の些細な秘密の数々につき、あなたが必ずや固く秘密を守り、慎ましくいらしてくださるものと全面的に信じております。就中、孫と私とのあいだに秘密はなかったということ、さらに、孫の父親、並びに孫の祖父同様に、孫はあの致命的な陰謀をよく知らなかったということ、以上を人々によく知らしめうるのはあなたを措いてほかにいらっしゃいません」

数ヶ月後、シャルロットはエテンハイムを去ろうと心に決める。小さな町エテンハイムと、そこに住む亡命貴族たちは、気苦労を殖やす一方の警察に監視されていた。シャルロットはハンガリーへの長い旅路につき、彼女の代父が遺した屋敷にこもるつもりだ。彼女は、仕合せな三年間を過ごした、急勾配の屋根がつらなり、曲がりくねった小道が続く集落を離れ、彼女の一番大切な思い出の数々や、今なお公子を慕い、彼女に同情を寄せるいくたりかの人々と別れる。彼女は辛い孤独のなかに閉じこもる。

第三節

カノーヌのヒロイズム

アンギャン公の腹心たちは、捕縛されたのち数ヶ月間、ストラスブールの要塞に閉じこめられたままである。アンギャン公処刑後なお何としてもその起訴理由をつきとめたいと考える執政政府の警察は、腹心のなかでも、公爵お気に入りの従僕カノーヌを主として尋問ぜめにする。

カノーヌが要塞につながれて三週間ばかり過ぎたとき、一人の見知らぬ男が彼のところに尋問に来る。

「その男はかつてコンデ軍で軍務についていたと話した。彼は軍から堪えるよう言われた不本意な待遇に腹を立てたようだった。少しずつ話を交わすようになったとき、この男は、カノーヌにそのご主人さまの死を教え、それから、政府は、入手したいと考えてきた公爵有罪の証拠を見出せずにいるから、証拠を提示する人間がいれば、その人間に感謝するだろうと言った。アンギャン公爵殿下はライン河を渡って国境を越えた、それも一度にとどまらなかった、と供述するだけでよかった。そうすれば、カノーヌはすぐに釈放され、執政政府から大いに感謝されるだろう。男は、カノーヌがご主人から特別の信頼を得ていた人間とみなされているので、カノーヌの証言は他のそれより価値がある、彼の証言には他のそれに大々的に上回る金が支払われるだろうとつけ加えた。カノーヌは憤然として答えた。アンギャン公爵殿下はただの一度しかライン河をお渡りにならなかった、それは一七九三年のことであり、殿下は、当時、殿下のおかげで申し分なく武名を挙げたフランス人貴族軍を率いていらした、と。いやはや、カノーヌが釈放されるには、ご主人さまを告発するか、もしくは密告するしかないとは。カノーヌは肚をくくり、獄につながれたまま骸《むくろ》と化す覚悟を決める」

しばらくすると、執政政府の二人目の密使が、「カノーヌをギロチン刑に処すべしとの命令がすでに下されているが、もしカノーヌが、アンギャン公爵殿下がアルザス地方をして蜂起させる計画を持っていたと白状するならば、確実に特赦が与えられるだろう」と言って、カノーヌを震え上がらせようとした。「断じてそのようなことは言わぬ」、とカノーヌは答えた。「私は嘘と引き換えに自分の命を買いとろうと思わないでしょう」

驚いた密使が聞いた。「しかし、そんなことをしてどうなるというのだ？　公子は死んでいるのじゃないかね？」「あのお方のお名前は滅んでいません」、とカノーヌは気高く応じた。

以上の働きかけは、第一執政がヴァンセンヌの処刑のおぞましさを減じる証言を入手したがっていたということを十分に明かしている。このことは、ボナパルトが、その大言壮語に反して、心おだやかならずと感じていたということを証明するものである。

病気のせいで一段と難儀なものとなった監禁が九ヶ月続いたのち、カノーヌは、帝冠を戴したボナパルトが多数の囚人に恩赦を与えたのを知った。自由の身になった従僕カノーヌはライン河の対岸から追い払われ、悲歎にくれてエテンハイムにもどった。そして、同地で、彼は、彼の行いに感じ入った国王ルイ十八世がそばに来るよう仰せられていると聞かされた。カノーヌは、「彼の国王の膝下にひれ伏さんとして」、ためらうことなく、ミタウへと長途の旅に上った。国王は彼を従僕として召した。カノーヌがボネイ侯爵を前に事件についていろいろ話したのはこのときであった。ボネイ侯爵は彼の言葉を覚書として書き記した。この覚書は、後年、シャルロットに遺贈され、それからフーシェ家代々により、さらに本書著者により大事に保存されることとなった。

第十二章

ヴァンセンヌ事件ののち

しばらくのあいだ、アンギャン公虐殺事件は、辛辣な噂話をこっそりささやいて話題にするサロンの話の種となる。コーランクールがその気の毒な主役になっている会話がそうだったように、サロンの会話の幾つかは人々を大笑いさせる。

そのころ、皇帝に即位し、自身のために宮廷が作られるよういたく腐心していたナポレオンは、まわりの人間に貴族の称号をばらまく。コーランクール氏に「ヴィサンス公爵」なる称号が転がりこむ。新たに貴族に叙された人々の名が『ガゼット・ド・フランス』紙に載る。その前夜、帝国の検閲の任を負う編集者が、校正刷りに世紀の誤植を見つけて危うく気絶しそうになる。「ヴィサンス公爵」と活字を組むべきところ、「ヴァンセンヌ公爵」と組んであったのである……。

意図せぬ誤りだろうか？　それとも、印刷屋の植字工が、皇帝はアンギャン公事件においてコーランクールの果たした役割に褒美を与えたいと思っているのだ、と無邪気に考えたのだろうか？

帝国の検閲はごまかされなかった。「誤りはまったくもって見るに堪えないものなので、意図せぬ誤りとは思えぬ……」。そして、彼はこのとんでもない大失敗を前にしたナポレオンの怒りを想像して、自分の額をぬぐった。

第一節

外交上の失態

アンギャン公爵の死の三年後、ナポレオンとロシア皇帝アレクサンドル一世とのあいだにティルジット条約が結ばれた年[1]、件のヴィサンス公爵が大使としてロシアの皇居に送られる。当時は、あらゆる手段をもちいて仏露間の新しい友好関係を強化しなければならなかった。それゆえ、この観点から、「人々は」、コメディ・フランセーズ座のとびきり美しい女優ブルゴワン嬢[2]がペテルブルクへ行き、パーヴェル一世の創設したフランス劇場で芝居を演ずるよう願う。

だから、ブルゴワン嬢はドレスや帽子でいっぱいになった大型トランクを幾つも持ってパリを発つ。ペテルブルクに着くと、コーランクールが、やがて自分の囲い者となるブルゴワン嬢を親切このうえなく迎えて、彼女にさまざまの助言を与え、そして、彼女とロシア皇帝とのあいだの情の進展について報告にくるよう申しつける。

❖1＝**ティルジット条約が結ばれた年**…一八〇七年のこと。一八〇六年七月十二日、フランスの保護下にライン同盟(バイエルン、ヴュルテンベルク、レーゲンスブルク、バーデンなど、十六諸邦)が成立し、神聖ローマ帝国が消滅した。ナポレオンのヨーロッパ征服に拍車がかかるなかの九月、イギリス、プロイセン、ロシア、スウェーデンなどが第四次対仏大同盟を結成したが、イエナ・アウエルシュテットの戦役(十月十四日)でフランスがプロイセン軍を撃砕、ベルリンに入城した。〇七年六月十四日、フランスがフリートラントでロシア軍を攻略するにおよんで、七月七日、露仏間に、九日、普仏間にティルジットの講和が約された。

❖2＝**ブルゴワン嬢**…マリー・テレーズ・ブルゴワン(一七八五年生―一八三三年没)。一八〇〇年代前葉のパリで活躍した女優。

万事、予想どおりに進む。ブルゴワン嬢が帝国劇場に初めて登場すると、ロシア皇帝はこの美女に注目し、皇居に参内するよう連絡させる。彼女はワクワク心躍らせて皇居に上がった。フランスの出来事に常々関心を寄せていた皇帝アレクサンドル一世が、挨拶代りのお愛想を口にしたのち、幾つかのことをたずねる。

「ナポレオン皇帝はフランスで好かれていますかな?」

「ええ、たいそう」、と女優は答える。「ですけれども、あることが皇帝陛下に打撃を与え、陛下に好意的だった多くの人々が陛下から離れてゆかれました。あることと申しますのは、アンギャン公爵暗殺でございますわ」

アレクサンドル一世は色を失う。「暗殺」という言葉はいつまでも彼に不吉な思いをいだかせる。この言葉が父帝の暗殺[3]を思い出させるからである。能天気な女優が、しどろもどろになりながらも、みずからの軽率な言葉の埋め合わせをしようと言葉を継ぐ。それほど皇帝は眉をひそめ、表情を曇らせている。

「と申しましても、あのことはナポレオン皇帝の過ちではございません。あのころ皇帝陛下のまわりにいた大勢の極悪人たちが犯した過ちなのでございまして、ただいま、陛下は、日々、その極悪人たちをお払い箱にしようとしておいでになります……」

いくら何でも言いすぎだ……。不機嫌になったアレクサンドル一世を前にしたブルゴワン嬢は、取り乱して席を立ち、お辞儀をし、走って皇居を出る。それから、無蓋四輪馬車に乗り、コーランクールの待つフランス大使館へ行くよう御者に言う。

「それで、アレクサンドル皇帝はあなたをいかようにお迎えになられました?」と陽気なコーランクールがたずねる。

「初めはたいへんご機嫌麗しくいらしたのですけれど、すぐにそれはそれはご不快な面持になられましたの」

「やれやれ！　皇帝陛下はあなたに一体何と仰せられたのかね？」

「ええ、陛下は、ナポレオン皇帝がフランスで好かれているかとお聞きになったんです……」

「あなたは肯定の返事をなさった？」

「ええ、私はお答え申し上げました。人々はナポレオン皇帝をとても好いています、けれども、アンギャン公爵暗殺で、ナポレオン皇帝は大勢の人々の愛着を失われました、と……」

「そんなことをおっしゃったのですか？」

「私は皇帝陛下のお顔色がさっと変わるのをおみとめしました。けれども、私はすべてうまく片づけましたわ……」

「いかように？」

「アンギャン公爵暗殺はナポレオン皇帝の過ちではなく、あのころ皇帝をとりまいていた悪党や極悪人の一団が犯した過ちなのだと申し上げました……」

「ますます結構なことをおっしゃったものだ！」

蒼ざめた顔を今度は朱に染めたコーランクールはもう自分を抑えない。

「お嬢さん、あなたの当地滞在はあなたがお考えになっているより短くなります。あなたの休暇は終りました。明日、出発するお支度をなさい。さようなら」

❖3＝**父帝の暗殺**…第九章❖15に記したように、アレクサンドル一世の父帝パーヴェル一世は暗殺された。

憐れな女優は、彼女をフランスへと連れゆくベルリン馬車にゆられながらコーランクールの謎めいた言葉の意味を長いあいだ、空しく探った……。

第十三章

亡命の終り

ボナパルトがその野望を燃え立たせていた期間、シャルロットはずっとオーストリアに隠棲する。ストラスブール要塞の牢から解かれたのち、ブルボン公爵に仕えるようになったジャック騎士[1]と、彼女はまめに音信を通わせる。

フランス帝国の警察はシャルロットを忘れていない。フーシェ[2]が毎日ナポレオンに提出する報告書のなかに次のように知らせたものがある。

「アンギャン公未亡人はリンツに立ち退き、ワーウェックなる名のもと、同地にて何通も書翰を受領す」

シャルロットの思いはやはりフランスに向かう。彼女は、憤りと辛さで心を震わせながらフランスで起こる出来事をながめている。彼女の叔父で、元カンブレー大司教のフェルディナン・ド・ロアン猊下が策を弄して皇妃ジョゼフィーヌの宮廷司祭の地位に就いた。彼女の母親はコルシカ男に敬意を表する詩歌を作っている。サン＝ジェルマン街に屋敷を構える彼女の友人たちは、その大半が王位簒奪者《さんだつしゃ》[3]と手を結び、熱心に新しい宮廷に地位を求めている。彼女の兄シャルルは、荒れ果てたロシュフォールの城館を取り壊す許可をナポレオンから得て、城館に付属した建物を整備し、妻子とともにそこに住まった。シャルロットは、子供時代に過ごした城館をもう二度と見ることがないのだと知る。

一八一一年、彼女は、父親、つまり亡命生活をともにした老人を亡くす悲しみを味わう。父親はいやにやこしい相続財産を遺し、この相続財産が気の滅入る対立をひきおこす。ずっとフランスに残っていた兄のシャルルはまぎれもないロアン家の人間であり、騒ぎを好む人間であって……、金銭に細かい。彼は、自分には、一七八〇年に父親が彼にみとめた贈与——すなわち、シャルルを「主要相続人、貴族財産の相続人」にすると定めた贈与——があればよいとして、遺産相続の放棄を申し出る……。

シャルロットおよびクレマンティーヌにとって不幸なことに、シャルルへの贈与は相続財産の大半を占めるのである。だから、姉妹は、自分たちが受け取る権利のある財産を得るために訴訟を起こさざるをえなくなる。姉妹から財産を奪うことにまったくやましさを感じない兄は、この奇妙な裁判で、「貴族の長子」という身分を優遇する昔の封建的法制❖4をよりどころにする。

シャルルは裁判に負けるだろう。そして、フランスにもどったシャルロットは、それでもやはり、兄の子供たちに、とりわけ甥のバンジャマンに愛情をそそぐだろうし、みずからの遺言ではこの甥を優遇するだろう。

数年の歳月が流れる。

シャルロットは、そのおのずからなる優しさにもかかわらず、情け容赦なくナポレオンに憎しみをいだき続ける。ナポレオンがエルバ島へ配流❖5となったのを知った日、彼女は、筆舌につくしがたい侮蔑をもってジャックに書き送る。

「不幸な時期には卑屈で、繁栄の時期には傲慢だったあの男の末路について、あなたは何をお思いになら

❖1＝**ジャック騎士**…第八章序文に既出。アンギャン公爵の秘書官だったドミニク・ジャック騎士。

❖2＝**フーシェ**…第七章❖24参照。フーシェが警察大臣に復帰した。

❖3＝**王位簒奪者**…ナポレオン・ボナパルトをさす。

❖4＝**封建的法制**…フランス大革命は、一七八九年から九六年のあいだに封建的特権や世襲貴族制を廃止する一方、長子相続の慣行を禁止し、相続人間の平等を促進した。また、一八〇四年三月に発布した「ナポレオン法典」は、遺産の細分化を防ぐために、遺産の大部分を一人の相続人に与える権利を規定していた。

❖5＝**エルバ島へ配流**…対仏連合軍に敗れたナポレオン一世は、一八一四年四月四日に退位、五月三日にエルバ島流刑となった。ついで、翌年三月二十日、パリに帰還、六月、ワーテルローの会戦に敗れ、同月二十二日に再び退位、セント＝ヘレナ遠島となる。

れますか？」

一八一五年七月、ルイ十八世が最終的に王位に復辟する。❖6 待ちに待ったこの出来事を、シャルロット公女は大きな関心をもって見守る。ルイ十八世が粛々とパリに還御《かんぎょ》した際、国王が有蓋四輪馬車の自身の席のそばにコンデ大公とブルボン公爵とを坐らせていたのを、彼女は知る。しかし、彼女は、タレイラン（彼は、人に読まれると自分の評判をメチャメチャにしかねない文書をことごとく焼いてしまった）が、昔と変わらず優雅で横柄な姿で厚かましくもまた政治の舞台に現われたことに憤る。彼女は、アンギャン公爵の主要な暗殺者の一人であるタレイランをして元老院発令の内閣の主役をつとめさせる閣僚たちに嫌悪をあらわにする。❖7

「あの内閣が国王陛下のご裁可を得るなどとは信じがたいことでございます。陛下のご権威を陛下の兄君さまの虐殺者たちと分かち合うなど、陛下にしてこれにご同意なさるのは王冠をあまりに高い値でお買いあそばすことに通じます！」

今後もシャルロット公女は他の多くの妥協、卑劣、矛盾の証人になり、それらを知ったために、孤独に暮らしたいと気持を固めることとなる。

一八一四年五月十四日、彼女はフランスに帰還したアンギャン公爵の父に文をしたためる。

「私が生き長らえておりますことを、相も変わりませずおずおずと殿下にあえてお知らせ申し上げます。私の存在はただに殿下のお胸のうちにお辛いご記憶を蘇らせることは承知いたしております。でございますけれど、私の心が殿下の御心に一方ならず共鳴しております今、どうして私の存在をお知らせ申し上げずにおれましょう?」

「私は、ただ殿下とお近づきを得まして、殿下のご親切、ご好意に与りますことで、多少とも心和《こころな》ぐを得ましたらと願っているのでございます。私はいまだ帰国の時を定められずにおります」

シャルロットが願い、かつ不安に感じていた帰国を実現するのはやっと一八一六年になってからである。たいへんな心の昂りをもって、彼女は一七九〇年以来会っていなかった母親を抱きしめる。母親はずいぶん変わった、と彼女は感じる。シャルロットは、はるか昔、四十七歳のまだ美しい女性と別れたのだったが、再

❖6＝**王位に復辟する**…一八〇七年六月、フリートラントでロシア軍がフランス軍に敗北するにおよび、クールランド地方も近々ロシア皇帝アレクサンドル一世は、フランスの有に帰すると案じ、ルイ十八世にミタウからの退去を申し出た。ルイ十八世の一行は、九月三日、船でスウェーデンを目指したが、シュトラールズントにおいてスウェーデン国王がナポレオン一世に敗れたのを船上で知った。ルイ十八世主従は、船をイギリスに向け、イギリス国内を転々としたのち、〇九年初頭にロンドンから六五キロにあるハートウェル城に身を落ち着けた。ルイ十八世は、十四年五月三日の第一王政復古で玉座に即き、翌年六月二十二日の第二王政復古でまた玉座に上った。

❖7＝**嫌悪をあらわにする**…タレイランは、君寵を失って外務大臣の職を解かれた一八〇七年八月九日以降、ナポレオン一世を失脚させるべく連合国と通謀し、連合軍がパリに入城した翌日の一四年四月一日、彼を首班とする臨時政府を樹立、権力を手中にした。さらに、ウィーン会議(十一月)にフランス代表として出席し、君主政、正統主義を主張した。彼の外交手腕と、政治的混乱期だったのを主な理由として、一五年七月九日、元老院は彼を内閣首班兼外務大臣として組閣した。また、フーシェもナポレオン一世から疎んぜられ、一〇年六月四日、警察大臣を罷免されたが、百日天下で同職に復帰。が、ワーテルローの敗北後、王党派に転じ、政治的混乱に乗じて、一五年七月九日成立の内閣で警察大臣の地位を得た。しかし、ルイ十八世は、変節漢タレイランを嫌い、また、ジャコバン派のテロリストだったフーシェについては「ルイ十六世殺しの大罪人」として憎んでいたため、一五年九月十五日にフーシェを解任し、二十四日にタレイランとその内閣を総辞職せしめる。

会したのは七十二歳の老奥方さまである。老奥方さまのエキセントリックな性向、思慮分別の欠如は年齢とともにますます顕著になっていた。老奥方さまは一度として政治的信念を持ったことがなかった。彼女の受動的で利己主義的な人生は、それが安楽と贅沢とを彼女に保証してくれるなら、あらゆる体制を受け容れる。この自己中心的な母親と、いまだ悲愴な怒りに震えるその娘とのあいだには深い溝がある。しかしながら、今やほかの人々のためだけに生きているシャルロットは精一杯の思いやりをもって母親に愛情をしめすだろう。彼女は母親の近所のブルボン街五十一番地に住む。そして、ケリウ侯爵に嫁いだ妹クレマンティーヌや、彼女らのものだった城館に付属した建物に住まっていた兄や、すべての甥たちを迎え入れる。

家族間の愛情の吐露ののちに巡礼の日が来る。シャルロットはヴァンセンヌ城塞を訪れ、城塞の上から、お墓と思われる場所に幾許かの花をたむける。

濠の底まで生い茂った草のなかにはもはやいかなる跡も残っていなかったけれど、しかし、人々の言い伝えが公爵の埋められた場所を教えた。親族をおもんばかり、その血統にふさわしい墓所を設けたいと望む国王の命により、やがて法務大臣が調査にのり出す。そして、往時の証人たち、騎兵伍長、穴を掘った庭師、公爵が階段で道を譲った元尼僧ボン夫人が証言を求められることとなる。

さしあたって今、シャルロットは、愛する人が埋められた濠を前にただ泣き、祈ることしかできない。ヴァンセンヌ城塞の主任司祭がその証言のなかで語るように、続く数ヶ月間、彼女はこの悲しい巡礼をたびたびくりかえす。巡礼のたびに、コンデ家最後の人が彼女に思いをはせながら絶え果てた濠の陰気な風景にひしがれながら。

第一節

国王に謁する

ロアン＝ロシュフォール公女の帰国を知った国王ルイ十八世は彼女をテュイルリー宮殿にお召しになる。

シャルロットが国王拝謁の栄に浴するのは、流浪の仮寓でみすぼらしく日を送っていた名ばかりの君主ではもはやなく、再興なった宮廷の礼儀作法と華麗さとによって、その生来の威厳がひき立てられている、真に国王らしい国王である。国王は、あの利口なゾエ・デュ・ケラ――読者は覚えておいでだろうが、アンギャン公爵に逮捕の危険が迫っていることを、当時エテンハイムに暮らしていたシャルロットに何とか知らせたいと願ったあの女性である――を寵姫《ちょうき》としている。

アンギャン公爵の遺言を読んでいたタレイランおよびフーシェから話を聞いた国王は、公爵とシャルロットとの結婚の合法性について寸分の疑いもいだかない。シャルロットが宮廷に参内した日、国王は、正式にアンギャン公妃という身分を名乗ってよろしい、と彼女に仰せられる。

シャルロットの気高く品にみちた返礼は彼女の誇り高い性格をよく表わしている。

「公爵のご生前に公妃の身分をいただきましたならまことに仕合せでございましたでしょうに、陛下は公爵ご生前の結婚公表にご反対あそばされました。いずれにいたしましても、公爵の喪に服しておりますただいまは、結婚公表のことは水に流れてゆきますよう願っております」

アンギャン公爵とシャルロットとの結婚を誹謗する人々は、極秘の性質をおびた右の拝謁をありえないことと打ち消す。だがしかし、シャルロット公女自身が、後年、彼女の公証人であり、友人だったフィリップ・フーシェに国王に謁した日の委細を語る。そして、公女の他界後、フィリップ・フーシェが、サン=テティエンヌ・デュ・モンの主任司祭にして、彼の甥にあたるペルドロー神父に公女のその話をくりかえし語り、ペルドロー神父は、叔父が幾度となく語った公女の謁見についての信憑性の保証人となるのである。

第二節

遺骸発掘

一八一六年三月十九日、アンギャン公亡骸《なきがら》発掘日と定められていた日の前夜、シャルロットは大胆な行動に出る。彼女は男性の衣服を身につけ、人知れずヴァンセンヌ城塞に忍びこむのである。この事実については、自筆覚書〔原注　著者のコレクション〕に残る城塞主任司祭の証言がある。その尊敬すべき司祭は、以下のように実に興味深い情景を語って証言を終えている。

「一八一六年三月十九日から二十日にかけて、死を前にした瞬間の高貴な恋人の思いを一途に追想していらしたご不憫な公女さまが、ヴァンセンヌ城塞主任司祭の配慮のもと、男装で城に通された。公女さまは、すでに何度もそうなさったように、とめどなく涙を流しながら墓をおおっている瓦礫の上に花をたむけられた」

翌二十日、数人の人々が立ち会うなか(シャルロットの姿はない)、午前中に、職人たちがここと推定された場所を掘り返す❖8。

まず現われるのは長靴、ついで遺骨……、それら遺骨のなかに小さな品々がみとめられる。その品々は、憐憫の情とともに公子の友人たちによって集められ、感動とともに友人たちによって公子の品とみとめられる。公子が首にかけていた金の鎖を、ジョンヴィル騎士(スイス旅行に加わった気のおけない腹心だった)が見つける。銀の印章一つ、複数の指輪、金貨数箇の入った財布も出てくる。

これら大切な形見は、故人の父親や祖父にではなく、アンギャン公爵の未亡人にとどけられる。それらの品を見たとき、シャルロットの果て知れぬ悲歎がまた新たになる。彼女は書翰に述べる。

「身を切られるような新たな苦しみ、何としたことでございましょう! きわめて不当なあの判決を下した極悪人たちがなお生き長らえているとはおぞましいかぎりでございます!」

その極悪人たちは単にシャルロットの愁傷を深めるために生きているのではなく、この先で読者がお読みになるように、彼らは、必死に、そして、各人わが身を守らんとして、己の無実を明らかにしようとつとめてもいるのだ。

❖8 **ここと推定された場所を掘り返す** …コンデ大公は高齢だったため、ブルボン公爵はロンドンに滞在中だったため、亡骸発掘に立ち会わなかった。王命により、三月二十日、発掘、検死のち、亡骸およびその周囲の土が鉛の柩に納められた。二十一日、柩がヴァンセンヌ小教区教会に運ばれてミサがとり行われ、ミサののち、柩は、公爵裁判の法廷として使われたヴァンセンヌ城「森の塔」上階広間に安置された。さらに、一八二四年、制作に八年かけてヴァンセンヌ城塞内の教会サント=シャペルに公爵の霊廟(コンデ家お抱えの彫刻家ルイ=ピエール・ドゥセーヌと、その甥の彫刻家アメデ・デュランが制作)が完成し、三月二十七日、柩はここに移された。だが、経年か戦で傷んだためだろう、霊廟は、後年、作りなおされた。

その家柄、その要職のゆえに、しばしば宮城に召されるコンデ家の人々は、登城する際に決まって彼らの公子の虐殺者たちに出くわすのではないかと強迫観念をいだく。従って、ブルボン公爵は、貴族院において、元ストラスブール知事としてやはりアンギャン公の悲劇的事件に関与したシェ氏のそばに坐るよりは、貴族院議員の地位に就かぬほうをよしとする。アンギャン公の祖父について言うと、彼は、以前と同じく宮内府最高監督官の地位に上ったが(ルイ十八世は、コンデ大公の身命をなげうっての忠義立てに感謝し、この地位に加えて「フランス歩兵聯隊司令官」の地位を与えた)[9]、さまざまあるコンデ大公の力のうちで、憎悪こそはつきることを知らぬただ一つの力である。ある日、大公は、テュイルリー宮殿で彼の友人であるランスの大司教とおぼしき人物に出会い、その人物に声をかける。

「大司教殿には人望がおありになる。陛下はまたタレイラン氏をおそばに置かれたが[10]、氏を追い払うべきだ、と陛下にそれとなく言上願えまいか?」

その人物は気まずそうな顔をし、返事をせずに通りすぎる。その人物はタレイラン氏だったのである。老公のかすんだ目では氏と見分けられなかったのだ……。

このころ(一八一七年のこと)、ブルボン公爵は、コンデ家がサン=モール[11]に建てた瀟洒な小さな城に――コンデ家は「ヴァレンヌ事件」[12]まで城館と土地とを所有していたのだったが――、見つけることのできた逆運の令息の思い出の品をすべて集める。わが子アンギャン公爵が当時田園だったこの場所に立ち現われる。不幸な父親が今は亡き子の足跡を一番よく見出すのはこの場所である。

また、王政復古時代のこの初めの数年間、アンギャン公爵に対し誠実だった人々は、犬のモヒーロフを……、剥製になったモヒーロフを大事に持っているシャルル・ド・ベティズィ伯爵を訪ねる。

「アンギャン公爵殿の犬は美しく剥製にされていた。当時、人々は、副官ベティズィ伯爵のパリの屋敷でその犬を見る」。そのころ、モヒーロフはまぎれもない死後の栄誉に浴する。カルル・ヴェルネ❖13がモヒーロフを水彩で描き、石版画に複製するのである。王党派の人々はこぞってその版画を入手したがる。ラマルティーヌ❖14の友人であり、彼と同時代の詩人だったマルセリュス伯爵❖15は、版画の下方に刻むものとして、繊細な心の人々に涙させるエピグラフを作る。「力つきたるコンデ家の後裔、友を探す／今わの際《きわ》にいたりて、彼、友をば見出せり／お前を、彼の忠犬を」

シャルロット公女は、彼女の傷心に堪えられない邂逅《かいこう》を避けるため、あまり宮城に参内しないようにする——やはり両親の殺害者たちを許さない、彼女の友のアングレーム公妃とほぼ同様に。パリで再会したシャルロット公女とアングレーム公妃はたびたび会う。彼女たちはそれぞれ時も癒しえぬ傷を心に負うている。

❖9＝**地位を与えた**…大革命下、シャンティイ城の絵画、家具調度などが掠奪され、城は牢獄として使用された。王政復古下、コンデ大公は、官職につく一方、荒廃したシャンティイ城の修復につとめた。

❖10＝**タレイラン氏をおそばに置かれたが**…国王は、タレイランを首相・外務大臣から解任したのち、閑職の侍従長に任じた。

❖11＝**サン＝モール**…パリ南東約一〇キロにあるサン＝モール＝デ＝フォセ。

❖12＝**ヴァレンヌ事件**…一七九一年の事件。第四章❖24参照。

❖13＝**カルル・ヴェルネ**…(一七五八年生—一八三六年没)。画家。『マレンゴの会戦』『ルイ十八世のランブイエ狩猟』など、好んで躍動的な作品を描いた。

❖14＝**ラマルティーヌ**…アルフォンス・ド・ラマルティーヌ(一七九〇年生—一八六九年没)。フランス・ロマン主義の詩人。二月革命(一八四八年)で臨時政府の首班・外務大臣となる。

❖15＝**マルセリュス伯爵**…古代ギリシャの叙事詩人ノンノスの伝記(一八五六年刊)を著わしたことで知られる詩人。

しかし、苦難のせいでルイ十六世の内親王は刺立《とげだ》ち、そのとげとげしさは同情をもはねつけるほどであるのに、シャルロットの場合は、苦難が彼女のおのずからなる柔らかな物腰をそこなうことはなかった。

苦難にひしがれていたが、それでも、初めのうち、シャルロットは幾つかのサロンに繁く出入する。たとえば、彼女の従姉ヴォーデモン公爵夫人の名高いサロンや、さらにボネイ侯爵夫人(同夫人は、夫のボネイ侯爵がカノーヌの回想をまとめて記した原稿をのちにシャルロットに贈る)のサロンなどである。しかし、辛い出会いがあるのではという恐れが、かなり早い時期にシャルロットをこれら社交の場から遠ざける。

フランス駐在オーストリア大使の従兄弟にあたるルードルフ・アポニ伯爵[16]が嘆く。「もはや流行のサロンにわれらの麗しのシャルロット公女のお姿はない……。公女におかれては、タレイランのような人間との対面や、彼女の御夫君であられるご不運なアンギャン公の他の多くの敵たちとの対面にいかにして堪えられよう?」

すでにパリに疲れた公女は——パリはもう彼女の見覚えのない都になっており、やがてここには型破りの公共交通機関、つまり乗合馬車が走るようになる——、木々に囲まれた静かな隠棲を考える。彼女は、かつて恋人と分かち合っていた草木や花の趣味を持ち続けている。少し探したのち、結局、彼女はヴァル＝スー＝ムードン所在の小さな綺麗な館を選び、そこに向かうことにした。

パリの公証人フィリップ・フーシェ氏をとおしてこの館の売却証書が手渡された折に、シャルロットはフィリップ・フーシェと相知ったのだが、それは一八一六年、彼女が帰国したまさにその年のことである。時に彼女は五十一歳だった。

第三節

シャルロットの公証人

彼らが初めて出会ったとき、陽気な顔、生き生きした碧眼、褐色の縮れ毛のこの四十歳の男性がほどなく彼女にとって親友となり、一再ならず彼女が苦しい胸のうちを打ち明けるほどの心許せる相手となる、などと彼女はまるで考えていなかったにちがいない。

一七七六年に生まれたフィリップ・フーシェは、高等法院国王代訴人、総徴税官、地代出納官の息子であり、ルイ十六世治下の司法畑の高級官僚の一人だった人間の息子である。フィリップにはアンヌ＝ヴィクトワールとヴィルジニーという二人の姉妹がいて、両親が他界したとき、彼は妹ヴィルジニーの後見人となった。アベイ＝オー＝ボワ修道院で育てられた若齢のヴィルジニーの教育および扶養に必要なものを、彼はたいそう心をこめて提供した。

フィリップ・フーシェは几帳面で、秩序立ててものを考える人間であり、祖先の遺した、家族のゆかしい伝統を受け継いでいる大ブルジョワである。

政体は移ろうが、フーシェ家の人々は変わらぬままでいる。フィリップ・フーシェは、ナポレオン一世の時代、帝国の公証人だったが、ルイ十八世の時代には、彼の父親と同じくまた王国の公証人となる。伝統的かつ

❖16＝**ルードルフ・アポニ伯爵**…アポニ伯爵アンタル・ルードルフ（一七八二年生―一八五二年没）。オーストリアの外交官。フィレンツェ全権大使ののち、ローマ、ロンドン、パリの大使を歴任。『パリの二十五年間』と題して、パリで日記を出版した。

感覚的に、フーシェ家の一族は王党派である〔原注　フーシェ家のある人物は第一回十字軍に参加し、アンティオキアの城壁に最初に上った人間として名を挙げた。フーシェ家の別の人物は一一四五年にエルサレムの総大司教になった。一五二五年、ベルトラン・ド・フーシェは、パヴィアの戦役で国王フランソワ一世の前に立ちはだかって斃れた。その息子ジョアシャンは、一五一六年、レ家とラヴァル家のただ一人の相続人である妙齢のマリー・ド・クロワズィルを娶った。マリー・ド・クロワズィルはフーシェ家にレ男爵位とマシュクール領主権とをもたらした。マシュクールの領地は、名代のジル・ド・レ[17]が、喉をかっ切られた異教の子供たちの亡骸を焼却せしめた地であるところから、遺憾ながらジル・ド・レによって知られるようになった地である。マリー・ド・クロワズィルの息子ジャン・ド・フーシェは、男爵および領主の称号を継ぎ、レ男爵という称号のもと、国王から召集され、ブルターニュ三部会に出席した。彼は、数箇所の土地や多額の金銭と交換に、他の分家にすべての称号を譲った。フーシェ一族のなかで最もよく知られているのはインドでルイ十五世の密使をつとめると同時に、ビュフォン[18]と文通した博物学者のフーシェ・ドプソンヴィルである〕。

フィリップ・フーシェ伯爵は、美人で聡明で、絵画をよくするソフィ・ジベールと結婚した。ソフィは見事なデッサン画を描き、天賦の芸術感覚を立証する油絵を描く。夫妻は、エルネスト、ソフィの二子をなす。

仕合せな夫妻は魔法のような恵みをことごとく授かっている。美、優雅、富などである。フィリップ伯爵は当代またとない美男子の一人であり、その妻も当代またとない美人の一人である。裕福な夫妻は、自分たちの面立ちを子孫に遺すために最良の芸術家たちを呼ぶ。フーシェ夫人の肖像を描くのはジェラール[19]であり、フィリップを描くのは人気の細密画家ベルトラン[20]、娘ソフィを描くのはアングレーム公爵の公式画家のキンソン[21]である。フーシェ夫妻は、屋敷に大勢の人を招き、たびたび外出する。そして、年に二、三ヶ月をヨーロッパ旅行にあてて各地をまわり、画帳に風景や古代画をスケッチする。シャンポリオン家の人々[22]は彼らの友人に数えられる。

第四節

ムードンの館

さて、ヴァル・ムードンの館の持主だったディドロ男爵が館を売るつもりでいたので、シャルロットはそれを買うことにした。

その時代の流儀をしかるべく身につけていたディドロ男爵は、元全権大使であり、レジオン・ドヌール勲章[23]勲三等を帯した人物だった。かつてナポレオンの侍従だった彼は、第一帝政下でその献身のゆえに注目されたのち、何とも巧みに急いで立場を変え、新体制を讃える側につくことができた。あの利口なゾエ(ケラ夫人)が記している彼の肖像を読もう。

「彼は最も特徴的な皇帝の侍従の一人で、後年、地方で度をこして大尽風を吹かそうとした。彼はた

❖17＝**ジル・ド・レ**…ブルターニュ地方の藩主(一四〇四年生—四〇年没)。百年戦争(一三三九年—一四五三年)の際、フランス国王シャルル七世(在位一四二二年—六一年)のもとに馳せ参じ、ジャンヌ・ダルクを助けてイギリス軍、ブルゴーニュ軍と戦った。のちに神秘思想や悪魔礼拝に耽溺し、最後は幼児の大量殺戮者として処刑された。

❖18＝**ビュフォン**…ジョルジュ・ルイ・ルクレール・ビュフォン(一七〇七年生—八八年没)。博物学者。

❖19＝**ジェラール**…フランソワ・パスカル・ジェラール(一七七〇年生—一八三七年没)。ナポレオン一世、ルイ十八世、アレクサンドル一世などの肖像画を描いた画家。

❖20＝**ベルトラン**…Bertrand　不明。

❖21＝**キンソン**…フランソワ・キンソン(一七七〇年生—一八三九年没)。

❖22＝**シャンポリオン家の人々**…第八章❖22参照。

❖23＝**レジオン・ドヌール勲章**…第一執政ボナパルトが一八〇二年に創設した勲章。軍人、民間人を問わず、国家への功労者に授与される。

ぶん才気煥発な人物であり、私はそう思いたいのだが、老練の外交官にして、自分の務めを理解している行政官であったようだ。けれども、ああ、彼は何と堅苦しかったか！　彼の慇懃さには何と古くさいところがあったか！　つまるところ、彼は、帝政時代に封建的な男爵を演じたのち、復古王政下で自由主義的男爵を演じたのである」

公証人フーシェの事務所で館の売買契約に署名がなされた日を、本書著者は思い浮かべる。いそいそとした男爵がロアン公女殿下に挨拶し、公女殿下のそばで馬鹿丁寧な態度をとる。何らかの形でナポレオンに接してきた男爵は公女殿下のあるかなきかの高慢さを前に後ろにひく。

このようにして、この日、公女は、当時としては相当な額の七万フランで、「田舎の館、家禽飼育場の幾つかの建物、イギリス風に設計された庭園など、ヴァル・ムードンにあるすべて」を手に入れる。非常に厳密に言えば、ヴァル・ムードンの居住用小集落フルリーには都市の富裕層の所有する別荘も数件ある。また、公女の館から遠くない場所にムードン城もある。これはナポレオンによって見事に修復をほどこされた城であり、帝政時代の最後の数年間、皇妃マリー＝ルイーズ[24]を迎え入れた。

公女シャルロットが、以後、大部分の年月を過ごすのは木々の茂みに囲まれたこの美しい館である。公女永眠後にフーシェ伯爵が書いた、緑色のハードカヴァーで綴じた小冊子原稿〔原注　著者のコレクション〕は、館の詳細な目録をわれわれに遺しており、館購入後にアンギャン公妃の暮らした環境を正確によみがえらせてくれる。

すでに述べたように、シャルロットが心に感じている喪の悲しみは時が流れても消えることのない性質のものである。しかしながら、目に見えぬ精神的痛手のせいで、彼女が貴婦人然として人生を送りえないということではない。彼女は新居にたいへん関心を寄せ、家はあらゆる細部にいたるまで女性らしい趣味がうかがえるようになる。

大きな櫃とケンケ灯で飾られた、赤い大理石を敷いた玄関ホールが、赤い花模様の壁紙を張った待合室に通じている。待合室の右手の扉は、大広間、ビリヤード室、図書室、それに、親しい客だけを迎え入れる、シャルロットの私室に通じている。左手の扉は、もう一つの広間、食堂、配膳室に通じている。

二階と三階にはそれぞれ館の主人の続き部屋が二つある。召使たちは四階の屋根裏部屋で寝る。

布地の選択に興味をいだきはじめなかったら、シャルロットは一人前のご婦人にならなかっただろう。待合室用に彼女が選んだのは暗紅色や黄色や金色の綺麗なダマスク織りの壁布であり、椅子に同じ織物を使っている。大広間の壁布にはジュイの花柄織物、椅子にはやはり花束を織りこんだつづれ織りをもちいている。ふかふかに詰めものをした座席、扉の上部に垂れる飾り布、何本もの飾り紐、幾つもの玉房、そのほか、静かで、感情を内に秘めた雰囲気を作り出しているもの一切が大広間を絶妙な空間にしている。加えて、女性らしい細かな品々がみとめられる。何枚ものつづれ織りの小絨毯(いたるところに置いてある)、一二の燭台付のガラスのシャンデリアにかけられた白い繻子織りのカヴァー、幾つかの仕事机、マホガニー製や紫檀製《したんせい》や鼈甲製《べっこうせい》の数多くの「餌魚」など……。

シャルロットの館は最新の設備を整えている。各部屋に暖房の吹き出し口がそなわっている。刺繍をほどこしたモスリンのカーテンをかけた壁のくぼみに浴槽が隠されていて、複数の貯水槽が、白鳥の首をかたどっ

❖24＝**マリー＝ルイーズ**…オーストリア皇帝フランツ一世(元神聖ローマ帝国皇帝フランツ二世)の皇女(一七九一年生―一八四七年没)。ジョゼフィーヌと離婚したナポレオン一世に、一八一〇年、輿入れした。

た浴槽蛇口まで水を供給している。綺麗な浴室は白一色である。そこには浴槽の水をかきまぜるための木のシャベルと、温度計が置かれている。蠟引きしたオーク材のベンチのある「イギリス庭園」には排水のための機械装置もそなわっている。

白色の下地に花輪を織りこんだ仕切り用掛け布を配した公女の部屋では、一枚の肖像画が金箔を張った木製額縁に麗々しく納められている。アンギャン公爵の肖像画である。

晩春から夏にかけてのうららかな季節、シャルロットは好んで庭園を散歩する。空気がひんやりするときは、大きなストーヴで暖められた温室に逃げこむ。日が照っているときには、庭に建つ四つのあずま屋のうちのどこかで日を避ける。夕暮れになると、ガラスの大きな丸型燈火が、館入口の鉄柵から始まって館へと続く並木道を照らす。

ルイがここにいたなら、館での日々は幸福そのものであったろう……。心のうちで彼と一緒に生きていたシャルロットは瞑想や祈禱のなかで彼の面影をみとめる。試煉が彼女の信仰心を深めた。彼女がその愛しい受難者に再会するのを望みうるのはただあの世だけではないか?

唯一の慰めである宗教のなかによりよく逃避するために、公女ロアンは自身の庭園に私的な礼拝堂を作らせることにする。

一八一八年七月二十九日という日付のある記録は、「ロテランの奥方さまなるロアン＝ロシュフォール公女は、小教区教会から遠い場所に居住するとの理由により、加えてまた、奥方さまやその館の人間たちがムードンの小教区を訪うにも、奥方さまのご健康が彼ら一同にそれを可能ならしめぬとの理由により、ヴァル＝スー＝ムードン所在の別荘内に私的礼拝堂を建造したく願うものである……〔原注　著者のコレクション〕」、と明かしている。

同年八月十九日、ヴェルサイユ司教区の司教総代理が礼拝堂を祝福しにやってくる。シャルロットはきわめて入念に礼拝堂の細部にまで気を配った。祭壇は、彫刻をほどこされていて、金箔を張ったオーク材で作られている。ゴシック様式の聖櫃は青色と金色とで彩色されている。聖水盤は白色大理石でできている。外側を高くした膝当てのついた、マホガニー製の公女の祈禱台にはつづれ織りが張ってある。ゴシック様式の壁《へき》龕《がん》に置かれた石膏の二つの像は、(彼女の兄シャルル・ド・ロアンと、フィリップ・フーシェに敬意を表して)聖シャルルと聖フィリップをかたどっている。

シャルロットは、フィリップ・フーシェと繁く、そして長きにわたって書翰のやりとりをする。フーシェは、彼の尊重すべき友からの書翰をそれは恭しく受け取り、それら書翰をモロッコ革の表紙で綴じさせる。がしかし、彼は、その繊細さと廉潔さのゆえに、自身の死後にその書翰集を破棄するよう言わねばならぬと考え、その義務を果たすこととなる。

フーシェの親族や子供たちは、公女を訪問するためにしばしばヴァル・ムードンに赴く。シャルロットは様子のよいソフィ・フーシェに愛情をいだき、また、若い娘のほうは、自分の絵筆から生まれた作品を自分の友に贈るとき、このうえない仕合せを感じる。いつも思いやりのある公女は館にその絵をかける。すべての階に絵がかかっている。

第五節

田園の生活

友人たちを迎えないとき、シャルロットは、よく気のつく家事好きの女性らしく家計簿をつける。彼女にはなすべきことがたくさんある。というのも、彼女の家計費は取るにたらぬものと言えないからである。館に付属して一連の建物があり、それらの建物では活動的な暮らしが営まれている。粉をこねるオーク材の容器と、大きな竈《かまど》とをそなえた製パン所で、人々がパンを作っている。幾つもの銅の大鍋のある酪農場で、人々がチーズを作っている。家禽飼育場では雌鶏を飼い、ウサギ小屋ではウサギを育てている。犬の飼育場では犬を、鳩小屋では鳩を、牛小屋では二頭の牝牛を飼っている。さらに、厩舎では八頭の馬を飼っていて、五台の馬車――旅行用大型ベルリン馬車、二人乗り箱型四輪馬車、幌付二人乗り二輪軽装馬車、幌付小型四輪馬車、四人乗り無蓋四輪馬車――が馬につながれるのを厩舎で待っている。家禽飼育場の娘や、庭師、御者が彼らにあてられた建物で眠る。館で、公女は忠実な小間使エカテリーナをそばに置いている。エカテリーナは、公女がエテンハイムから連れてきた女性であり、下僕のジャン＝ミシェル・リグレーと等しく、身も心も申し分なく公女に捧げている。

シャルロットは片時もじっとしておらず、みずからの責任を自覚する女性として、自分で仕事にとりくむ。貴族の身分と富とが彼女を義務づけている。彼女は相当額にのぼる財産を管理するのが自分の義務だと心得る。彼女が細い字体で、アルザス地方オルベルネーの公証人ガン氏にしょっちゅう手紙を書き、彼女の森林の伐採や樹木の売却を申し出たり、為替手形の送付について礼を述べたりしている姿が見られる。大いなる財産というのは、それが継続してきたものであれ、あるいは、公女の場合のように再建されたものであれ、大量の書類を必要とする。それゆえ、彼女の公証人にして友人だったフィリップ・フーシェの助力が彼女には必要不可欠だった。彼女の母である老貴婦人のかなり不可解な相続、アルザス地方の森をシャルロットとクレマンティーヌとで均等分割する問題、一八二二年にシャルロットをその叔父ロレーヌ公爵の包括受遺者とする相続——後日の確認を条件として承認された遺産——などのように、複雑かつ微妙な問題を解決するのはフーシェ氏である。一八三四年、シャルロットとクレマンティーヌの姉妹が収入を個別に有したいと考えたとき——それまで、姉妹の財産を管理していたのはシャルロットであって、シャルロットが財産管理人をつとめると、クレマンティーヌに不利がおよぶとわかった——、会計簿を見なおし、最善の状態に整えるのもフーシェ氏である。

同様に、シャルロットはムードンの町役場ともしばしば交渉を持つ。彼女の館までの道——リュイソの集落に日々布製品を洗いにゆく洗濯女たちがその道を通る——の修理が……十三年間にわたってちょっとした衝突の種となり、町長と公女とが手紙のやりとりをすることになる。状況が悪化しそうになったとき、町長と公女との仲裁をするのはフィリップ・フーシェ氏である。

仕事をしないとき、シャルロットは友人たちに長い文をつづる。彼女はヨーロッパのあちこちに友人を持っているけれども、彼女にとって最もかけがえなく感じられる友人はアンギャン公爵を知っていて、公爵を愛した人々である。

そうした人々のうち、一人の女性がシャルロットの心中で特別な愛情の対象として位置づけられている。

その女性とは、ルイの母親代わりだった叔母ルイーズ・ド・コンデである。

コンデ姫ルイーズもまたパリにもどってきた。[25]一八一六年十二月二日、彼女は、ルイ十六世とマリー＝アントワネットが断末魔の苦しみを味わったあのタンプルにある尼僧院を所有するにいたった。彼女は、ルイ十八世の承認を得て、その尼僧院に常時聖体礼拝修道会[26]という修道会を創設し、マリー＝ジョゼフ・ド・ミゼリコルドという名のもと、同修道会尼僧院長となった。

パリの尼僧院にあって、彼女は——彼女もまた——上流社会の貴婦人たちとたびたび音信を交わす。音信を交わした貴婦人のなかでも、わけてもロアン公女がルイーズの心に大切に思われる。シャルロットはルイを愛し、ルイから愛された。シャルロットはルイの亡命の歳月をやわらげた。このため、シャルロットはルイーズから感謝のこもった愛情を寄せられているのであって、ルイーズはタンプルでの出来事を知らせるべくしばしばシャルロットに文を書く。その時分、ルイーズは、修練期の女性が尼僧になるための誓願式についてシャルロットに伝えている。

「教会の聖体祭儀、長しえに讃えられてあれ、崇めらてあれ」

「今月十八日木曜日に偶然にもパリにお上りでいらっしゃいましたなら、親愛の公女さま、一人のお若いお嬢さまの着衣式——お式は午前九時なのですけれど——にお運びあそばしませんか。私たちの穢れなき幼子がそのお嬢さまの天使役をつとめることになっております。（つまり、この幼子がお嬢さまにロウソクを捧げるのでございます。）修練期にあるそのお若いお嬢さまは、熱意、堅実な美徳、彼女の感じている幸福——言葉につくせぬほどの幸福でございます——から拝見しまして、最もご立派な人々のうちに数えられます。そのお嬢さまと申しますのはサント＝ローズ修道女の姪御さまでいらっしゃいまして、サント＝ローズ修道女も御身の儀式ご列席をたいそうお喜びになりましょう」
「私に関して申し上げますと、御身にお目にかかり、そして、かくもお懐かしい従妹に私の心からの友情をまたおしめしするあらゆる機会を私が進んでとらえようとしておりますこと、無論、御身はお疑いになりませんでしょう

尼僧マリー゠ジョゼフ・ド・ミゼリコルド
常時聖体礼拝修道会の卑しき修道院長
タンプルにて　本日一八一八年八月十二日

〔原注　本書著者のコレクション〕

この年、一八一八年は、ルイーズとシャルロットの人生においてもう一つ別の重要な出来事のあった年である。コンデ老公が八十二歳で永逝するのである。老公は、シャンティイから繁々とタンプルにルイーズ公女を訪ねてきた。が、老公とシャルロットとの関係は遠く隔たったままであり、儀礼的なものにとどまっていた。一徹な大殿さまは、若殿の結婚の邪魔をしたという点から、——さらに、おそらく、若殿がロンドンかサンクト゠ペテルブルクで華やかに一家をなしていれば、みずからの財産と生命とを救えたろうに、国境沿いのエテンハイムに若殿をひきとめて、若殿の死の間接的原因を作り出したという点からも、断じてシャルロッ

❖25＝**パリにもどってきた**…ルイーズは、北進するナポレオン軍を逃れ、一八〇五年五月十八日からポーランドのダンツィヒ（現グダニスク、当時ロシア領）に、七月六日からイギリスのノフォーク州やヨークシャ州の修道院に暮らし、一四年八月十六日に帰国した。

❖26＝**常時聖体礼拝修道会**…祭壇上の聖体を休みなく交替で礼拝する修道会。

トを許さなかった。

シャルロット公女は、彼女の心にとって大切なもう一人の貴婦人、すなわちアンギャン公爵の母親のバティルド公妃をもよく訪問する。あの型破りのお方は、ヴァレンヌ街の私的なお屋敷から、貧しい病人用のベッドを一六床置いている救済院へと、つまりアンギャン救済院へと居を移した。この救済院で、バディルド公妃は老人たちや身体障害者たちの世話をしている。❖27（しばしば彼女自身の手で世話をしているのだった。）バティルドは、シャルロットに対しはっきりと愛情を表わし、悲しみの癒えていないシャルロットにとって計り知れぬ慰めとなる呼称である「私の娘」、とシャルロットを呼ぶ。彼女はたびたびヴァル・ムードンを訪れる。ヴァル・ムードンには、高貴な友人たちの何人かを迎える準備のできた豪華な居室が常日頃から用意されている。サン＝シャマン侯爵夫人はヴァル・ムードンに迎えられる奥方さまであって、彼女はヴァル・ムードンの館に予約済みの部屋を持っている。

シャルロットはアングレーム公妃とも敬意のこもった交際を続ける。アングレーム公妃は時折ヴァルの大気にふれにきて、シャルロットは心を昂らせて公妃を迎える。というのも、永遠に悲しみに閉ざされたこの王室の姫君は、シャルロットにとっては何よりもまずルイの親族なのだから。

❖27＝**老人たちや身体障害者たちの世話をしている…**一七九四年にバルセロナに亡命したバティルド公妃は、ナポレオン統治下末期の一八一四年にフランス帝国政府から許可を得て、五月に帰国した。そして、彼女のパリの屋敷マティニョン館の大部分を「アンギャン救済院」に改築。そこで福祉活動を行なうことにより、アンギャン公爵の魂の救済を神に願った。

第十四章 無実を叫ぶ人々

シャルロットの人生を深い悲しみに沈めたドラマの役者たちが、自分の無実を証明しようとして、シャルロットの苦悶をこれでもかこれでもかと呼びさまさなかったなら、彼女の人生はほぼおだやかに流れただろう。

王政復古の統治下には、ジョゼフ、コーランクール、ユラン、フーシェ、タレイラン、サヴァリーが、それに忘れてはならないが、レミュザ夫人、ケラ夫人等々の貴婦人までも、みな回顧録を世に送り、その時代でよい目を見ようとする。『オリフラム』紙が書いているように、「読者は、あの忌むべき暗殺に誰一人として責任を感じていない回顧録を、そして、アンギャン公爵はみずから命を絶ったとでも言うような回顧録を読むことになる!」のである。これは一片の深い真理をふくむ警句だ。なぜなら、共和主義の判事たちを前にした公子の誠実一途な態度のゆえに、公子アンギャンはまあ短期間しか有罪のまま打ち捨てられてはいないからである。

一八二二年、卓越した法律顧問のデュパン・エネ氏が[❖1]、小冊子において、裁判の違法性について法律的観点から分析し、公子無罪のきっかけを作る。その小冊子の導入部から、氏はすぐと自身の信ずる公子無罪の立場を明らかにしている。

「花も盛りの若き公子は、人権の保護のもと静かに眠っていた異邦の地にて国家叛逆罪で逮捕され、乱暴にフランスへと勾引され、何があろうと公子の同胞たりえぬ自称判事たちの面前に召喚され、ありもしない数々の罪で告発された。公子は、弁護人の支援も剥奪され、非公開の状態で尋問され、かつ有罪判決を受けた。しかるのち、国事犯の牢獄として使用されていた城塞の濠で夜間のうちに死刑に処されたのである。公子の顧みられずに終った美徳の数々、公子の打ち砕かれた至極貴い希望の数々、これら美徳と希望とを鑑みるに、この大なる不幸は、永遠に、高圧的な政府の最も許しがたい行為の一つたらしめるだろう」

「いかなる形式も尊重されなかったと! 判事たちが無能だったと! 判事たちが判決文に日付を記す

労をとらず、その判決が適用したと称する法律条項を記す労さえとらなかったと！　悲運のアンギャン公爵が無署名の判決文に従って銃殺されたと……！　事後にようやく判決文が調整されたと！　いやはや、本件はもはや司法上の過誤から生じた、悪意のない犠牲という類の事件ではない。本件は真の名称とともに置き去りにされている。真の名称とは、すなわち暗殺にほかならない」

ついで、デュパン氏は、「チュニスやアルジェの海賊が行なっているように」公爵を拉致し、勾留したことの完全な違法性を指摘する。彼は、実際の陰謀や、もしくは言うところの陰謀はいかなるときも特別軍事法廷の管轄ではなかったと述べて、特別軍事法廷の無権限を明示する。

続いて、この法律顧問は、弁護人も証人もなしに、しかも、刑罰を科すにあたり適用した法律を引用することもなしに下された、やはり完全に違法の判決を検証する。（判事たちは、判決日、法律の適用条項の番号、追って判決文を受理すべく定められた部署を無記入のままにした。）判決の申渡しは公衆の面前でなされなければならない。しかし、公爵の場合は、誰もいないところで判決が申し渡されたのだった。書記の署名は文書に信憑性を与えるものだが、公爵の判決文の原本には書記の署名がなされていない。いかなる形式も守られていなかったのである。

デュパンはさらに述べる。「判決文は以下のような残忍な文章で終っている。『本判決は、主任検事の申し出とともに即刻執行されるものとする』。即刻とは！　共和暦六年ブリュメール十五日❖2に定められた法律は、軍法会議のあらゆる判決に対し再審の訴えをみとめていたものを」。「夜間に尋問され、夜間に判決を下

❖1＝**デュパン・エネ氏**…アンドレ・マリー・ジャン＝ジャック・デュパン（一七八三年生―一八六五年没）。通称「デュパン・エネ（長老デュパン）」。法律家、政治家。王政復古時代にネー将軍や詩人ベランジェなどの政治事件を弁護した。下院議長（一八三二年―四〇年）。

❖2＝**共和暦六年ブリュメール十五日**…西暦一七九七年十一月五日。

されたアンギャン公爵は、夜間に処刑された。この恐るべき犠牲は闇のなかで進められた犠牲であった。すべての法を、処刑公開の原則を規定する法さえもことごとく破ると事前に決まっていたように

「共和暦五年ブリュメール十三日の法律[3]の第十九条は、検事は、尋問を終了したのち、被疑者に対して、被疑者を弁護するために友人を選ぶよう申し渡すべしと定めている。被疑者はその場にいるあらゆる階級の市民のなかから弁護人を選ぶことができる。被疑者が弁護人を選ぶことあたわずと述べた場合は、検事が被疑者に代わって弁護人を選ぶ。ああ、たぶん公子は、あのとき彼を取り囲んでいた人々のなかに友人を持たなかったのだろう！」

第一節

タレイランを告発するサヴァリー

デュパンの小冊子（デュパンは小冊子をシャトーブリアンに献呈した[4]）は、アンギャン公爵事件において何らかの形である役を演じたすべての役者たちに動員をかける結果をもたらした〔原注　サヴァリー、タレイラン、ユラン、フーシェの回顧録など、証拠となる回顧録の主要なものは本書付録に掲げてある〕。

姿を現わした最初の人物（この人物は、アンギャン公爵事件で自分が最も罪深いと思っている、とまでは言わないが、しかし、最も深く事件にかかわったと感じている）は、ロヴィーゴ公サヴァリーである。ただし、『回顧録』出版に先立ち、サヴァリーは、アンギャン公爵の死について述べた数章をシャトーブリアンに見せ、

彼の意見を求める。シャトーブリアンは、何も出版せぬがよい、とサヴァリーに忠告する。

「こうしたことは一切語らずにいらっしゃることです。フランスでは足早に忘却がやってきます。貴兄は、ナポレオンに対する非難を消し去り、タレイラン氏に罪を負わせようとお考えになっています。しかるに、貴兄は、前者の無罪を十分に証明しておられませんし、後者の犯罪を十分に告発してもおられません。貴兄はご自身の敵たちの批判の的になります。貴兄の敵たちは必ず貴兄に反論するでしょう。『あなたがヴァンセンヌで精鋭憲兵隊を指揮していたということをなぜ人々に思い出させようとするのか？　将軍よ、原稿を燃やされたい。私はあなたのために言っているのですよ』、と」

だがしかし、サヴァリーは、『回顧録』を出版すれば、また自分にテュイルリー宮殿の門が開かれると思いこみ、最も恐ろしい責任、すなわち処刑命令を与えたという責任を他人に押しつけようと目論んだこの誹謗文書を出版する。サヴァリーは、当該処刑を急がせるべしとの確たる指令を出す任にあったデルガとかいう人物から処刑命令を受けたという。それゆえ、サヴァリー自身はただ命令に従っただけだという。だが、残念ながら、サヴァリーが『回顧録』を出版した当時、デルガ氏は、もうこの世にいないから、証言できない。

❖3＝**共和暦五年ブリュメール十三日**…西暦一七九六年十一月三日。

❖4＝**小冊子をシャトーブリアンに献呈した**…デュパンは、一八二三年十一月十日、書翰を添えて小冊子をシャトーブリアンに贈呈した。彼は、その書翰で、もっと早期に小冊子を出版したかったが、アンギャン公爵事件を蒸し返してほしくないとのブルボン公爵の意向があり、これまで出版を見合わせてきたと述べている。本書巻頭エピグラフの訳注に記したように、シャトーブルアンは、『墓の彼方からの回想録』第一巻でアンギャン公爵を偲びつつ、アンギャン公爵虐殺に関与した人間を批判する一方で、デュパンの小冊子に敬意を表している。

氏はヴァグラムの戦い[5]で陣没したのだ！　従って、サヴァリーは、最も直接的かつ最も強烈にタレイランに罪を問うて、自己防衛しているのである……。

これに対し、タレイランは、ロヴィーゴ公サヴァリーを貴族院に召喚するよう国王陛下に願う長文の『覚書』をしたため、これを国王に奉呈するといったぐあいに、すぐさま反応する……。

しかしながら、ルイ十八世は昔の事件に関する論争を蒸し返そうとは思わなかった。国王はタレイランを必要としており、ロヴィーゴの文書は国王を苛々させただけだった。国王は、「国王が臣下に対し忘却を命じた痛ましい思い出に貴公が公衆の注意をうながしたについて、国王はこれに非常の不満を覚ゆ……」、とロヴィーゴにすげなく伝える。結局のところ、ロヴィーゴ公はもう宮殿に参向せぬようにと言われたのだった。

タレイランについて言えば、国王は、ロヴィーゴを貴族院に召喚してほしいというタレイランの求めに応じないことで、タレイランにあらためて信頼の気持をしめしたのであって、ベネヴェント公タレイランはかつてないほど国王の覚えめでたくなったのである！

第二節

ユラン将軍の涙

次にユラン将軍が冊子を世に送る。盲目になり、「世間から身をひき、家族の心配りのみを慰めとしている」ユラン、彼は言い訳をするつもりはないと述べる。「私は恐怖からアンギャン公事件について書くわけではない。（……）私は、自分の不利になりうることであっても、真実を語るために書くのである。従って、私は、裁判の形式についても、裁判の内容についても正当化しようとは思わない。ただ、私は、いかなる偶然の巡り合わせの勢いで、また、いかなる偶然の巡り合わせのただなかで裁判が行なわれたかを明かしたいのだ。（……）よしんば人々がわれわれをなお非難するならば、人々がわれわれについて言っているように、われわれは不運だったのだ、と私も言いたい」

アンギャン公爵がしめした第一執政との会談の要望を書きとめようとした彼ユランに対し、サヴァリーはこれをはばむという罪を犯した、とサヴァリーを批判したのち、ユラン将軍はやはりお涙頂戴の調子で文章を結ぶ。「しかり、私は私の全同僚の名において断言するのだが、あの処刑はわれわれが許可したのではない。われわれの判決には、判決の写しを陸軍大臣、法務大臣、パリ守備隊総司令官に送付することと記してあった。通常、処刑命令を下しうるのはパリ守備隊総司令官だけなのだ〔原注　この説明は重要である。処刑の最終命令を下す権限を持つただ一人の人間であるミュラは、ただ一人第一執政からのみその権限を与えられていたことになるのだから〕」

自己弁護をしたい……と望んで、いよいよ登場するのはフーシェである。彼は、『回顧録』において、囚われの身のアンギャン公爵がストラスブールからパリへと連行されているとき、ボナパルトに、「第一執政閣下にして、公爵がエテンハイムで閣下に対し陰謀を企てたという確証をおしめしにならなければ、フランスやヨーロッパの怒りをかき立てることになりましょう……」、と述べたと釈明している。

❖5＝**ヴァグラムの戦い**…ナポレオン軍がオーストリア軍を打ち破った会戦（一八〇九年七月五日—六日）。

しかし、フーシェがこのように述べたとしても、第一執政の心はすでに決まっていたのだから、そのとき、フーシェは第一執政の不機嫌を招いただけだったろう。

第三節

ナポレオンもまた……

ナポレオンでさえセント=ヘレナ島の岩山でやはり彼の犠牲者について言及する。彼の『セント=ヘレナ覚書』には、アンギャン公爵の名が心につきまとうライトモチーフのようにくりかえし出てくる。「アンギャン公は法廷ですこぶる男らしくふるまった」。「ストラスブールに着したとき、公は余に書状をしたためた。その書状はタレイランにとどけられ、公の処刑までタレイランが手許に保管していた」。加えてナポレオンは言う。もしその書状がしかるべき時間に自分のもとにとどけられていたならば、書状にある公の声明は自分を政治的優位に立たせ、その結果、自分は公を赦免しただろうに、と〔原注　ストラスブールに着いたとき、アンギャン公爵が以下のような書状を第一執政にしたためたかのように、ナポレオンは語っている。「私の王位継承権は事実上後方に位置づけられています。私の一族はつとに王位継承の主張を断念しています。赦免されるのでしたら、私はフランスの敵たちの陰謀に関し知っていることをすべて話し、第一執政閣下に忠実に仕えることを約するものであります」。この偽の書状は、公爵の誇り高く、正々堂々とした態度と明らかに矛盾している〕。

その遺言においても、ナポレオンは、ずっと気がかりであり続けたアンギャン公爵事件へと立ちもどるだろう。「余がアンギャン公を逮捕せしめ、裁判に付させたのは、それがフランス国民の安全、利益、名誉のために必要だったからである。アルトワ伯みずからが認めたごとく、当時、同伯は六〇名の暗殺者をパリに放っていたのだ。同様の状況となれば、余は再び同じ選択をするだろう」

アンギャン公爵の死をめぐるこれらの論争がどれほどシャルロットに辛く感じられたか、想像にかたくない。隠棲の館の奥にありながら、彼女は、友人たちを通じてパリで起こっていることをすべて知っていたのである。一つ、また一つと公爵についての詳細が明かされるたびに、彼女の悲歎がかき立てられ、哀惜の念がふくらみ、いつまでも憤怒を燃え立たせる。忘れようとしたところで、彼女はどうして忘れることができるだろう。闇につつまれたドラマの役者たちは、パリであわてふためき、互いに責任のなすりつけを行ない、アンギャン公爵の眠る地をゆさぶり続ける。

自己弁護のための回顧録の上梓が生む動揺の渦がサン=ジェルマン街のサロンの美しい夕べにおよんでいたあの一八二四年、嫌気がさし、心身ともに病気になったシャルロットは、ヴァル=スー=ムードンを離れ、アンギャン[6]の湯治場へ「温泉の水を飲みに」ゆく。

「お医者さまたちのお勧めにより、温泉水を飲み、温泉に入るために当地にやってまいりました。ごくわずかの期間（二週間）ではっきりと効能を感じるのは無理でございましょう。ですけれども、温泉のお医者さまたちは温泉が私の病に本当によいとお考えです」

こうした場合、女性は神経に変調をきたし、神経がすっかり衰弱しているのだと察しがつく。身体にほどこされる治療は精神には効き目がないのだ。

シャルロットの場合にしても、そのころは相次ぐ死別の時代にあたっていて、それら死別が彼女のまわりにいや増す孤独を生んでいた。一八二〇年、彼女は、年輩の貴婦人だった母親を亡くした。

「昨日午前十時、ブルボン街五十一番地にて、マリー=アンリエット・シャルロット・ドロテー・ドルレアン=ロテラン公妃殿下、元国王軍代将ロアン=ロシュフォール公爵シャルル・アルマン・ジュール・ド・ロアン殿下の未亡人、七十六歳、彼岸に旅立つ〔原注　著者のコレクション〕」。シャルロットは四月六日付手翰にその悲哀をつづる。この手翰は、彼女がどれほどの思いやりをもって晩年の母親を支えたかを明かしている。

「母は私のあらゆる心配の対象でございました。私のあらゆる行為の対象でございました。ただいまは、考えるべきはわがことのみとなりまして、すべてのことに熱が入らなくなっております」

シャルロットの母物故の前の月、フランスはベリー公爵暗殺事件❖7にゆさぶられた。シャルロットはこの事件にもいたく苦しんだ。ブルボン家に衝撃を与えた事柄は、何事であれ、このように彼女には無縁でなかったのである。だがしかし、翌年の一八二一年、彼女の傷心は自然な喜びにひたされる。ナポレオンがセント=ヘレナ島で崩じたのだった❖8。

シャルロットは書翰のなかで叫ぶ。「あの下劣な人間がとうとう世を去りました！　彼の遅すぎた死去を知りましたときの私の気持は言葉では表わしえません。ですけれども、悲しいかな、彼が私に味わわせた苦悩には終りが来ないのでございますわ！」

❖6＝**アンギャン**…パリ北郊にある温泉地アンギャン=レ=バン。

❖7＝**ベリー公爵暗殺事件**…一八二〇年二月十三日、ベリー公が狂信的靴職工のルヴェルに刺殺された。

❖8＝**セント=ヘレナ島で崩じたのだった**…一八二一年五月五日に病没。

第十五章

遺書

愛し続けたアンギャン公爵に再会するという思いにとりつかれ、自分はそう長くは生きられないだろうと考えたシャルロットは、このころ、遺書をしたためる。彼女は、親しい友人たちに遺したいと思う家具や書物を分類整理してメランコリックな長い時間を過ごす。マホガニーの小さな書卓は友人のサルヴェール夫人に差し上げたら喜んでいただけるだろう。これら小さな書物（叔母のロレーヌ夫人から贈られた自筆の詩集で、緑色のモロッコ革で装幀された詩集〔原注　著者のコレクション〕）は友人であるポーランド人のブジェフェスカ夫人に差し上げよう。アンギャン公爵の元副官だったジョンヴィルの夫人には、指からはずしたことのない、「堅忍」という文字の刻まれた金の指輪をお遺ししよう。誠実な小間使エカテリーナ・ムラシェクには、「彼女の献身と、ことに私が不幸だった時期、彼女が私にしめしてくれた数々の愛情の証とに感謝するために」、一万二〇〇〇フランの終身年金を遺そう。「不幸だった時期」とあるが、シャルロットの場合、ただ一つの不幸が重要であり、その不幸が他の不幸をことごとく忘れさせた。ただ一つの不幸とはルイの取り返しのつかぬ他界である。

アンギャン公爵の形見に関しては、公女は次のように記している――。「ブルボン公妃さま、ルイーズ公女さま、または（このお二方のご年齢からしてお案じ申し上げるのですが、不幸にして私がお二方より長らえる場合は）、公爵に最もお近いご親戚のお方に、公爵のご肖像画、御髪《おぐし》を、そして、あの痛ましい捜索（遺体発掘のこと）の節、私に届けられました一方ならぬ貴く、一方ならぬ懐かしいお品の数々を公証人フーシェ先生お手ずからお渡しくださいますようお願い申し上げます。公爵の旅のご日記、公爵の描かれた数葉のデッサン画もやはり右の方々にお渡し願います。公爵のご書翰につきましては、そのすべてをお手ずからご焼却くださいますよう、ご焼却をどなたにもお任せになりませんようフーシェ先生に切にお願い申し上げます」

結局のところ、公女は、帰国後ずっと、最も有効であると同時に最も敬意のこもった愛着の証を日々彼女にしめした友人フィリップ・フーシェ伯爵のことを念頭に置いていた。彼女は、フーシェの家族が明らかな喜びをもってムードンを訪れると認識していた。だから、繊細な感覚で記した文言により、公女は、「ムードンに遺されるだろう家具および調度品共々」、館をフーシェに遺贈するのである。

「フーシェ先生からいただきました重要なご助力の数々、先生をお煩わせいたしました常日頃のお仕事の数々に対する私の深謝のしるしとして、たいそうな喜びをもってなすご贈与をお受け容れくださいますよう先生にお願い申し上げます。先生がこの館に感情面で価値をおみとめくださるはずとお信じいたしませんでしたら、このご贈与で十分に謝意を表しうるとは思いませんけれども〔原注　著者のコレクション〕」

遺書をしたためはしたが、しかし、シャルロットは以後二十年存命であり、受遺者の何人かは彼女より先に帰らぬ人となるだろう。彼女が姑と考えていた女性、すなわちバティルド公妃が一八二二年に教会で突然亡き数に入る。あまっさえ、シャルロットの気高い友にして親戚のルイーズ・ド・コンデが一八二四年に天に召される。そして、同じくこの悲しい年、国王ルイ十八世がやはりお隠れになり、代わって王弟のアルトワ伯爵が王位を践《ふ》む。❖1 シャルロットの健康はこれら事のなりゆきがもたらす衝撃の影響を受け続ける。

❖1＝**アルトワ伯爵が王位を践む**…一八二四年九月十六日、ルイ十八世崩御に伴い、アルトワ伯爵がシャルル十世として王位を継いだ。二九年八月以降、その統治は保守反動政治にかたむく。その結果、翌三〇年、七月革命（七月二十七日―二十九日）が勃発し、シャルル十世は退位、イギリスへの亡命に追いこまれる。

第一節

オルレアン王家の再来

一八三〇年はシャルロットにとってとりわけ重い試煉の年である。八月九日、オルレアン公ルイ＝フィリップが王冠を戴し、ルイ＝フィリップ一世と名乗る。[2]バティルド公妃の兄で、アンギャン公爵の伯父にあたる「フィリップ平等」、この「フィリップ平等」の王子である国王ルイ＝フィリップに、シャルロットは好感を持たない。アンギャン公爵がオルレアンの一門を嫌っていたからである。「私はこの血脈が好きではない」、と常々公爵は言っていた。[3]新しい王妃マリーア＝アメーリアについて言うと、この王妃はシャルロットの昔日のライヴァルである。過ぎし日、コンデ大公が令孫アンギャン公爵とマリーア＝アメーリア姫との成婚で腐心していたからである。[4]

さて、オルレアン王家統治時代はしばしば騒乱にみまわれるけれども、まさにルイ＝フィリップが王位に上った一八三〇年八月、王家は何ともはや王家に大いに関係のあるスキャンダルにまきこまれる。そのスキャンダルはパリ中を沸き立たせ、シャルロットの心をそれは深く傷つける。スキャンダルというのは、彼女の義父ブルボン公爵[5]の謎の死である。

八月二十七日、居城高窓のイスパニア錠[6]で首を吊った公爵が発見される。捜査の結果、礼儀上、自殺と発表される。しかし、卑猥な噂がサロンをかけめぐる。男性たちがひそひそその噂を話し、その噂話に女性たちは顔を赤らめる。年齢とともに、ブルボン公爵の趣味が退廃してしまった。（彼の家具のなかに猥褻な書物や版画が見つかる。）ひとり彼の愛人のフーシェール夫人❖7だけが、娼婦たちのよく知っている方法をもちいて、夢にも似た性的快楽を彼にもたらすことができた。その道の奥義に達していたフーシェール夫人は、首を吊った人間と同じ姿勢をとらせることで、公爵に最高の性的快感を味わわせていた。というのも、絞首は首を絞められた人間に究極の快感を呼びおこすということ、そして、このことからマンドラゴラ❖8の伝説、

❖2＝**ルイ＝フィリップ一世と名乗る**…ルイ＝フィリップ一世は、絶対主義の王政復古時代を過去のものとして葬り去り、自由主義的立憲王政を布いた。このため、七月王政時代（—四八年）、彼は「市民王」と称された。

❖3＝**公爵は言っていた**…大革命時代、コンデ一族は、ブルボン本家の復興を目指して戦ったのだった。だから、ルイ十六世の王冠をわがものにせんと、その死刑に賛成投票した「フィリップ平等」（第三章❖19に既出）や、革命戦争時、革命軍に加わっていたルイ＝フィリップ一世、これらオルレアン家一門と、ブルボン本家・コンデ家とのあいだには深いわだかまりがあった。

❖4＝**腐心していたからである**…第七章第四節でこの件が述べられている。ナポリ王女マリーア＝アメーリア（一七八二年生—一八六六年没）がオルレアン公ルイ＝フィリップに輿入れしたのは一八〇九年。

❖5＝**ブルボン公爵**…コンデ大公の没後、ブルボン公爵はコンデ大公という名を継いでいた。

❖6＝**イスパニア錠**…当時、ブルボン公爵はパリ北郊サン＝ルー・ラ・フォレに所有する城に起居していた。イスパニア錠は、両開き窓用の戸締り具で、取っ手をまわすと、それに連結した心棒の上下についた鍵がかかる仕組。

❖7＝**フーシェール夫人**…旧姓ソフィア・ドーズというイギリス人。ロンドンの売春婦だったが、一八一一年よりブルボン公爵の愛妾となった。一八一〇年代の終りから二〇年代の初め、フランスでブルボン公爵の副官ヴィクトール・ド・フーシェール男爵と婚したが、その三年後、男爵は妻がブルボン公爵の愛妾であることを知り、スペインに赴任した。上昇志向の強いソフィアは、甥の一人をシャンティイ城の狩猟頭に、別の甥をブルボン公爵の主馬頭にする一方、姪をタレイランの甥に嫁がせた。そして、一八二〇年代終りには、タレイランやオルレアン公ルイ＝フィリップの口添えを得て、宮中参内の夢をかなえた。

❖8＝**マンドラゴラ**…地中海東部に分布するナス科の有毒植物。根を魔術などにもちいた。

つまり、絞首刑に処せられた男たちの体液から生まれ、絞首台の下に育った根の伝説が誕生したということ、生理学者たちはこれらのことを知っているからである。戯れに首を吊った公爵が足を乗せていたスツールを、フーシェール夫人が押しのければ、公爵が縊死する可能性は十分あったと推測できる……。（公爵が身もだえする動きの最中に、公爵自身が夫人にスツールをのけさせたのでなければの話だが。）

このおどろおどろしい犯罪は以下のように考えればはなはだうまく説明がつく。つまり、ゾッとする女策士フーシェール夫人が、コンデ家の遺産をせしめてルイ＝フィリップの王子オマル公爵[9]に渡るよう仕組んだ。けれども、老齢に達したブルボン公爵は、土壇場になって遺言状をボルドー公爵[10]に益する内容に書き替えようとしているらしい。一刻の猶予もない……。だから、フーシェール夫人は時間を無駄にしなかった――。

愛する人の思い出に影を落しかねない事柄のすべてがそうであるように、ブルボン公爵の死[11]のスキャンダルはシャルロットをしたたかに傷つけたが、このスキャンダルから時を移さず、重ねて今度は公女の親族に直接関係のあるもう一つのスキャンダルが生じた。オマル伯爵を利するブルボン公爵の遺言状は、同公爵の又《また》従兄弟《いとこ》たち[12]として相続を主張しうるロアン一族にまったく恩恵をもたらさなかった。

シャルロットがブルボン公爵の富にほとんど無関心だとしても、話がロアン一族におよぶとそうはゆかなくなる。ロアン家の人々は、ブルボン公爵の葬儀[13]に呼ばれさえしなかっただけに、憤った！　当時、ウィーンに滞在していたシャルル公爵は、駅馬車で大急ぎでパリに帰り、又従兄弟に伴う諸権利を求め、相続の有効性に異議を申し立てる〔原注　ブルボン公爵の相続に関してロアン一族が裁判を起こしたとき、シャルロットは、彼女の権利について健気に沈黙を守ったが、沈黙を破って相続の権利を求めることもできただろう。（そのころ、彼女の親族が、そうするよう猛烈に彼女をせき立てていたのは疑いを容れない。）だがしかし、芯から良心的なこの貴婦人が司法を通じてコンデ家の財産を手に入れ、波風の多かったみずからの人生を法廷で終らせるなど、とうてい想像できかねる」。

「王妃の首飾り事件」のときと同じく、ロアン一族の名前が法廷に響きわたるセンセーショナルな裁判が新たに始まる。高名な弁護士エヌカンがロアン一族の名のもとに遺産相続を主張する。しかしながら、ロアン一族は敗訴する。オマル公爵がシャンティイ城を得ることになるのだ。

❖9＝**オマル公爵**…ルイ＝フィリップ一世の第五王子オマル公アンリ・ウジェーヌ・フィリップ・ドルレアン（一八二二年生―九七年没）。

❖10＝**ボルドー公爵**…アンリ五世ボルドー公爵、のちのシャンボール伯爵（一八二〇年生―八三年没）。シャルル十世の孫。一八二〇年に不慮の死をとげたベリー公爵の王子。

❖11＝**ブルボン公爵の死**…ジャン＝ポール・ベルトー著『アンギャン公爵』（Jean-Paul Berraud, *Le Duc d'Enghien*, Fayard, 2001）によると、ブルボン公は、一八二九年、オマル公を遺産相続人とする遺書をしたためたという。結局、遺書は書き替えられることなく、シャンティイ城をはじめとする遺産の大部分がオマル公に、また、かなりの金銭がフーシェール夫人に渡る。ブルボン公爵の死には自殺、他殺、事故、と諸説あり、真相は不明のままである。ベルトーの右書物は諸説を詳述するなかで、公爵は、七月革命以降、イタリアに亡命したのち、兵を率いてフランスに攻め入るべく準備していたが、ルイ＝フィリップ一世国王即位の前日の八月八日、居城に軟禁となった、ルイ＝フィリップ一世みずから彼の軟禁をフーシェール夫人に命じたらしい、と述べている。ブルボン正統王朝を支持してきた公爵にとって、傍系ルイ＝フィリップ一世の即位が無念だったことは想像にかたくない。公爵が自殺したとすれば、政治上の失意からの自殺とも考えられる。

❖12＝**又従兄弟たち**…ブルボン公爵の母方の従兄弟たちで、ロアン＝スービーズ家、ロアン＝ゲムネー家、ロアン＝ロシュフォール家など、ロアン一族につらなる従兄弟たちをさす。

❖13＝**ブルボン公爵の葬儀**…葬儀は、一八三〇年九月四日、サン＝ドニ大聖堂（パリ北郊、ブルボン王家累代の墓所のある聖堂）でとり行なわれた。

❖14＝**アンヴァリッドに帰還するのである**…セント＝ヘレナ島からフランスに移送されたナポレオンの遺体が、一八四〇年十二月十五日、パリのアンヴァリッドに安置された。

一八四〇年、また新たな試煉がシャルロットをおそう。ナポレオンの遺骸がアンヴァリッドに帰還するのである。[14] 時にシャルロットは七十二歳だったが、彼女の憎悪は依然衰えを知らなかった。

第二節　シャルロットの死

一八四一年、シャルロット・ド・ロアン＝ロシュフォールは、七十三歳半ばでその長い人生を閉じる。彼女の心および身辺はきちんと整理されていた。

十七年前に書いた遺書に、彼女は、フィリップ・フーシェ伯爵にヴァルの館を遺贈する件を追認する証書を加えた。「十七年の歳月が流れました。この間、私は、フーシェ伯爵から日々一段と多大なお力添えをいただき続けてまいりまして、感謝を深くするばかりございました」

さらに、彼女は、(歴史家たちにとって重要な「謎」の一つを予感させる文言をもちいて)遺言で願っている。「蓋に私の名前の頭文字のある、マホガニーの木の小箱がございます。私が息をひきとりますとき、その小箱の二重鍵と、鍵をかけたままの小箱とを私の後掲遺言執行人(フーシェのこと)のお手許にお納めいただきたく存じます。小箱に入っておりますのは私の相続人たちには何ら重みを持たぬごくわずかの書翰でございます。氏は(フーシェのこと)こうした書翰の扱い方をご存じでいらっしゃいますから、氏以外のどなたも小箱をお開けになりませんようお許らいくださいましょう」

小箱に入っていたのは、公女が自身で焼く気力を持たなかったアンギャン公爵の書翰だったのだろうか？

――それとも、彼女の代父であるロアン枢機卿が親族のしきたりに則って彼女に遺した、「王妃の首飾り事件」に関する文書だったのだろうか？

今、小箱は空であり、その中味は秘密に付された。

シャルロットは、一八四一年五月一日夜十一時、ブルボン街の屋敷で永久の眠りについた。二十七歳になる、甥の子息アルベリク・ド・ベルニが彼女の最期を看取った。

数日後、『シエクル』紙に死亡記事が載った。

「シャルロット・ド・ロアン＝ロシュフォール公女殿下が、長きにわたる、痛ましい病ののちに先ごろ逝去された。この誠実な女性の人生は途方もない不運に刻まれていた。フランスの最も旧い家門の一つにお生まれになった殿下は、いまだ若かりしころ、ご不幸なアンギャン公爵殿下と結婚された。結婚は互いの愛情にもとづくものだったが、しかし、その結婚はブルボン公爵殿下のご承認を得られず、シャルロット公女殿下はみずからの選んだご夫君の名を人前で名乗ることを決してなさらなかった」

「しかしながら、人々の話では、アンギャン公爵殿下がヴァンセンヌで死刑に処されたのち、公爵殿下の父君は、シャルロット公女殿下の無比の親愛の情に心打たれ、はなはだ遅ればせの証文により公爵殿下との結婚を認可する由、公女殿下に申し出られたという。その結果、公女殿下はコンデ家の巨富の相続人となられたが、しかし、殿下は、かつて彼女の輿入れを拒絶したコンデ家の富を気高く斥けられたという」

「シャルロット公女殿下はご夫君の思い出に心からの愛着を持ち続けていらした。殿下のお心はひたすら善良で高潔であったから、ご自身の苦渋がいかなるものであれ、ご夫君への哀惜の念のゆえに、ご自身の不幸に責任のある人々を恨むようなことはなさらなかった。公女殿下は、私生活上の交際のうちにすっかり身をお隠しになり、滅多に宮廷に姿をお見せにならなかった。殿下の静かな、そして心寛やかな信仰心はもっぱら彼女のまわりにいた人々にのみ知られ、殿下の人生はひとえに数多くの善行――公女殿下は、最後の日までずっと、党派や主義にかかわりなく、周囲の人々に善行をほどこされた――を通して人の目に明らかになった」

「シャルロット公女殿下はすべての人々から惜しまれるだろうが、ことに、彼女がその偶像であり、その恩人であったところの貧者たちから惜しまれるだろう」

このように、右ジャーナリストによると、シャルロットに対しその結婚の承認を申し出たのはブルボン公爵であって、国王ではないという。けれども、そうしたことはあまりありそうもないことである。一方、凡庸な人間だったブルボン公爵は、父の存命中、あえて率先してこのような行動に出ることは決してしなかっただろうと考えられるからである。他方、父の遠逝と相前後して、ブルボン公爵はフーシェール夫人の言いなりになってしまったからである。恐るべき策謀家だった同夫人は、コンデ一族のなかに「相続人」が割りこんでくるのをおもしろく思うはずがなかった。

しかし、右記事を書いたジャーナリストの魂よ、安らかなれ。愚にもつかぬことを書いた記者は彼が最初でないし――最後でもないだろう――。

公女シャルロットが埋葬されたのは歴史あるピクピュスの小さな墓地である〔原注　同墓地は今日にも残っているが、一七九六年に墓所を購入した人々の子孫しか受け入れない〕。公女の心臓については、銀製の骨壺に入れられ、ヴァル・ムードンの私的教会に納められた。フィリップ・フーシェ伯爵は、以下のような墓碑銘を刻んだ黒大理石のプレートをその教会のなかに張らせた。

「一八四一年五月一日、パリにて泉下の人となられたシャルロット・ルイーズ＝ドロテー妃殿下、ロアン＝ロシュフォール公女殿下を記念して。善意、親切、厚情の模範であられた公女殿下は申し分なき心および精神を有していらした。おいたわしくも数々のご心痛にみまわれた殿下の人生は、人の範にして、キリスト教徒らしいものであられた。公女殿下は、ご生前に優しく愛をそそがれたご親類やご友人が墓所に置かれた一枚の石碑によりご自分を思い出してくれたらよいとお望みでいらした。殿下のご遺志の履行を託されたフーシェ家は、その慎ましいご遺志から逸れぬよう、この質素な石碑により、殿下に対するフーシェ家のつきることなき思慕と、心からの深い感謝とを捧げるものである」

一八七〇年、パリが包囲された際[15]、ムードンは放火、掠奪に遭い、公女の骨壺が行方不明になった。もはや石碑しか残らなかったので、フーシェ家の人々は、パリにある彼らの私邸の中庭にそれを張らせた。石碑は今もそこにある。

❖15＝**パリが包囲された際**…一八七〇年七月十九日開戦の普仏戦争(—七一年一月二十八日)。九月二日、皇帝ナポレオン三世がスダンで降伏し、第二帝政が崩壊。十九日、プロイセン軍がパリを包囲するにいたった。

第三節

フーシェ家の人々

公女が世を去った一八四一年、フーシェ家の人々はヴァル＝スー＝ムードンの館を所有する。公証人フーシェは、家具調度をはじめ多数のワインや薪の束にいたるまで館内にあるすべての品について綿密な目録を作成する。この目録〔原注　著者のコレクション〕のおかげで、みなは、ごく些細な品々を通して、今はない館を復元できるようになる。

館がフーシェ家の所有となってからは、ヴァル・ムードンでの生活はますますフーシェ家の後裔たちの興味をかき立てることとなる。この一家が記憶と伝承の忠実な守護者であるかぎり、歴史と絡んで喜びや心遣い、苦しみがよみがえってくる。

たとえば記憶の一つ——死を迎えるまで、フィリップ・フーシェからほとんど宗教的な敬愛を捧げられた親愛なる公女の思い出。たとえば伝承の一つ——シャルロットとルイの結婚の言い伝え。フーシェ伯爵は、ヴァルの自室に公女とアンギャン公爵の肖像画を飾っている。

フーシェ伯爵は、彼の繊細さに見合った細心なまでのやり方で彼の高貴な友の遺志を履行するだろう。つまり、シャルロットが、彼女の愛の物語を傷つける人間はみな冒瀆者になるのではないかとどれほど気に病んでいたか、フーシェ伯爵はこれをよく知っていたのだった。年齢を重ね、みずからの死の近いことを察したフーシェ伯爵は、理智的な細字で、息子エルネストに向けてエスプリのきいた遺書を書く。以下がその遺書である。

「――わが息子への特別の願い〔原注　本書著者のコレクション〕――」

「わが愛しの息子に願う。シャルロット公女が私にお譲りくださった、また、よろしければ、魔除けとして常時かけているようにと私に仰せられた金のメダル――ヒエログリフが刻まれていると思う――の保存につとめ、私がそうしていたように、そして、私が最後の瞬間までそうするように、私に代わり息子が首にかけてくれんことを。公女はこのメダルに霊験があるとお考えでいらしたが、わが息子には、このメダルについて霊験を云々しないまでも、思い出の品として、感情のままにメダルをかけてくれればと望むものである」

「私の死後、わが息子の手で以下の御品を焼却するよう願う。

一、公女のご肖像を描いた小さな油絵。公女の御髪の入ったロケット。アンギャン公爵のご肖像を描いた細密画。加えて、カシミア織りでつつんだ箱を焼却されたい。わが息子に申したように、私は、この箱が人目にされされるのを極度に恐れているゆえ、是非とも箱の破棄を願う。

二、公女が私にお送りくださったご書状で、『公女Ｃｈの書翰集』という表題のもとご製本申し上げた書翰集。私は、公女に由来するものに愛着をお覚えするのだが、愛着という価値とは別に、ヴァルの私有地の贈与に関する誰彼の遠回しの中傷を予想したがゆえに、これまで公女のご芳書を保管してきた。現在、もはや中傷はない。従って、書翰集を完全に破棄するようわが息子に願う。みずからの手でご芳書を破棄するとすれば、それは私にとって堪えがたい犠牲となっただろうから。

三、『文学・詩・思索の雑録、C・A公爵』なる表題のもと、公女の玉稿をご製本申し上げた二冊の小さな書物。

四、羊皮紙の表紙の小さな手帳。これは、アンギャン公爵がその亡命中に行なったスイス旅行の折に書きとめられたご親筆の日記である。ハードカヴァーでご製本申し上げたもう一冊の手帳。これは、右ご親筆日記の、公女のお手になる写しである」

「公女が最もご心配なさっていたこと、それは、何者かが公爵のご日記を巧妙に利用しかねぬということであった。(ただし、ご日記はどうという内容のものではないが。)公女がきわめて重視していらしたこのご日記を、私はこれまで何としても保管したいと考えてきたが、しかし、現在、私は、ご日記を破棄すべきだという厳かな義務にとらえられている。従って、愛するわが息子にあっては私がここに明示している遺志を全うするよう、彼を信頼して願う」

「私は、私にとって神聖なものである公女のご遺志を偏に忠実に代弁して以上の遺志を記したと衷心より確信しているだけに、以上述べた遺言が敬虔に執行されんことを願ってやまぬ」

著者の大叔父エルネスト・フーシェは、アンギャン公爵およびシャルロット公女の二枚の肖像画や、公女の書翰集を焼いて、父親の遺志を全うした――アンギャン公爵の日記を焼くことはしなかったが。

フーシェ家の人々の実直さが貴重な肖像画や、ルイおよびシャルロットの書翰をわれわれから奪ったとしても、公女の私的な品々の多くが――家計に関する文書、通信文など――幸いと焼却を免れた。いたって慎み深く永久の眠りについた女性の足跡を、ピクピュスの墓石に墓碑銘を刻むのを望みさえしなかった女性の足跡を、パリの公証人の古びた家でたどること、これは、まったく取るにたらぬ歴史的好奇心の一つとは言えまい。

本書執筆を終えるに際し、著者はピクピュス墓地にお参りした。シャルロットは、断頭台で首を刎ねられた人々の濠[16]――このなかに彼女の弟ジェトノック・ド・ロアンも横たわっている――の近くで眠っている。シャルロットの質素な墓石は鉄柵で囲まれている。墓地は歴史あるピクピュス修道院の裏手にあり、修道院にはいつの時代も変わらず修道女たちが起居していて、墓地へと続く静寂ただよう並木道をそぞろ歩いている。ピクピュス墓地にあっては、小鳥が王さまであり、パリの喧騒はここに達しない。この場所は魅力と憂愁とにみちみちている。百年に一度だけ愛するように人を愛したのち――、心おだやかに暮らせる場所を見出したいと切望していた女性に、これ以上ふさわしい場所は世界のどこにもない。

❖16＝**断頭台で首を刎ねられた人々の濠**

…ピクピュス墓地には、大革命下恐怖政治時代の一七九四年六月から七月のあいだにナシオン広場の断頭台で落命した一三〇六人を祀る共同墓地がある。ジェトノックはこの共同墓地に眠る。

第十六章

遠い記憶

第一節

アデールがよみがえる……

本書初版を世に送った一九七〇年、多くの興味深いお便りをいただき、それらのお便りにより、著者の私は、ルイとシャルロットの思い出が、往昔の正統王朝派の血につらなる親族のあいだで今日なおどれほど鮮やかに息づいているかを知ることとなった。

フランスのあちこちから頂戴したそれらのお便りは、ルイとシャルロットに対する親愛の情――この親愛の情は、二人の没後幾世代にもわたって受け継がれてきたものであり、また、拙著のような書物でにわかに新たに息づく――を感動的な筆致でつづっていらした。

最初に掲げるべきはC夫人からのお便りである。その長いお便りで、夫人はアンギャン公爵の異母姉妹の運命について語っていらした。公爵の異母姉妹のアデール・ド・ブルボンがC夫人の高祖父の一人と結婚したので、アデールの運命がC夫人のご親戚と緊密に結びついているのである。

「ブルボン公爵さまは、バティルド公妃さまとの短い結婚生活ののち、波瀾に富んだ生活におもどりになられました。公爵さまは、オペラ座の魅惑的な踊り子ミミ・ミシュロと長きにわたり関係をお持ちでいらっしゃいまして、ミミ・ミシュロは公爵のお子さまをお二人もうけられました。まず、一七八〇年にお生まれになったアデライド＝ルイーズ＝シャルロットという名の女のお子さまでございます。公爵さまはしきたりに則りこのお子さまをご認知なさいました。ご洗礼は盛大にとり行なわれました。ブルボン公爵さまの祖父上さまのロアン＝スービーズ公爵さまが代父をお引き受けになられ、王党派の方々がお式に立ち会われました。ブルボン公爵さまは、代母として妹御のルイーズ公女さまをお選びあそばしましたが、公女さまはお憤りになり、お断りになられました。ついで、男のお子さまがお生まれになりました。このお子さまはサン＝ポール伯爵のお名前で知られていらっしゃいまして、やはりご認知されておいでになります」

「ミミ・ミシュロはつかの間ブルボン公爵さまの移り気なお心を奪ったにすぎませんけれども、コンデ大公さま(アンギャン公爵さまの祖父上さま)が、より正確に申し上げますと、大公さまの寵姫でいらしたモナコ公妃さまが右お子さまお二人をご扶養あそばされました」

「亡命の時期、二人のお子さまはコンデ老公さまとご一緒に渡英なさいました。そのころ、アデライドさまは十歳前後と幼く、コンデ大公さまのお住いでお暮らしになられました。モナコ公妃さまに育てられ、何不足ない教育を授かったアデライドさまに、大公さまはまぎれもないご愛情をそそがれました。やがて、アデライドさまは、コンデ大公さまの私的護衛隊の隊長であり、旧貴族であったルリィ伯爵と華燭の宴をはられました。が、伯爵は花嫁さまを未亡人にしてしまいました」

「未亡人はお父上さまのもとにおもどりになられ、そのお家を切盛りなさいました。王政復古を迎えますと、アデライドさまはお父上さまとご一緒にフランスにお帰りあそばしました。うっとり見惚れるほどお美しく、才長けていらしたアデライドさまは、亡夫の従兄弟であり、幼子を四人持つ、やはり寡夫であった貴族とご再婚なさいました。アデライドさまは右四人の子供をお育てになり、子供たちにとって非の打ちどころのない母となられました。再び寡婦となられましたのち、アデライドさまは内輪の集まりでずっと上座にお坐りでいらっしゃいました。アデライドさまはたいそうご高齢で世を去られまして、私どもはアデライドさまのためにお祈りを捧げてまいりましたし、今なお祈りを捧げております……」

このお便りをいただいてから数日後、本書著者はC夫人にお目にかかり、午後のあいだずっと、お便りにその簡略な身の上話があった魅力的な女性のことを語り合った。C夫人がアデライド・ド・ブルボンのことを話されるのをお聞きしているうち、過去が現在のこととしてよみがえった。アンギャン公爵がこの異母姉妹の存在を知り、かなりの嫉妬をいだいたのが昨日のようであり、また、素敵な「アデール」(これはブルボン公爵の親族が愛をこめてアデライドに授けた呼称である)が王政復古時代のそこここのサロンで妍《けん》を競っていたのも昨日のように感じられた。時が消え去ってしまったようだった。

ルイとシャルロットが暮らしたライン河畔、彼らに縁ある人々が思い出と親愛の情のささやかな炎をそこに向けて燃やし続けているライン河畔、あのライン河畔と、私たちとを隔てている距離もまた消え去ったように思う。同じそのころ、モーリス・ド・レナック゠イルツバック男爵が長文のご高翰をお送りくださり、ライン河畔への男爵のご愛着をお明かしくださった。

「私の家系の何人かが、あるいは、私の家の縁戚の何人かがエテンハイムご滞在の殿下たちのご生活と多少ご縁がございました。私の高祖父のミュレンハイム男爵はロアン枢機卿猊下の狩猟頭をつとめておりました。私のもう一方の高祖父母の兄弟であるイヒトラーツハイム男爵は、アメリカ独立戦争で戦ったのち、亡命貴族軍に属し、自身の家をアンギャン公爵殿下にご貸与申し上げました。[1] 私の父方の祖母の家では公爵殿下がお使いになられた紅茶茶碗を長期にわたり保管していました。が、一九一四年から一八年の戦争[2]による破壊のもとでそれらの茶碗は失われてしまいました。イヒトラーツハイム夫人の墓所はオベリスクをいただいておりまして、現在なおエテンハイム墓地にございます」

「あなたさまはご著書に、プリュイヌ男爵が囚われのアンギャン公爵殿下を逃亡させようとした、と婉曲《えんきょく》に述べておいでになりますが、❖3 このプリュイヌ男爵(われわれの家では、この人物をバンカリ・プリュイヌと呼んでおります)の子孫たちがゲルストハイムの小さな城にこの数年前までずっと住んでおりました。彼らもまた私の親族でございます」

「一九七七年に九十七歳で身罷《みまか》りました私の母は、シャルロット公女さまのわけても特別の記念として、シャルロットという名を授かりました。母は、サロンにアンギャン公妃さまのご肖像と、公妃さまがミュレンハイムの私の親族の一人にご遺贈くださったインゲン豆形小円卓とを置いていました。従いまして、わが一族にありましては公爵殿下および公妃さまの思い出が多分に鮮明であり続けたということになります」

「さらに、一つの逸話を申し上げます。常日頃、アンギャン公爵殿下を結婚させなければという思いにつきまとわれていらしたコンデ老公殿下は、一七九四年に、ブルボン公爵殿下の副官とレナック=ヴェルト嬢との成婚をお聞きになり、祝辞代わりにその副官に仰せられたそうでございます。『あのご令嬢との祝言が叶えば、孫も仕合せになれたろうに』。興味深いお言葉でございますね!」

「寸書を結ぶにあたりまして、歴史に見られる数多の対立関係の一つにふれさせていただきます。私の実の従兄弟の一人で、熱烈な正統王朝派の家の人間でありますミュレンハイムは、数十年前にサヴァリーの

❖1=**自身の家をアンギャン公爵殿下にご貸与申し上げました**…同男爵は一八〇〇年にエテンハイムに家を買い、翌年より、これをアンギャン公爵に貸した。
❖2=**一九一四年から一八年の戦争**…第一次世界大戦。
❖3=**婉曲に述べておいでになりますが**…第九章第五節参照。

子孫と結婚いたしました！」

アンギャン公爵の遺髪と肖像画は、シャルロット公女の遺志に副い、著者の大叔父フーシェが破棄したので、著者のところにはそれらがまったく遺されていなかったのだが、愛すべきバロン家のお方であるジョゼフ・ド・カサーニュ氏が、氏のお持ちになっていた公爵の遺髪の房の半分を私に贈るべくお訪ねくださり、遺骸発掘の際に発見された公爵の長靴の破片をお見せくださった。最近、氏は私にご書面をご投じくださった。

「アンギャン公爵殿下の御髪の房並びにご長靴の破片は、ブルボン公爵殿下の城館付き司祭でいらしたキリスト教のペリエ神父さまよりバロン・ド・カサーニュ将軍に贈られたものでございました。同神父さまは、ご不幸なアンギャン公爵殿下のご友人でいらしたジョンヴィル氏からこれらお形見を譲り受けられたのでした。バロン・ド・カサーニュ（一七七四年生――一八四一年没）は代将としてエジプト遠征に参加いたしました。彼はヴェルサイユ宮殿美術館所蔵の有名な絵画『ピラミッドの戦い』[4]に描かれており、彼の名はエトワール広場凱旋門の南側に刻まれています。しかしながら、第一王政復古時、彼は、一転、オート＝ガロンヌ県[5]で臨時に国王軍第十師団を指揮しておりました。そして、同県のトゥールーズにてアングレーム公爵殿下をお迎え申し上げました。同殿下は彼に聖ルイ勲章をご授与くださり、金製の箱をご下賜くださいました。その後、カサーニュ将軍は、スペインの国王フェルナンド七世[6]のおそばで種々の機密任務を帯びました」

本書初版出版から十年も経つと、実にいろいろなこと――往々にして辛いこと――が起きるものだ！L夫人の場合にしても同様である。一八一七年、ブルボン公爵は、見出しえたアンギャン公爵の品々を不幸な令息の記念として片端から集めてサン＝モールに私的博物館を作ったが、L夫人は、この博物館を所有していた、と私にお便りをくださった。お便りによると、一九八三年の復活祭のとき、数人の強盗がサン＝モールの城に押し入り、L夫人をベッドの上でしばり上げ、アンギャン公爵の形見の品を全部奪い去ったという。八十三歳のL夫人は、この犯罪ののち、心臓発作にみまわれ、思い出の品々の喪失からなかなか立ちなおれずにいらっしゃるとのことである。

アンリ・ド・セグワン＝クーホルン大佐のご家族のみなさま（大佐ご自身もふくめて）が三代にわたって洗礼式の折にお召しになった優に美しい洗礼式服、これが今度はモロッコで同じように盗まれたという。この式服はアンギャン公爵がシャンティイ城で洗礼を受けた際にお召しになったものである、と大佐のご家族は代々仰せになっていたそうだ。とにもかくにも、大佐は、この式服はアンギャン公妃から贈られたものだとお考えになっている。（洗礼のお祝いとして贈られたのだろうか、遺品として譲り受けられたのだろうか？）

クーホルン大佐は、「ルイとシャルロットの婚姻は大佐の家族のあいだでは疑問の余地がなかったようだ」、とご書状で私におっしゃっていた。シャルロット公女は、大佐の曾祖母にあたるシャルロット・ド・カスティーユの大叔母にして代母であり、シャルロット・ド・カスティーユは、アンギャン公妃の姪にあたるエルミニ・ド・ロアンの末のお嬢さまだから、大佐の家はロアン家とたいへん近い、縁続きの家でいらっしゃる。

❖4＝**『ピラミッドの戦い』**…ボナパルト将軍のエジプト遠征において、フランス軍が大勝した戦役を描いた絵。フランソワ・アンドレ・ヴァンサン（一七四六年生―一八一六年没）筆。

❖5＝**オート＝ガロンヌ県**…フランス南西部、ミディ＝ピレネー地方の県。

❖6＝**フェルナンド七世**…一八〇八年、親ナポレオンの立場をとり、革新的啓蒙君主を目指して王位に即いたが、皇帝ナポレオンの武力によりフランスに幽閉された（一八〇八年―一三年）。ナポレオンが没落した一四年に復位し、三三年まで保守政治を行なった。

アンリ・ド・セグワン＝クーホルン大佐はご書状にお書きくださった。「ルイーズ・ド・コンデ公女さまがシャルロット公女さまをお招きになったタンプル尼僧院での誓願式のくだりで、御著がカスティーユ家の私の大叔母を『天使』とお書きくださっているのを拝読し[7]、嬉しく存じました。と申しますのも、天使役をつとめる幼女として書かれておりますのは確かに大叔母でございますから。大叔母はルイーズ公女さまたちから『穢れなき幼子』と呼ばれていました。大叔母はあの貴婦人たちから甘やかされた子だったようでございます」

大佐のご子息で、まだたいそうお若い青年でいらしたティエリー氏がやはり私をお訪ねくださり、私は、ご先祖に対する氏のご愛着に好感をいだいた。現在、氏は軽騎兵の大尉になっておられる。

カスティーユ家の男爵たちについて言うと、ユゼスの観光協会が興味深い資料を私にお送りくださった。「ケラ夫人が言及した件に関し申します[8]。カスティーユ男爵は高位貴族でなかったようですが、財産は莫大でして、男爵の土地は、ナポレオンから貴族世襲財産に認定され、カスティーユ城からボーケール[9]にまでおよんでいました。大革命下に男爵がこうむった損害の埋め合わせをするために、ナポレオンが男爵にユゼスの見事なエピスコパル城（十七世紀中葉建造）を与えた結果、男爵の財産はこのように莫大になったのです。カスティーユ男爵館をご覧になり、それから、カスティーユ城をご覧になるとよろしいかと思います。城の複数の円柱にC-R（カスティーユ＝ロアン）と頭文字が刻まれています。ソンムでは、ケリウ[10]の土地が現在もカスティーユ男爵家の所有地となっており、そこにはロアン家の方々の思い出の品が幾つか保存されています。ケリウ教会の大鐘はシャルロットという名です」

第二節

アンギャン公爵の忘れ形見か？

一九七一年に私が頂戴したお便りのうちの一通、ベルギーの女性読者からいただいたお便りは、一九二五年にブリュッセルで亡くなったデュ・シャスタンなる方から打ち明けられた秘密について述べていらした。

「デュ・シャスタン氏は、ご自身の出自についてははっきりしたことは何一つおっしゃらず、好んでそれをほのめかされました。歳月が移ろうにつれ、主人と私は少々信じがたい一つの歴史を見出すにいたりました。氏は、この歴史によりご自身の虚栄心をみたしたり、利益をわがものにするなどということは毛頭おありでなく、ただこの歴史をお信じになっているように見えました。つまり、氏は、ご自分のことをアンギャン公爵さまご帰泉ののちに生まれた、公爵さまのご令息の直系卑属だとお考えだったのでございます。氏は、ご自分の子供時代について決して話されませんでしたが、あるグループ――氏はその名称を仰せになりませんでした――によって、氏はロンドンでとり行なわれた皇太子殿下のご葬儀に代表として送られたと語っておられました。氏は、ボルドレーズ家のお嬢さまと婚姻を結ばれました。このお嬢さまは、スエズ運河事業[11]

❖7＝**お書きくださっているのを**…第十三章第五節参照。

❖8＝**ケラ夫人が言及した件に関し申します**…ユゼスは南フランス・ニームの北二〇キロにある町。ケラ夫人が第九章第六節でカスティーユ男爵について述べている。

❖9＝**ボーケール**…ユゼスの南東三〇キロの町。

❖10＝**ケリウ**…北フランス・ソンム県にある町。アミアンの北東約一〇キロ。

にご投資なさり、巨額の富を未亡人とお嬢さまに遺された事業家の一人娘でいらっしゃいました。デュ・シャスタン氏とご令閨さまは、ご子息さまご誕生後、『フランスではご子息さまが危険にさらされる』とお考えになり、イギリスにお渡りになりました……。ご夫妻にはお嬢さま、ご子息さまの二子がおいでになりました。やがて、ご夫妻は貧に迫られてブリュッセルにお移りになり、デュ・シャスタン氏はここで文学を教えていらっしゃいました」

「初めて打ち明け話がなされましたのは、氏が授業をしていらした質素な客間にそぐわぬ一つの群青の絹のクッションがきっかけでございました。氏は、クッションに刺繍された象徴的図柄の意味を強調して私にお話しになりながら、その図柄の花の名を口になさり、クッションについておっしゃいました。[12]『象徴的色合いのこのクッションは知人であるフランスのさる貴婦人からの贈物です』」

「デュ・シャスタン氏は、何日間かこの秘密を話したくてたまらなかったご様子でございましたが、この秘密をうまく利用しようなどと思っていらっしゃいませんでした」

「氏のご子息さまは、亡くなられましたとき、ベルギー人とご結婚なさったお嬢さまをお一人お遺しになりました。お嬢さまご夫妻は女児をお一人もうけられ、このお子さまはギリシャ人に嫁がれました。このご夫婦には男児がお一人お生まれになり、フランスにお住まいでいらっしゃいました」

「あなたさまにそのお時間がおありでございましたなら、この歴史のなかに幾許かの真実味がありますかどうか、私にお教えいただけませんでしょうか?」

以上のようなお便りをいただいたころ、私は、アンギャン公爵没後に誕生した子ではとみなされている子供について何ら知るところではなかったので、お便りにあった歴史に否定的なお返事を差し上げた。ところが、それから十年後——一九八二年——、私は、遅ればせに拙著をお手にしてくださった別の読者の方から別の情報を、今度はしっかり拠って立つもののある情報をいただいた。それは、もはや「と言われている」という噂や、第三者に語られた打ち明け話といった類の情報ではなかった。今度は、アンギャン公爵とシャルロット公女の直系のご子孫にあたる方と——あるいは、少なくともご自分を彼らの直系の子孫だと心から信じておられる方と向き合うことになったのだった。

私にご封書をお送りくださったその方は、一九三二年にその方の祖父上が記された「アンギャン公爵アントワーヌ・ド・ブルボン＝コンデの嫡出卑属に関する内密の覚書」の複写をご同封くださった。覚書には、一八〇四年、ストラスブールでご令息アンリ・ジャン・ジョゼフがどのように生をうけたかが記されていた。このご令息は、幼少期、ずっと秘密にされていた。（まずカナダへ、ついでキューバへ送られたという。）ご令息はスペイン国王フェルナンド七世の非嫡出の姫君と婚儀を挙げられた。ご夫妻はご令息を一人もうけられた。一八四八年にお生まれになったルイ＝ジャンである。アンリ公と、そのご令息ルイ＝ジャンの二人はシャンボール伯爵[13]に招かれ、アンギャン公爵の後裔として同伯爵より正式な承認をたまわった。

アンリ公の他界後、より正確に言えば、アンリ公の失踪後、ご令息のルイ＝ジャンは、アンギャン公爵の子孫たることを証明する場合に必要な書類を入れた手箱を、つまり「彼の身を保証する書類」を入れた手箱

❖11＝**スエズ運河事業**…一八五九年—六九年。フランスの外交官レセプス子爵（一八〇五年生—九四年没）が建設を構想、完成させた。

❖12＝**クッションについておっしゃいました**…群青はブルボン王家歴代の王がもちいたロイヤル・ブルー。クッションに刺繍されていたのはブルボン王家の紋章たる三つ百合の花柄であろう。

❖13＝**シャンボール伯爵**…第十五章❖10参照。シャルル十世の孫。

を盗まれ、ロンドンへと旅立たれた。一八八八年、彼は、ご伴侶およびお子さま二人とともにベルギーに居をお構えになった。ベルギーでは、レオポルド二世[14]が公式に彼を歓迎せしめた。彼ルイ=ジャンは、ブリュッセルで文学を講じる、講演を行なうなどして、名誉ある地位を築かれた——。彼は、一九二五年、ブリュッセルで没せられた。先のベルギーの女性読者が当時よく訪れていらしたのはたぶんこの人物であろう。

右の情報をいただいたとき、私は、ご封書をお送りくださった方に幾つか疑問を呈しつつお便りをしためた。一八〇四年、アンギャン公爵が亡くなった年であり、シャルロットが執政政府の警察から厳重に監視されていたときに、彼女はいかにして妊娠を隠すことができたのか？　アンギャン公爵の令息はシャルロットの感じていた人生の空しさをやわらげたはずなのに、公爵と彼女の子供ではないかとみなされている人物が彼女の人生から完全に排斥されたのはなぜか？　シャルロットがその子に再会しなかったのはなぜか？　彼女がその子について言及しなかったのはなぜか？　私の文通相手は、この歴史の諸々の不明瞭な点についてきちんと認識していなかったということ、さらに、彼自身、できるかぎり冷静にこの歴史に近づいてみたが、しかし、彼の父上および祖父上がこの歴史を何から何まで捏造するのは不可能であり、父上および祖父上の誠実さは疑いを容れぬものだったということ、以上を私への返書に率直に述べていらした。私の文通相手は、ご自分に関係のあった人々の名をお挙げになり、さまざまの資料を私にお送りくださった。

このご家族の上に王朝のある謎がただよっているのは明らかのような気がする。個人的に私は、一八〇四年にお生まれになったお子さまはアンギャン公爵の非嫡出子ではないかという仮説を立てるものである。この仮説はアンギャン公爵の豊富な情事により裏づけられる。私は、一八〇四年にお生まれになったお子さまがシャルロット公女のあげた、アンギャン公爵の忘れ形見だとは思わない。なぜなら、第一に、（政府から受けかねない迫害から子供を逃すために、子をあげるや、公女がその子と別れなければならないという必要性を感じたとしても、）私は、前述のように、警察から見張られていた時期に妊娠を隠すのは難しいと考えるからである。第二に、公爵から遺されたものすべてにあれほど愛着をいだいていた公女が、ナポレオン崩御ののちに、コンデ家最後の人間との緊密な結びつきの証を自身のそばにひきとらなかったとは考えられないからである。

私は、お子さまがアンギャン公爵の非嫡出子であるかもしれないという可能性を過小評価するものではないが——私がお子さまのご家族に敬意をはらう理由はこのことで説明されるだろう——、しかし、お子さまが公爵と公女との関係から生まれたという説については、私は、いいいい、ろくに検討もせずに、これに反論する。というのも、私は、公女の性格そのものに立脚して考えているからなのである。

母親たることを奪われたこの公女に子孫がいる、と社交界の人々がその独特の悪意によって言い立てたと知ると不思議な気持になる。ある時期、人々は、彼女には娘が二人いると言ったのだ！

こうした悪意があったけれど、それでもやはりシャルロット・ド・ロアン＝ロシュフォールは、看取る親戚と言えば、甥の子息のほかなく、愛情と言えば、友の愛情のほかなく、ただひとり死についたのである。

❖14＝**レオポルド二世**…ベルギー国王ルイ・フィリップ・マリー・ヴィクトール（在位　一八六五年—一九〇九年）。

跋

本書はClaude Pasteur, *Le Duc d'Enghien ou la mauvaise destinée,* Tallandierの翻訳である。原書初版は一九七〇年に刊行されており、ここに翻訳したのは八四年出版の増補版である。

著者のクロード・パストゥールはフランスの女性ジャーナリスト、作家、歴史家であり、伝記の名手として知られる。彼女が本書につづっているのはアンギャン公爵の何とも悲劇的な生涯である。

アンギャン公爵は、一七七二年、フランスのコンデ家に生まれた。コンデ家はブルボン王家の分家にあたる王族で、公爵の祖父コンデ大公は、フランス大革命の嵐のなかで処刑された国王ルイ十六世の従兄であった。公爵は文武に勝れ、快活で、気品高い貴公子に成長した。しかし、一七八九年、十七歳になるかならずの日に大革命が勃発し、逆境におちいる。公爵は、亡命後の九年間、コンデ大公共々王党派軍（反革命亡命貴族軍）を率いてフランス革命軍と戦うことになった。戦地での歳月は艱難をきわめた。が、彼は、王弟殿下をフランス国王に戴いて王政復古をなしとげたいとの一念で艱難に堪え、戦闘の最前線で勇ましく戦った。

ホーエンリンデンの戦役でオーストリア軍・王党派軍の連合軍が旗を巻き、直後の一八〇一年二月、仏墺間に和約が成った。これをもって、革命戦争（一七九二年―一八〇二年）が事実上終結し、これよりのち、公爵はドイツ・エテンハイムに住まう。ゆかしく、美しい恋人のシャルロット公女がその地で彼を待っていたからだった。けれども、それから三年、公爵は、フランス共和国第一執政ナポレオン・ボナパルトの独裁政治の犠牲となり、三十二年の生涯を閉じるのである。彼をおそったこの決定的な悲劇は、史上、アンギャン公事件として語られている。

一八〇四年初め、カドゥーダル、ピシュグリュ将軍など、王党派の人間たちが、執政政府転覆をねらい、ボナパルト暗殺の陰謀をめぐらせた。アンギャン公事件は、この陰謀がボナパルトの知るところとなり、謀計者たちが次々逮捕された結果、起きた事件である。

ボナパルトは、アンギャン公爵こそ右陰謀の首謀者だと決めつけた。そして、エテンハイムにフランスの軍隊、憲兵隊を送りこみ、三月十五日、公爵を逮捕せしめた。エテンハイムが外国であったにもかかわらずである。不法逮捕された公爵は、二十一日午前一時、パリ郊外のヴァンセンヌ城塞で軍事裁判にかけられた。それは、弁護人も証人もなく、非公開、即刻判決、刑罰の即刻執行という暗黒裁判であった。しかも、裁判中にすでに公爵を埋める墓が城塞の濠に掘られつつあったのだから、あらかじめ死刑が決まっていた、形だけの裁判にすぎなかったのである。

騎士道精神に富む公爵は陰謀や暗殺といった陰湿な策動を嫌っていた。たしかに彼もボナパルト打倒を望んでいたが、しかし、あくまでも戦場で堂々と刃を交えて倒したいと考えていた。だから、陰謀にはまったく関係していなかった。法廷で、公爵は毅然と無実を主張した。が、それも空しく、裁判ののちすぐに、公爵は、冤罪により銃殺刑に処せられた。

大革命下、山岳党ジャコバン派のロベスピエールがフランスで一党独裁の恐怖政治を行なっていた一七九三年、ボナパルトは、ジャコバン派に共鳴する砲兵隊長であり、イギリス・スペイン艦隊からトゥーロン港を奪還して一躍名を挙げた。

血脈にもとづいて王位を世襲的に継承してきた王族と異なり、貧しい小貴族の子だったボナパルトには王族の血脈がなく、拠って立つものと言えば、みずからの軍事的才能しかなかった。ボナパルトは、イタリア征服(一七九六年―九七年)でその才能をいかんなく発揮し、九九年、クーデタを決行、三十歳にして第一執政の座をつかみとった。戦勝を原動力にして民心と最高権力とを手中にしたのである。

以後、彼は行財政機構の近代化、司法の整備、カトリック教の復活などを通じて社会秩序回復につとめ、フランスの無政府状態に終止符を打った。これは彼の偉業と言える。しかし、その一方で、彼は、共和政を葬って帝国を築きたいと野望に燃え立ち、ナポレオン戦争(一八〇三年—一四年)へと突き進んだ。民心と権力の掌握には勝利が必要だった。戦勝は彼の悲しい宿命だった。果てしのない戦争に国民が反撥すると、彼は独裁政治の恐怖を見せつけて反撥を抑えた。家郷コルシカ島の厳しい風土が生んだ激しい気性のゆえか。それとも、大革命で学んだものが恐怖政治だけということなのか。

王族アンギャン公の血によって王党派の気勢をそいだボナパルトは、事件の二ヶ月後に帝位に上った。しかし、彼の帝位は脆い。王位の場合は王権神授説により絶対性を付与されているが、ただにわが才に恃み、わが手で帝冠を戴いた皇帝ナポレオンの場合は神授の絶対性を欠いているからである。ナポレオンはロシア遠征失敗(一八一二年)で没落の道をたどる。

ナポレオン・ボナパルトの軍事的独裁政治については、後世、功罪が指摘されるが、事アンギャン公事件となれば、これを擁護する人はいない。いや、これを彼の最大の罪行と断罪する傾きさえあるのである。イギリスの政治家ダフ・クパーはその著書で述べている。「アンギャン公の虐殺は、ナポレオンの生涯における最も非道をきわめた行為として、永く歴史に残っている。けだし、この事件は政治上の犯罪の最大のもので、そこにはまったく弁護の余地が残されていないのである」(曽村保信氏訳『タレイラン評伝』、中央公論社、一九六三年)。

アンギャン公爵は、シャルロット公女の涙も凍るほどの非道な犯罪の犠牲となったのだった。

本書の著者パストゥールは二十数冊の書物を上梓している多作の著述家である。加えて、それら書物の多くがヨーロッパ諸国の王侯貴族の人生や、歴史に大きな足跡を残した伝説的人物の生涯を主題にした多彩な伝記である。

たとえば、『ポニアトフスキー王家の国王と王太子』(*Le roi et le prince : les Poniatowski*, France-Empire, 1976)と、『リーニュ公爵——ヨーロッパの花形』(*Le prince de Ligne, l'Enchanteur de l'Europe*, Librairie Académique Perrin, 1980)——。前者は、ポーランド第三次分割(一七九五年)により国が消滅し、同国最後の国王となったスタニスラス二世と、その一族の波瀾の人生を描いた伝記である。後者は、ウィーン会議(一八一四年)での列国の国益対立、混乱を「会議は踊る、されど会議は進まず」、と嘆いたオーストリア・リーニュ元帥の華麗な生涯を描いた伝記である。そして、この二冊ともにフランス・アカデミー賞の栄に輝いている。まさに伝記の名手と言うほかない。

伝記を執筆するとき、パストゥールはまず膨大な資料を読む。読んで、時代の流れをつかむ。同時に、書こうとする人物の心のなかにそっと入りこみ、その人物の言葉や感情に耳を傾け、性格や心理を深く探る。それから、資料を話のなかに巧みに組みこみ、人物になりきって筆を進める。時代と人物とを丹念に絡み合わせながら、躍動感と情感にみちた歴史ドラマを紡いでゆく。筆致はたいそう精緻にして繊細である。

本書は、王党派側から見た革命戦争、アンギャン公爵とシャルロット公女の悲恋、アンギャン公事件など、日本にはあまり紹介されていない事柄を詳細につづっている。それゆえ、日本の方々にも読み応えのある書物と思っていただけるだろう。とりわけ、アンギャン公事件については、一、二の国にとどまらず、世界に独裁者と呼ばれる統治者がいて、政治的犯罪に手をそめている今日、独裁政治の怖さを認識するという意味でも関心をもってお読みいただけるだろう。

本書原書の末尾には付録として四十一頁の参考資料が掲げられている。その参考資料に収められているのは、サヴァリー、ユラン将軍、タレイラン、フーシェがアンギャン公事件に関してそれぞれ書いた弁明書である。四人は、あるいは秘密警察指揮官、軍事裁判裁判長、あるいは政府首脳として多かれ少なかれ事件に関与したにもかかわらず、一八二一年にナポレオンが没するや、弁明書を記し、自分に虐殺の責任はないと自己弁護しているのである。首鼠両端のフーシェにいたっては、「あの事件は犯罪というより失策だった」と他人事のように責任回避している。四人の弁明書の肝要な箇所は文中に述べられているし、何より、保身に汲々とした文書は見苦しい。そのため、勝手ながら訳書では付録を省いた。

本訳書刊行については多くの方々のご厚情、ご尽力をたまわりました。

二〇一四年、元筑波大学教授・嶋田厚先生が『著作集』全三巻（新宿書房）をご出版なさり、それをご恵贈くださった。そのとき、私は、先生のご研究の数々にあらためて尊敬の念を深めるのと同時に、ご著作集の美しさに強く心を奪われた。グラフィック・デザイナーの鈴木一誌先生のお手になるレイアウトや装幀が、もの静かにたたずむような美しさを醸し出していたのである。

本訳書出版にあたり、私は、嶋田先生より鈴木先生をご紹介いただき、組版、書物デザインを是非鈴木先生にとお願い申し上げた。それから、今度は、鈴木先生が寿郎社社長・土肥寿郎様をご紹介くださった。土肥様は、種々の書物を出版するお仕事のなかで、夕張市の炭鉱住宅群の写真集を刊行しておられる。消えゆくものへの哀惜から生まれたこうした趣のお仕事に、私は深く感じ入り、編集、校正、出版を土肥様にお委ね申し上げることとなった。

嶋田先生、そして、鈴木先生と鈴木事務所のスタッフの皆様、土肥様と寿郎社編集部の皆様に心よりお礼申し上げます。大変ありがとう存じました。

二〇一七年

伊東冬美

年譜

西暦	アンギャン公爵・革命戦争関連の事項	フランス関連の事項
一七六九		八月十五日、ナポレオン・ボナパルト、コルシカ島に生まれる。
一七七二	八月二日、アンギャン公、コンデ家嫡嗣としてシャンティイ城に生まれる。	
一七七九		ボナパルト、ブリエンヌ兵学校入学。
一七八〇	父ブルボン公と母バティルド公妃、別居。	
一七八四	アンギャン公、ヴェルサイユ宮で洗礼式。	ボナパルト、パリ士官学校入学。
一七八五		八月、王妃マリー＝アントワネットの「首飾り事件」(―八六)。
一七八六	公、聖霊騎士団騎士章拝領。高等法院評定官就任。	
一七八九	七月、祖父コンデ大公たちコンデ一族、亡命。九月より、トリノ逗留(―九一)。	五月、全国三部会開催。七月、憲法制定国民議会成立。バスティーユ獄襲撃、フランス大革命勃発。

一七九〇		六月、貴族制度廃止。七月、僧侶に関する民事基本法成立。
一七九一	二月、コンデ一族、ヴォルムス着。夏、王弟プロヴァンス伯並びにアルトワ伯、コンデ大公、コブレンツにて反革命亡命貴族軍結成。	六月、「ヴァレンヌ事件」(国王ルイ十六世一家が亡命途上で捕縛された事件)。九月、「一七九一年憲法」制定。十月、立法議会成立。
一七九二	七月、対仏連合軍総司令官・プロイセンのヴラウンシュヴァイク公の宣言(ルイ十六世の復権をフランスに要求した宣言)。八—九月、コンデ大公、パリ進撃を計画。が、フランスが独仏国境防禦を強化したため、進撃断念。九—十一月、ブルボン公とアンギャン公、オランダ防衛。コンデ大公麾下(両翼にブルボン公、アンギャン公)の亡命貴族軍、以後、オーストリア軍と連携して対戦。	三月、ジロンド党内閣成立。四月、オーストリアに宣戦、革命戦争開戦(—一八〇二)。七月、プロイセンに宣戦。八月、パリ民衆、テュイルリー宮襲撃(八月十日革命)。国王一家をタンプル獄に幽閉。八—九月、プロイセン軍・オーストリア軍・亡命貴族軍の攻撃により、ロンウイ、ヴェルダン陥落。九月、「九月虐殺」(反革命容疑者大量殺害)。ヴァルミーの会戦でフランス初勝利。国民公会成立。王政廃止、第一共和政成立(—一八〇四)。
一七九三	一月、プロヴァンス伯、「フランス摂政の宣言」(故ルイ十六世の王太子ルイ・シャルルをルイ十七世としてフランス国王に戴き、自身が摂政になると声明したもの)。二月、第一次対仏大同盟(—九七)。五月中旬、アンギャン公、戦場リルツハイムでコンデ軍の前衛指揮官に任命される。下旬、コンデ軍、フランス・ウィッセンブール戦線に出撃、革命軍を粉砕。続いて、ランダウ奪還。十月、ウィッセンブール入城。アグノ攻略。十二月、ベルストハイムで革命軍を撃退。	一月、ルイ十六世斬首。二月、イギリスとオランダに宣戦。三月にネールヴィンデンで大敗したデュムーリエ将軍、四月、連合軍側に寝返る。六月、国民公会からジロンド党追放。山岳党一党独裁が始まり、ロベスピエール派(山岳党ジャコバン派)が恐怖政治展開。「一七九三年憲法」発布。十月、マリー=アントワネット刑死。ジロンド党革命家たち処刑。十二月、ボナパルト大尉、イギリス・スペイン艦隊からトゥーロン港奪回。

一七九四	二月、アンギャン公、聖ルイ勲章を受勲し、代将に任命される。病の公、エテンハイムで療養。六月、オーストリア軍、フルーリュスの戦いでジュールダン将軍の革命軍に敗れる。十月、プロイセン軍、革命戦争から完全撤退。このため、亡命貴族軍の全部隊がコンデ大公の指揮下に入る。亡命貴族軍、ミュールハイムやエットリンゲンで交戦。十二月、ピシュグリュ将軍の革命軍、オランダに侵攻。	三月、エベール派（ジャコバン派左派）処刑。四月、ダントン派（ジャコバン派右派）処刑。五月、ルイ十六世の妹エリザベート王女刑死。六月、「最高存在の祭典」（一種の宗教的祭典）。「プレリアル二十二日法」（革命裁判所の権限強化法）制定。七月、テルミドール九日のクーデタにより、ロベスピエール、サン＝ジュストなど失脚、刑死。九月、ボナパルト将軍、ロベスピエール派として二週間投獄。
一七九五	四月、プロイセン・フランス講和（バーゼルの和約）。五月、オランダ・フランス講和（ハーグの和約）。六月、ルイ十七世崩御、プロヴァンス伯がルイ十八世として王位継承。六―十一月末、アルトワ伯とブルボン公、西フランス・キブロン半島遠征。イギリス軍、亡命貴族軍、王党派集団シュアンから成る遠征軍、オッシュ将軍の革命軍に惨敗。伯爵と公爵、イギリスに亡命。	八月、「共和暦第三年憲法」採択。十月、ボナパルト、王党派のヴァンデミエール叛乱を鎮圧。国民公会解散。総裁政府成立（―九九）。
一七九六	四月、ルイ十八世、リーゲルとノーネンヴィッヒにコンデ軍を陣中見舞い。六月、アンギャン公、前衛部隊を率いてライン河を突破し、フランスに進攻せよとの命を受ける。が、ライン河畔に陣していたオーストリア将兵三万がイタリアに進発したため、進攻作戦頓挫。八月、亡命貴族軍、オーベル＝カムラッハの戦いでモロー将軍の革命軍に敗北。当時、亡命貴族軍はモロー軍やジュールダン軍と局地戦を重ね、勝敗を分かつ。	四月、第一次イタリア戦役開始。ボナパルト将軍率いるイタリア遠征軍、オーストリア領ロンバルディア地方制圧後、アルコレの戦いでオーストリア軍を掃討。さらに、教皇領ボローニアおよびフェッラーラ、パルマ公領などを占領（―九七）。

一七九七

停戦中の四月、アンギャン公、スイスに旅。レオーベン仮条約締結と同時に、オーストリアが亡命貴族軍への支援(軍資金、糧食など)を打ち切る。支援と交換条件にロシア軍の指揮下に入ると決断したコンデ大公、十月、ロシアへ発つ。追って、アンギャン公、亡命貴族軍を従えロシアに向かう。

四月、オーストリアとレオーベン仮条約。五月、五百人議会(下院)選挙、王党派進出。九月、総裁政府、総裁バルテルミーと王党派議員一七七名を追放(フリュクティドール十八日のクーデタ)。軍部進出。十月、オーストリアと講和(カンポ・フォルミオ条約)。

一七九八

二月、アンギャン公、サンクト=ペテルブルクでロシア皇帝パーヴェル一世に謁見。三月、コンデ大公はロシアのドゥブノに、アンギャン公はルーツィクに築陣。十二月、第二次対仏大同盟(―一八〇二)。

五月、政府、左派のネオ・ジャコバン派議員排除(フロレアル二十二日のクーデタ)。ボナパルト将軍、エジプト遠征(―九九)。十二月、フランス軍、ピエモンテ征服。

一七九九

三月、革命戦争再熱。四月、ロシアのスヴォーロフ元帥、亡命貴族軍にバイエルン進出指令。九月、ロシア・亡命貴族の連合軍、チューリッヒの戦いで敗退。十月、イタリアに出陣したカルル大公麾下オーストリア軍掩護のため、亡命貴族軍、コンスタンツに南進、革命軍を撃破。下旬、ロシア、対仏大同盟から離反、撤兵。

六月、五百人議会、穏和派総裁二名排斥(プレリアル三十日のクーデタ)。十一月、ボナパルト将軍、ブリュメール十八日のクーデタ決行、政権掌握。十二月、「共和暦第八年憲法」施行。ボナパルト、第一執政就任。執政政府発足(―一八〇四)。

一八〇〇

亡命貴族軍、二月以降、イギリス軍から軍資金や糧食などを得て、同軍と連合して戦う。春、イタリアから南フランスに上陸する作戦計画を立てたイギリス軍の要請で、亡命貴族軍、ピエモンテまで進軍。が、計画変更となり、五月、バイエルン帰着。以後、ローゼンハイムなどで戦闘。十二月、亡命貴族軍、モロー軍に圧されてレオーベンに退却。ヨーハン大公擁するオーストリア軍、ホーエンリンデンの

一月、王党派の新聞発行停止。フランス銀行創立。二月、地方行政制度の改革により、第一執政ボナパルト、知事の任免権を掌握。三月、司法制度の改革(裁判官の任命制)。警察行政の組織化。五―六月、第二次イタリア戦役。ボナパルト軍、マレンゴの会戦でオーストリア軍に勝利。九月、ボナパルト、ルイ十八世に王政復古を拒否。十二月、パリ・サン=ニケーズ街の「爆弾事件」(王党派によ

	戦役でモロー軍に敗北。オーストリア・フランス休戦条約。	るボナパルト暗殺未遂事件)。
一八〇一	二月、オーストリア・フランス講和(リュネヴィルの和約)。五月、亡命貴族軍解散。六月、コンデ大公、イギリスに亡命。九月末より、アンギャン公、エテンハイムに居住。十月、ロシア・フランス講和(パリ条約)。	七月、ローマ教皇ピウス七世と宗教協約(国家の世俗性、信仰の自由、国家による高位聖職者指名を規定したもの)締結。
一八〇二	三月、イギリス・フランス講和(アミアン条約)、第二次対仏大同盟解消。七—八月、アンギャン公、スイス旅行。	一月、第一執政ボナパルト、護民院(下院)の共和主義者追放。三月、革命戦争終結。四月、元老院、亡命貴族特赦を決議。ボナパルト、五月、イタリア共和国大統領就任。八月、終身の第一執政就任。「共和暦第十年憲法」公布。
一八〇三	夏、アンギャン公、イギリス政府に兵役志願。十一月、公、エテンハイムでシャルロット公女と秘密婚。	二月、ボナパルト、ルイ十八世に対し王位および所領の放棄を要求。四月、「ジェルミナル二十二日法」(労働者の団結、労働運動を禁ずる法)制定。オランダ領ブラバント占領。五月、イギリスがフランスに宣戦、ナポレオン戦争開戦(—一四)。六月、ハノーヴァー制圧。
一八〇四	一月、アンギャン公、重ねてイギリス政府に兵役志願。三月十五日、エテンハイムで逮捕、ストラスブール城塞に勾留される。十八—二十日、パリ郊外ヴァンセンヌ城塞へと連行される。二十一日、軍事法廷に出廷後、冤罪で銃殺刑に処される。四月、コンデ一族およびシャルロット公女、公の訃に接する。	二月、カドゥーダル以下、王党派の反ボナパルト陰謀発覚。モロー将軍、ピシュグリュ将軍逮捕。三月九日、カドゥーダル逮捕。十日、政府首脳会議、事件首謀者としてアンギャン公逮捕を決定。二十一日、「ナポレオン法典」発布。五月、第一執政ボナパルト、ナポレオン一世として皇帝に即位。第一帝政成立(—一四)。九月、ロシアと国交断絶。十二月、皇帝戴冠式。

アンギャン公爵関係地図

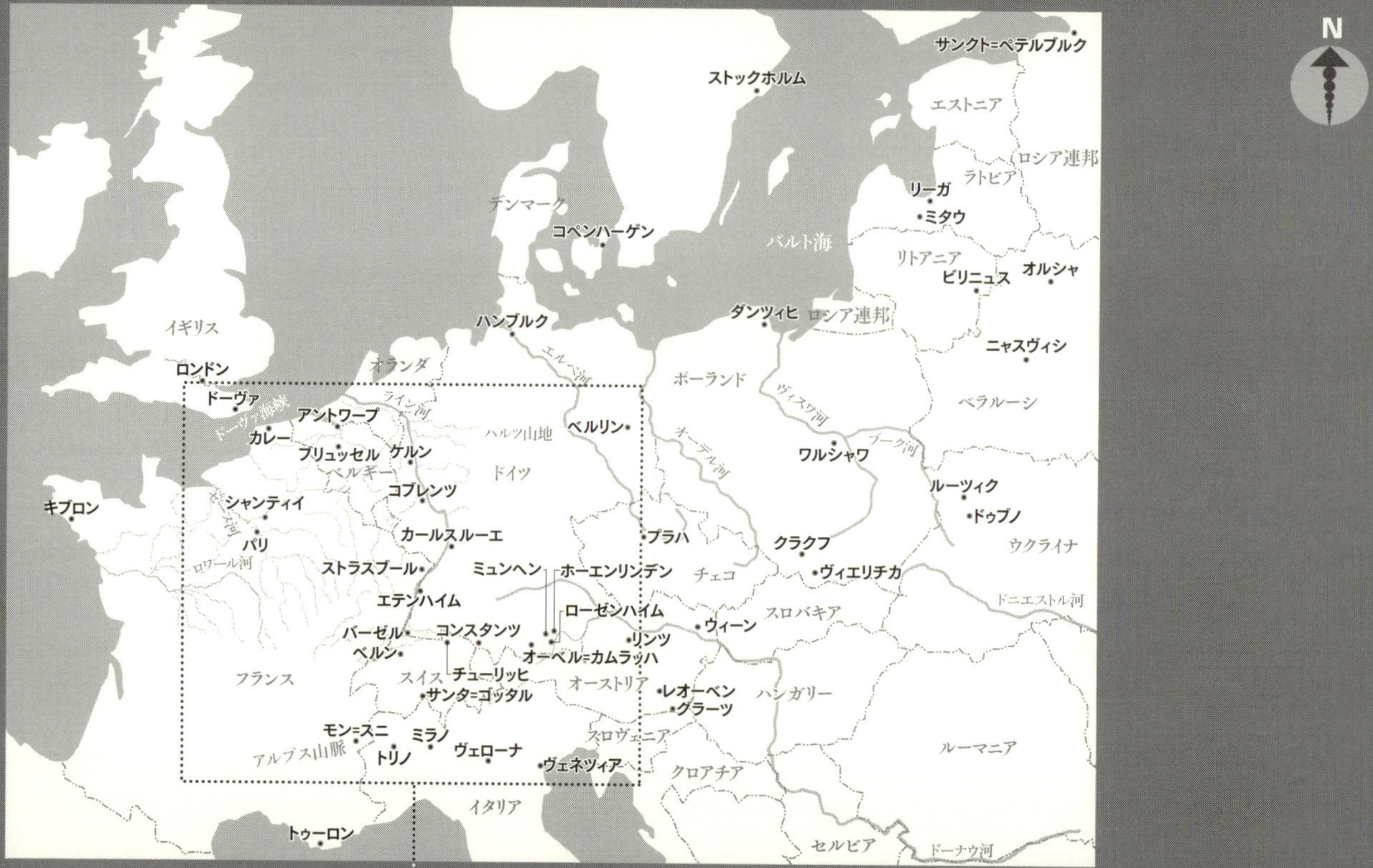

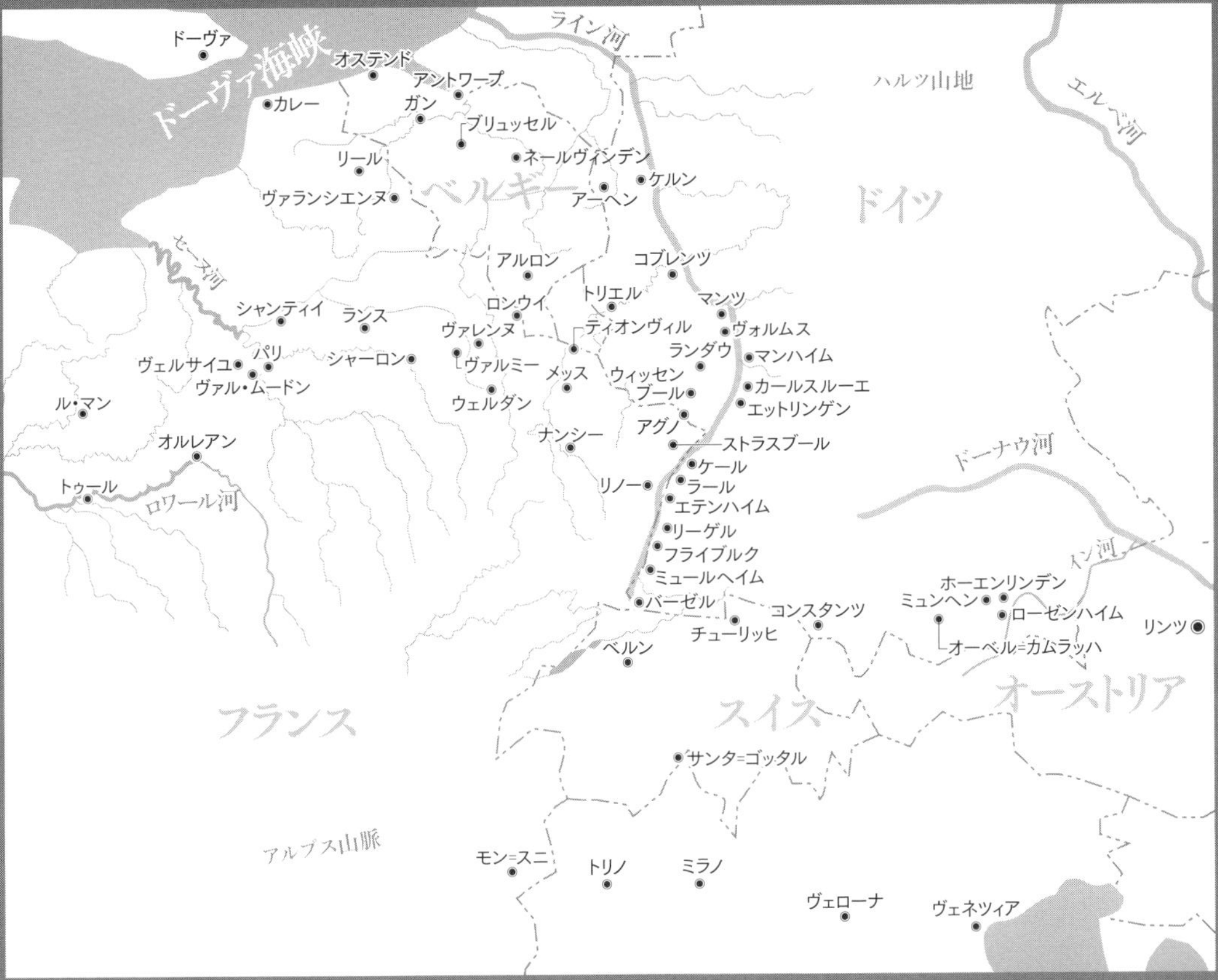
ドーヴァ
ドーヴァ海峡
オステンド
アントワープ
カレー
ガン
ブリュッセル
リール
ネールヴィンデン
ケルン
ヴァランシエンヌ
ベルギー
アーヘン
ライン河
ハルツ山地
エルベ河
ドイツ
セーヌ河
アルロン
コブレンツ
トリエル
マンツ
シャンティイ
ランス
ロンウイ
ヴァレンヌ
ティオンヴィル
ヴォルムス
ランダウ
マンハイム
ヴェルサイユ
パリ
シャーロン
ヴァルミー
メッス
ウィッセン
ブール
カールスルーエ
エットリンゲン
ヴァル・ムードン
ウェルダン
ル・マン
アグノ
オルレアン
ナンシー
ストラスブール
ケール
ドーナウ河
トゥール
ロワール河
リノー
ラール
エテンハイム
リーゲル
フライブルク
ミュールヘイム
イン河
ホーエンリンデン
ミュンヘン
バーゼル
ローゼンハイム
コンスタンツ
リンツ
チューリッヒ
オーベル=カムラッハ
ベルン
オーストリア
フランス
スイス
サンタ=ゴッタル
アルプス山脈
モン=スニ
トリノ
ミラノ
ヴェローナ
ヴェネツィア

著者 クロード・パストゥール
Claude PASTEUR

1920年生まれ。フランスの女性ジャーナリスト、作家、歴史家。主にヨーロッパ諸国の古今の王侯貴族の人生や、歴史上の伝説的人物の生涯を描いた伝記作家として知られる。1950年代から2001年にいたる執筆活動期間、歴史雑誌“Historia”をはじめとする定期刊行物に多数の原稿を寄せる一方、20余冊の書物を上梓。

訳者 伊東冬美《いとう・ふゆみ》

1947年生まれ。学習院大学文学部フランス文学科卒業。フランス国立ナンシー大学文学部フランス語学・文学・文明科大学院博士課程修了。文学博士。関東学院大学名誉教授。著書に『フランス大革命に抗して——シャトーブリアンとロマン主義』(中公新書)、『ジラルダン夫人の生涯——フランス・ロマン派のミューズ』(TBSブリタニカ)、訳書にM.ゼラファ『文学の深い読み方』(ステーツマン社)など。

悲運《ひうん》のアンギャン公爵《こうしゃく》

フランス大革命《だいかくめい》、そしてナポレオン独裁《どくさい》のもとで

発行……2017年10月31日　初版第1刷

著者……クロード・パストゥール

訳者……伊東冬美

発行者……土肥寿郎

発行所……有限会社 寿郎社
〒060-0807
北海道札幌市北区北7条西2丁目37山京ビル
電話 011-708-8565
FAX 011-708-8566
郵便振替 02730-3-10602
e-mail doi@jurousha.com
URL http://www.jurousha.com

ブックデザイン……鈴木一誌＋桜井 雄一郎＋下田 麻亜也

印刷・製本……モリモト印刷株式会社

ISBN978-4-902269-98-7 C0022　Printed in Japan

シャクシャインの戦い

平山裕人著

四六判上製／328頁／定価:本体2500円＋税
ISBN978－4－902269－93－2

1669年6月、幕府を揺るがすアイヌの一斉蜂起始まる——。
近世最大の民族戦争を徹底的に調べ、
その全貌に迫った40年の集大成

アイヌ文化の実践 上・下

計良光範編

四六判並製／[上]540頁　[下]716頁／定価:[上]本体3000円＋税　[下]本体3500円＋税
[上]ISBN978－4－902269－68－0　[下]ISBN978－4－902269－74－1

120年ぶりの鹿追い込み猟、山菜採り、伝統文様の刺繍、
世界の先住民たちとの交流——。アイヌも和人もともに学ぶ
《ヤイユーカラの森》の活動記録から、
「先住民と入植者」「自然と人間」「権力と差別」について考えるための本

おれのウチャシクマ〈昔語り〉

あるアイヌの戦後史

小川隆吉著　〈構成〉瀧澤 正

四六判並製／208頁／定価:本体2000円＋税
ISBN978－4－902269－83－3

朝鮮人の父とアイヌ民族の母をもつ元北海道ウタリ協会理事が
はじめて語った幼少期の差別と貧困、戦後の民族運動、そして明治以来の
〈帝国主義〉と闘い続ける〈現在〉のはなし